고교학점제,
교육과정을
다시 **디자인**하다

고교학점제,
교육과정을
다시 **디자인**하다

발행일	2022년 7월 15일 초판 1쇄 발행
	2023년 1월 27일 초판 2쇄 발행
지은이	정미라, 박시영, 김용진, 김미향, 서승억
발행인	방득일
편 집	박현주, 허현정
디자인	강수경
마케팅	김지훈

발행처	맘에드림
주 소	서울시 도봉구 노해로 379 대성빌딩 902호
전 화	02-2269-0425
팩 스	02-2269-0426
e-mail	momdreampub@naver.com

ISBN 979-11-89404-69-7 93370

모든 학생의 진로와 선택을 존중하는 교육과정 편성 실제

고교학점제, 교육과정을 다시 **디자인**하다

정미라 | 박시영 | 김용진 | 김미향 | 서승억 지음

맘에드림

모든 학생을 존중하는
'배울 수 있는' 학교 교육과정,
고교학점제로 다시 디자인하다!

2021년 11월, 교육부는 2022 개정 교육과정[1]을 발표했다. 주요 내용을 살펴보면 2025년 고교학점제 전면 도입을 중심으로, 그간 우리나라 교육과정의 중심을 차지해온, 소위 입시 주요 과목인 기초교과 영역의 국·영·수 과목 수업 시간을 105시간 감축하는 것 등을 골자로 한다. 또한 2022년 1월에는 2015 개정 교육과정까지 일부 개정함으로써 2023년 고등학교 1학년부터 기존의 '단위제'가 아니라 '학점제'가 적용된다.

---

1. 2022 개정 교육과정은 초등학교는 2024년 1·2학년부터, 중·고등학교는 2025년 1학년부터 단계적으로 적용된다.

'배워야 하는' 데만 초점을 맞춘 과거 우리나라의 교육과정

2022 개정 교육과정 이전에도 우리나라 교육과정은 1954년 4월의 1차 교육과정부터 2015 개정 교육과정까지 총 10차례에 걸쳐 교육과정이 전면 개정되어왔다. 하지만 그 많은 교육과정 개정 속에서도 전국의 학교 교육과정은 오랜 시간 천편일률적이었다. 특히 고등학교의 경우 거의 모든 학교가 대학입시를 중심으로 획일화된 교육과정을 편성하고 운영해왔다.

2015 개정 교육과정은 단순히 문·이과를 구분하는 틀에서 벗어나 학생의 과목 선택권을 확대하도록 강조하였다. 이를 위해 문·이과 통합교육과정을 운영하는 한편, 학생이 흥미와 적성, 진로에 맞게 과목을 선택할 수 있도록 길을 열어주었다. 하지만 개정의 취지가 무색할 만큼 2015 개정 교육과정이 처음 적용된 2018년에 고등학교 교육과정은 아쉽게도 학교마다 큰 차이를 보이지 않았다. 즉 여전히 대부분의 학교에서 오직 대학입시의 유불리만을 고려하여 수능 응시 과목들을 중심으로 학교 교육과정을 편성하여 운영하는 것을 당연시하는 분위기이다.

이렇게 학교마다 거의 동일한 교육과정이 운영되다 보니 아직 배움에 대한 준비가 되어 있지 않거나 학습 결손이 있는 학생들 그리고 학교 교육과정에서 아우르지 못한 다른 영역에 관심이 있는 학생들은 의도치 않게 학교 교육에서 소외되고 말았다. 그럼에도 학교 현장의 교사들은 가능하면 모든 학생들을 지도하기 위해 이른 아침부터 밤늦게까지 부단히 노력해왔지만, 현실적으로 교사 개인의 지도 범위를 넘어서는 학생들도 적지 않았다. 이들을 바라볼 때마다 안타까운 마음을 금할 순 없지만, 실질적인 도움을 주기에는 어쩔 수 없는 한계가 있었다. **배워야 하는 교육과정**에 기반한 일방적이고 융통성 없는 학교 교육과정의 틀 안에서 학생 개개인의 관심과 진로, 학습 수준 등을 고려해줄 만한 틈은 허용되기 어려웠기 때문이다. 여기에 학력주의 사회가 부추기는 대학입시에 대한 강렬한 욕구까지 더해지며, '배워야 하는 교육과정'은 학교 현장에서 더욱 공고해졌다. 그리고 일부 교사들의 노력만으로 이런 교육과정의 견고한 틀을 타파하기에는 역부족이었다.

모든 학생의 기초학력 보장과 다양성을 포용하는 학교 교육과정

고교학점제는 학교 교육과정의 기본 틀에 대한 전환을 요구한다. 즉 오랜 시간 변치 않았던 '배워야 하는 교육과정'에서 벗어나 모든 학생이 **배울 수 있는 교육과정**으로 다시 디자인해야 한다. 즉 소수의 성적 우수자만 바라보는 획일화된 교육과정이 아니라, 모든 학생이 학교 교육과정 편제 안에서 각자 자신의 진로, 적성, 흥미에 맞는 다양한 과목을 선택할 수 있어야 한다. 또한 학교는 학생이 선택한 과목을 끝까지 이수할 수 있도록 적극 지원하는 동시에 다양성이 살아 있는 민주적인 교육과정을 편성하고 운영해야 할 것이다.

지금보다 훨씬 더 예측 불가능한 상황들이 난무할 앞으로의 세상에서 오직 하나의 정답에 얽매여서는 아무런 문제도 해결할 수 없다. 이런 불확실성 속에서는 급변하는 상황에 맞게 다양성과 유연성, 창의성을 발휘할 수 있는 역량 있는 시민이 필요하다. 우리 학교교육이 그간 고수해온 다양성을 전혀 포용하지 못하는 획일적인 교육과정으로는 예측하기 어려운 미래사회를 개척해나갈 시민을 양성할 수 없다는 점에 대해서는 이미 어느 정도 사회적 공감대가 마련된 상태다.

학교 교육과정은 학생의 과거, 현재, 미래의 삶과 의지를 디자인하는 청사진이 되어야 한다. 학교 교육과정의 변화는 단지 학습의 변화에만 머물지 않는다. 학생들은 학교 교육과정에 따라 하루의 생활이 달라지고, 한 학기의 삶이 달라지며, 한 학년의 삶이 변화하고, 고등학교 3년의 삶이 그려지며, 이를 통해 미래의 삶에 대한 희망의 불을 켠다. 학생들에게 과목 선택권이 주어지면 학생들은 자신의 선택에 의해 한 학기의 생활이 어떻게 변화하는지를 실질적으로 경험하게 된다. 한발 더 나아가, 선택한 과목의 이수라는 책임을 완수하는 동안 학생들은 민주주의의 원리를 학교생활 속에서 내재화하게 되고, 학교 교육과정 편성 과정에 직접 참여함으로써 함께 논의하여 결정하는 것이 자신의 삶을 넘어 공동체의 삶을 어떻게 긍정적인 방향으로 이끌어가는지를 자연스럽게 인식하게 된다.

무엇보다 고교학점제 시대에는 학생이 과목을 미이수했을 때조차도 학교가 한 명의 학생도 포기하지 않고, 최소 성취수준에 이르도록 적극적으로 다양하게 지원하는 **책임교육**을 강조한다. 과거 기초학력이 미달한 학생들이 학교 교육에서 소외된 채 경쟁에서 낙오된 자의 쓴맛을 홀로 힘겹게 감당해야 했던 것과는 사뭇 대조적이다. 자신을 지지하며 함께하는 학교 교육과정을 경험한 학생은 삶이 더 이상 혼자 견디며 싸워야 하는 고독한 과정이 아님을 깨닫게 된다. 나아가 공동체가 함께할 때 더 나은 사회로 나아갈 수 있음도 깨닫게 될 것이다. 그리고 이런 학교생활 경험이 쌓일수록 학생은 학교를 넘어 지역사회에서, 국가에서, 더 나아가 세계에서 자신이 어떠한 역할을 수행할 것인지를 자각하고, 학교생활에서 미래 삶을 차근차근 디자인하게 될 것이다.

불확실한 미래를 개척할 시민을 양성하는 역동적인 학교 교육과정

우리나라는 물론 세계가 함께 풀어가야 할 다양한 난제들이 산적해 있다. 환경 파괴와 오염에 따른 생태 위기, 극심한 경쟁 체제에 따른 공동체의 갈등, 생존의 어려움에 따른 인구 급감 현상, 4차 산업혁명이 가져올 급변하는 미래 삶의 불확실성 등 앞으로 세계시민으로 살아갈 학생들은 기성세대들이 겪어보지 못한 복잡하고 난해한 과제들을 해결해야 한다. 그리고 이는 인류의 지속가능한 발전을 위한 필수 과제들이기도 하다.

하지만 기성세대가 살아온 삶의 방식에 의존해서 앞으로의 문제 해결이 가능할까? 나아가 불확실한 미래를 개척할 수 있을까? 선택의 여지가 없는 획일적인 교육과정, 문제집의 문항을 끊임없이 되풀이하는 반복적인 학습, 한 문항의 정·오답 여부에 따라 인생의 방향마저 크게 달라지는 평가 체제, 부모의 경제적 배경에 자녀의 미래가 좌우되는 교육 등을 통해서는 기상천외한 해법을 요구하는 난제들을 감당할 시민을 키워내기 어렵다는 것을 우리는 이미 잘 알고 있다. 미래 시민들이 해결해야 하는 과제들은 그저 AI로 AI를 배운다고 해서 대비할 수 있는 단순한 것들이 아니기 때문이다. 우리 사회는 학생들이 미래의 삶에 두려움 없이 용기 있게 도전할 수 있도록 역량을 갖춘 시민으로 성장시켜야 한다. 무엇보다 앞으로 우리 학생들이 살아갈 사회적인 삶은 혼자가 아닌 공동체가 함께 논의하고 응원하고 지원하는 역동적인 과정임을 확신하고, 이를 향해 진취적으로 나아갈 수 있어야 한다.

이제 우리 교육은 결정적인 갈림길에 서 있다. 물론 고교학점제가 만능의 열쇠는 아니다. 한편에서는 고교학점제가 시행되어도 어차피 수능 과목을 중심으로 교육과정이 운영될 거라며 회의적인 시각을 거두지 못하는 사람들이 여전히 많다. 하지만 이미 대학입시에서도 학생 선택과목의 중요성이 강조되고 있다. 무엇보다 필자들은 고교학점제를 통해 학교 교육공동체가 소통하고 협력할 뿐만 아니라 지역사회와 함께 입시를 넘어 학생의 배움을 디자인하여 학생의 삶을 점점 더 역동적으로 변화시켜나가는 과정을 똑똑히 지켜보았다. 이러한 학교 현장의 거부할 수 없는 변화의 흐름은 이 책에도 고스란히 담겨 있다.

집필 과정에서 필자들은 어려운 역경 속에서도 미래로 나아가는 긍정적인 역사를 만들어가기 시작한 학교 교육공동체의 위대한 힘을 느낄 수 있었다. 무엇보다 집필 과정에서 개인의 소중한 시간을 들여 적극적으로 정보를 제공해주시고 인터뷰에 응해주신 선생님들

께 깊은 감사의 말씀을 전한다. 또한 모든 학생의 배움을 의미 있게 디자인하기 위해 이 책을 선택한 독자분들 한 분 한 분에게도 진심을 담아 응원의 메시지를 전한다. 미래를 희망과 도전으로 함께 힘차게 그려갈 고교학점제의 학교 교육과정을 기대하며, 이 책이 조금이나마 도움이 될 수 있기를 소망해본다.

집필진을 대표하여

정이라

차 례

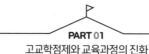

PART 01
고교학점제와 교육과정의 진화

모든 학생의 미래를 응원하는
학교 교육과정의 편성과 운영 전제는?

고교학점제, 책임교육을 실현하는
학교 교육과정의 진화 플랫폼이 되다!

고교학점제 시대의 학교 교육과정,
어떻게 편성하고 운영할 것인가?

PART 02
고교학점제와 교육과정 운영 실제

시간표 작성부터 학교 교육과정의
편성과 운영 사례를 중심으로

2025년부터 고교학점제가 모든 고등학교에 전면 도입된다. 하지만 여전히 현장에는 불만과 우려의 목소리가 완전히 사그라지지 않고 있다. 하지만 고교학점제는 입시에 매몰된 학교 교육의 정상화는 물론, 나아가 학령인구의 감소 속에서 학교가 소수의 성적 우수자뿐만 아니라 모든 학생의 진로와 선택을 존중하는 책임교육을 수행하도록 진화하기 위해서라도 더 이상 회피할 수 없다. 게다가 우리가 잘 실감할 수 없을 뿐, 이미 수차례의 교육과정 개정을 포함해 고교학점제는 학교 교육 속으로 조금씩 스며들고 있다. 그럼에도 불구하고 아직은 고교학점제가 본래의 취지에 맞게 과연 잘 운영될 것인지에 관해 의문을 제기하는 사람들이 많다. 앞으로 고교학점제가 우리나라 학교 현장에 성공적으로 안착하고 뿌리를 내리기 위한 여러 가지 요소들이 있다. 그중에서 학생들의 자유로운 과목 선택권을 확대하는 교육과정의 민주화는 단연 꽃으로 불릴 만하다. PART 02에서 다양한 학교 사례들을 통해 각 학교에서 학점제의 취지에 맞게 다양한 교육과정을 어떻게 편성하고 운영했는지, 단위학교 자원만으로 학생 선택권을 보장할 수 없을 때 어떤 다양한 방법들을 강구하여 문제를 해결했는지 등을 구체적으로 살펴볼 기회가 있을 것이다. 하지만 그 전에 먼저 고교학점제가 추구하는 교육의 방향과 함께, 제도의 취지에 부합하는 교육과정 편성과 운영의 방향성과 이것이 구현되기 위한 전제조건 등에 관해 짚어볼 필요가 있다고 생각한다. 아울러 학점제하에서는 과거와 달리 수많은 선택과목들이 개설되어야 하는 만큼 많은 각 학교에서 가장 난감해하고 어려워하는 것 중 하나가 바로 시간표 작성일 것이다. 그래서 시간표 작성과 관련된 부분도 구체적인 교육과정 사례들을 살펴보기에 앞서 포괄적으로 들여다보려고 한다.

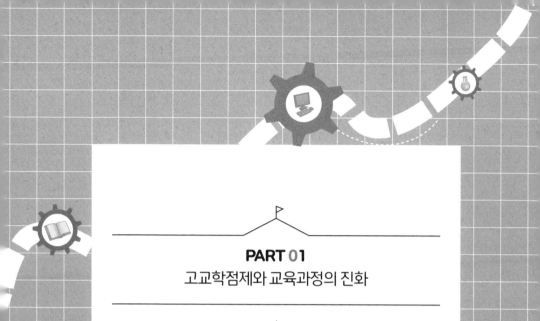

PART 01
고교학점제와 교육과정의 진화

모든 학생의 미래를 응원하는
학교 교육과정의
편성과 운영 전제는?

고교학점제, 책임교육을 실현하는 학교 교육과정의 진화 플랫폼이 되다!

2018년의 연구·선도학교를 시작으로 고교학점제는 벌써 수년째 학교 현장에 도입되어 운영되어 오고 있다. 하지만 개인차를 고려하지 않은 획일화된 교육과정을 강요하는 데서 벗어나 학생 맞춤형 교육과정을 운영하겠다는 고교학점제의 도입 취지가 아직은 현장에 제대로 전달되지 못한 것 같다. 이미 학생중심의 교육과정을 표방해온 국가수준 교육과정이 개발되어왔음에도 불구하고 오랫동안 전국적으로 학교 간 교육과정의 차이가 거의 나타나지 않을 정도로 대다수 학교는 오직 수능을 준비하는 데 목적을 두고, 대동소이한 교육과정을 편성해온 것이다. 이는 아직 대학입시에 얽매인 우리나라의 안타까운 고등학교 교육 현실을 반영하는 것이기도 하다.

획일적 교육과정에서 벗어나려는 움직임과 고교학점제가 추구하는 교육 방향

박근혜 정부는 모든 학생의 꿈과 끼를 키우기 위해 중학교 자유학기제와 문·이과 통합형 교육과정을 도입하는 2015 개정 교육과정을 발표하였다. 2015 개정 교육과정이 도입된 이후 교사들을 중심으로 학교 현장도 조금씩 변화해가고 있다. 하지만 2018년에서 2019년까지만 해도 이전 교육과정의 관성적 역학이 워낙 크게 작용한 나머지 학교 현장에서 학생 맞춤형 교육과정을 편성하려는 분위기는 좀처럼 조성되지 않았다. 물론 지금도 이전의 굴레에서 벗어나지 못한 채 정체된 학교도 여전히 존재한다.

그러나 2020년부터 교육부와 시·도교육청 차원에서 각종 안내 자료들이 개발되어 제공되고 있고, 교원의 역량을 제고하기 위한 각종 연수와 컨설팅이 진행되었으며, 운영체제를 제대로 갖추기 위한 안내와 예산 등이 집중적으로 지원됨에 따라 학교 교육과정 편성에 있어서도 본격적인 변화가 일어나기 시작했다. 즉 전국적으로 2015 개정 교육과정이 추구하는 바에 따라 학교 교육과정이 다르게 편성되기 시작한 것이다.

이제 학교는 **학생의 과목 선택권 보장**에 대한 책임감을 인식하게 되었고, 교원 수급이 가능한 수준이라면 학생들이 수강하기를 원하는 과목을 최대한 많이 편성하기 위해 노력하고 있다. 물론 아직도 학교 교육과정의 대부분을 **학교 지정과목**[1]으로 개설하고 있는 학교도 존재한다. 하지만 그런 경우라도 최소한 교사들은 과목을 다양하게 편성하여 학생들의 선택권을 확대하는 것이 앞으로 지속해 나아가야 할 방향임을 인식하고 있다.

고교학점제는 "학생이 기초소양과 기본학력을 바탕으로 진로·적성에 따라 과목을 선택하고, 이수기준에 도달한 과목에 대해 학점을 취득·누적하여 졸업하는 제도"이다(교육부, 2021). 이 개념에는 고교학점제가 추구하는 교육의 방향이 잘 정리되어 있다.

첫째, 고교학점제는 **기초·기본학력의 보장**을 중시한다. 방금 언급한 고교학점제의 정의에서 '학생이 기초소양과 기본학력을 바탕으로'라는 문구에서 짐작할 수 있듯이 고교학점제 시대의 학생들은 반드시 기초소양과 기본학력을 갖추어야 한다. 즉 학교는 학생이 기초소양과 기본학력을 갖출 수 있도록 교육과정을 편성하여 운영하고 지원해야 한다는 뜻이다. 2022 개정 교육과정에서는 이를 실현하기 위해 2015 개정 교육과정에서와 마찬가지로 1학년 공통과목에서 모든 학생들이 기초소양과 기본학력을 잘 갖출 수 있도록 보편적이면서도 학생들이 모두 배울 수 있는 과목을 편성하고, 그뿐만 아니라 모든 학생들의 **최소 성취수준 보장**을 강조한다.

---

1. 학교 차원에서 정해 학생들이 필수로 이수해야 과목을 말한다. 앞으로 고교학점제 체제 속에서 학생들이 3년간 이수해야 하는 학점은 창의적 체험활동을 포함해 192학점인데, 학교 지정과목이 많을수록 학생 선택과목은 줄어들 수밖에 없다.

둘째, 고교학점제는 **진로학업설계**를 중시한다. 지금까지 고등학교에서 진로교육은 학생 전체를 대상으로 이루어지는 진로검사와 진로 프로그램이 전부였다. 학생 개별적으로 그러한 과정이 어떤 의미가 있고, 학생 자신의 진로와 어떻게 연결지을 것인지에 대한 교육은 이루어지지 않았던 것이다. 그러나 앞으로 학교는 학생이 자신의 진로·적성을 잘 파악하여 자신이 희망하는 진로에 필요하고 도움이 되는 과목을 선택할 수 있도록 체계적이고 자세하게 안내하고 지원해야 한다. 이를 위해 교육부에서는 중학교 3학년 2학기부터 고등학교 1학년까지 **진로집중학기제**를 도입하여 학생들이 자신의 진로 방향을 모색할 수 있도록 적절한 교육이 제공되어야 함을 강조하고 있다(교육부, 2021).

셋째, 고교학점제는 **학생 맞춤형 교육과정**을 중시한다. 따라서 학생들이 저마다 '진로·적성에 따라 과목을 선택'할 수 있도록 학교 교육과정을 편성해야 한다. 학교는 일방적으로 교육과정을 편성하는 것이 아니라 체계적인 진로교육을 통해 학생들이 필요로 하는 과목에 대해 요구조사를 실시하고, 여기에 교사 수급 문제 등 학교 여건을 고려하여 학생들에게 실질적으로 필요한 과목을 가능한 많이 개설하는 학교 교육과정을 편성해야 한다. 하지만 단위학교의 인프라가 한정된 만큼 개별 학교만의 노력으로는 어렵다. 이에 학교 단위나 교육청 단위에서 지역사회와 협력한 공동교육과정 등을 통해 학생 과목 선택권 보장을 확대해 나아가고 있다.

마지막으로 고교학점제는 **교육과정 이수에 대한 책임감**을 학생과 학교 모두에게 강조한다. 학생은 '이수기준에 도달한 과목에 대해 학점을 취득·누적'해야 한다. 즉 자신에게 주어진 과목 선택권에 대한 책임을 지는 것이다. 그리고 학교는 학생이 선택한 과목을 이수할 수 있도록 학생의 진로와 수준에 적절한 교육과정을 편성하고, 학생이 교육과정을 이수하는 과정에서 겪는 어려움을 예측하고 파악하여 해결할 수 있도록 멘토링, 상담, 보충학습 지원 등을 통해 적극적으로 지원할 수 있는 체제를 구축해야 한다.

이처럼 학교 교육과정은 고교학점제의 개념에 포함된 이상의 4가지 중요 사항을 잘 고려하여 편성하고 운영되어야 한다. 그리고 이후 2장에서는 고교학점제에 맞게 학교 교육과정을 편성하고 운영하는 방안에 관해서도 설명할 것이다.

학교 교육과정을 편성하고 운영하기 위한 원칙을 설정한다

고교학점제가 확산될수록 학교 교육과정을 편성하는 과정에 이전보다 고려해야 할 사항이 훨씬 더 많아졌고, 복잡해졌다. 현재 우리나라 고등학교 교육에서 가장 중요한 목표로 인식되고 있는 대학입시에서도 학생의 과목 선택 사항은 중요해졌다. 수능 응시 과목에서도 영어를 제외한 교과에서 공통과목도 있지만, 선택과목이 존재한다. 또 수시에서도 학생이 지원하는 전공별로 반드시 이수해야 하는 과목이 있거나, 전공별로 관련된 과목을 가능하면 많이 이수하는 것이 입시에 유리하다. 이러한 현상은 고등학교와 대학교의 교육과정 연계 측면에서 이해하면 된다. 전공과 관련된 과목을 체계적으로 수강하고, 되도록 많이 이수한 학생이 대학 진학 후 교육과정을 더욱 수월하게 이수할 수 있기 때문이다.[2] 그만큼 학생이 원하는 진로나 전공별로 적절한 과목을 선택할 수 있도록 교육과정을 편성하는 것은 매우 중요하다. 그러나 한정된 단위학교 여건상 학생이 요구하는 모든 과목을 개설해줄 수는 없다. 따라서 학교 교육과정을 편성하고 운영하는 데는 원칙이 필요하다.

교육 3주체가 함께 논의하고, 함께 편성하는 체제를 구축해보자

교육과정 편성과 운영 원칙을 세울 때는 교육 3주체, 즉 학생, 학부모, 교원이 함께 참여해야 한다. 여기서 우리는 먼저 다음과 같은 몇 가지 질문을 던지고 스스로 답해볼 필요가 있다.

---

2. 대학에 진학한 후에도 학생 자신이 진학한 대학 전공 교육과정에 적응하지 못해 개별 과외를 받는 대학생들이 존재하고 있다고 한다. 대학 교육은 고등학교만 졸업하면 누구든지 따라갈 수 있는 과정이라고 오해하는 경우가 많다. 그러나 대학 교육은 고등학교 교육과 연동되는 부분이 많다. 이에 고등학교 교육과정과 대학의 교육과정을 비교 분석하여 학생들이 필요한 과정을 미리 준비할 수 있도록 고등학교에서 지도하는 것이 필요하다고 볼 수 있다.

- 학생과 학부모는 현재 우리 학교 교육에 있어 주체성을 발휘할 수 있는가?
- 우리 학교의 교육과정 편성 과정은 민주적인가?
- 우리 학교는 진정 학생중심 학교 교육을 실현하고 있는가?

안타깝게도 이러한 질문들에 자신 있게 긍정적으로 답할 수 있는 학교는 많지 않을 것이다. 이는 혁신고등학교라고 해도 마찬가지다. 학생과 학부모를 대상으로 설문조사나 의견을 공유하는 각종 토론회 정도만 운영하고 있을 뿐, 실제 학교 교육과정을 함께 논의하고 편성하는 학교는 이제야 조금씩 등장하는 수준이다. 즉 아직 학생과 학부모는 학교 교육의 핵심인 학교 교육과정 편성에 있어 주체적인 역할을 담당하지 못한 채, 단순히 설문조사나 일부 의견을 수렴받는 대상 정도로만 인식되고 있다. 다시 말해 아직도 학생과 학부모는 학교 교육과정 편성에 주체적으로 참여하고 있지 못하다는 뜻이다.

일부 교사는 학교 교육과정은 교사의 전문성이 발휘되는 고유 영역임을 강조한다. 즉 학생과 학부모는 교육과정에 대해 교사만큼 잘 모르기 때문에 학교 교육과정을 주체적으로 논의할 상대가 될 수 없다고 주장하는 것이다. 또 다른 한편에서 교사들은 이미 학생을 중심에 놓고 학교 교육과정을 고민하고 편성하고 있다고 언급한다. 그런데 현실은 어떠할까? 전국의 많은 학교에서 고교학점제 담당 교사들과 직접 만나 이야기해보면 아직 교육과정에 있어 전문성을 제대로 갖추지 못한 교사도 있고, 고교 교육에서 강조되는 대학입시에 대해서도 학교 교육과정의 방향성을 제대로 파악하고 있지 못한 교사도 있다고 한다. 심지어 학교 교육과정에서 학생의 과목 선택권을 많이 확대한 학교에서도 정작 학생들이 원하는 과목은 제대로 개설해주지 못해 학교 교육과정 편성과 실제 운영이 불일치되는 학교도 상당수 있다고 한다. 반면 최근 학부모들이 고등학교 교육과정과 대학입시에 대해 꽤 치밀하게 연구하기 시작했고, 실제로 이와 관련한 학부모 대상 연수도 교육청이나 학교 단위에서 운영하고 있기도 하다.

정리해보면 교육과정 전문성이 뛰어난 교사도 물론 있지만, 아직 관련 전문성이 부족한 교원, 학생이 원하는 방향으로 교육과정을 편성하고 있지 못한 학교, 교육과정 전문성을 신장시키고 있는 학부모 등 다양한 상황이 혼재된 것이 현실이다.

이제 학교 교육과정의 편성 과정을 들여다보자. 학교 교육과정 위원회는 어떻게 조직되어 있는가? 많은 학교에서 10명 내외의 교원 위원으로 구성되어 있고, 학교에 따라서 1~3명 정도의 학부모가 위원으로 참여하고 있다. 최근 들어 고교학점제 일부 연구학교에서 학생위원을 위촉하여 참여시키고 있다. 그러나 참여하는 학부모 및 학생위원 수가 워낙 소수이다 보니 실질적으로 그들의 의견을 발의하기가 쉽지 않을 뿐만 아니라, 교육과정에 대한 역량을 신장시킬 기회가 제공되지 않기 때문에 그저 위원으로서 형식적인 참석만 하는 경우가 다반사다. 심지어 학부모 위원을 문서상으로만 위촉해놓은 학교도 있다. 국가수준 교육과정에서 학교 교육과정위원회는 교원, 교육과정 전문가, 학부모 등이 참여하여 운영하도록 제시하고 있지만, 학교 현장의 상황은 아직 미흡한 수준이다(교육부, 2015).[3]

   그렇다면 교원을 중심으로 조직된 학교 교육과정위원회는 어떻게 운영되고 있을까? 전국의 교육과정 담당 교사들이 호소하는 여러 가지 어려움 중 가장 큰 문제는 안타깝게도 '동료 교사'이다. 교과와 교원 수급을 중심으로 논의되는 학교 교육과정의 굴레 속에서 교육과정 담당 교사가 총대를 메고 앞장서서 새로운 방향을 모색한다는 것은 실상 큰 용기가 필요한 일이다. 자칫 종교에서의 이단자처럼 마치 마녀사냥을 당하듯 매섭게 내몰리는 경우마저 있기 때문이다. 동료 교사들의 이런저런 공격에 시달리다 보면 경험이 부족한 교육과정 담당자들은 끝내 자포자기하기도 한다. 한편으로 동료 교사들은 협조적이지만, 교감이나 교장의 교육과정 문해력 부족과 자신이 경험했던 과거의 대학입시와 교육과정

---

3. 라.교육과정의 합리적 편성과 효율적 운영을 위해 교원, 교육과정 전문가, 학부모 등이 참여하는 학교 교육과정위원회를 구성하여 운영하며, 이 위원회는 학교장의 교육과정 운영 및 의사결정에 관한 자문의 역할을 담당한다. 단, 특성화 고등학교와 산업수요 맞춤형 고등학교의 경우에는 산업계 인사가 참여할 수 있고, 통합교육이 이루어지는 학교의 경우에는 특수교사가 참여할 것을 권장한다.

에 대한 집착에 얽매인 나머지 고교학점제를 추진하기 어려운 학교도 있다고 한다. 이런 복잡한 상황 속에서 각 학교의 교육과정부장은 해마다 새로 임명해야 하는 현실을 마주하고 있다. 여기서 다음과 같은 의문이 든다.

"학교 교육과정은 누구를 위한 것인가?"

"학교 교육과정 편성 과정에 학생은 인식되고 있는가?"

세상이 바뀌고 있고, 이에 따라 교육이 흐름마저 급격히 변화하고 있다. 그리고 지금은 거대한 전환기이다. 사회가 민주화되고 있고, 다양한 집단의 사람들이 저마다 목소리를 내기 시작하고 있다. 심지어 공직선거법 개정으로 고등학교 3학년은 국회의원도 대통령도 선출할 수 있는 유권자이다. 이제는 학교도 좀 더 민주화되어야 하지 않을까? 특히 교육과정의 민주화는 절실한 과제이다. 즉 이제는 학생들이 무엇을 배우고 싶은지, 어떻게 배우고 싶은지를 그들과 함께 논의해야 하지 않을까? 앞으로 고등학교 학생들은 단순히 교육의 대상이나 관리의 대상 등 수동적인 객체에서 벗어나 학교 교육과정에서 선택과 책임을 배우며 성숙한 시민, 능동적인 주체로 성장해나가야 하지 않을까? 만약 고등학교 교육을 통해 학생들이 시민으로 성장하지 못한다면 민주시민으로서의 역량은 대체 어디에서 키워야 하는 것인가? 어차피 이들은 고등학교를 졸업하면 바로 우리와 함께 동등하게 사회생활을 하며 살아가야 하는데 말이다.

이러한 현실을 직시하고, 교육의 본래 목적을 고려하여 용기를 내어 보자. 교원, 학생, 학부모가 함께 교육과정 역량과 민주적인 회의 역량을 갖추고, 동등한 위치에서 모든 학생들의 꿈과 끼를 성장시킬 수 있는 학교 교육과정을 편성해 나가야 한다. 교육청의 안내와 컨설팅에만 의존할 것이 아니라, 각 학교 교육공동체가 모든 학생들의 학습권을 보장해줄 수 있는 방안을 함께 고민하여 민주적인 교육과정을 편성해보자. 당연히 처음 시작할 때는 역량과 경험 부족으로 인한 어려움도 겪을지 모른다. 그러나 한 해, 두 해 시간이 흐를수록 역량과 경험도 계속 축적되고, 이런 과정에서 학교 현장에 새로운 문화도 조성될 것이다. 그러다 보면 좀 더 익숙해지고 수월해지지 않을까? 적어도 교육은 현실적인 어려움을 이유로 안주하거나 과거로 역행해서는 안 될 것이다. 오히려 한 발자국 앞서 나아가며 미래를 준비해야 하지 않겠는가?

단위학교의 여건을 고려한 교육과정 편성 원칙을 만들어보자

학생과 학부모는 교원만큼 학교의 여건을 상세히 인식하고 있지 못하다. 고교학점제 연구·선도학교가 확대되면서 과거와 달리 학생들이 교원들에게 교육과정과 관련한 의견을 내거나 때론 불편한 마음까지 내비칠 때가 있다.

"선생님, 옆 학교는 ○○과목을 개설해주었는데, 왜 우리 학교는

개설해주지 않는 거죠?"

아마 가장 흔히 듣게 되는 불만 사항 중 하나일 것이다. 교원들은
고교학점제가 전면 시행되면 분명 이러한 현상들이 훨씬 더 많이,
빈번하게 나타날 것을 우려한다. 하지만 여기서 우리가 잊지 말아
야 할 것이 하나 있다. 그건 바로 세계 어느 나라, 또 그 어떤 대단
한 학교라도 학생이 요구하는 모든 과목을 빠짐없이 개설해주는
곳은 없다는 점이다. 학교 교육과정이란 기본적으로 학생의 요구
와 학교의 '한정된' 여건을 동시에 고려하여 '적정한' 수준에서 편
성될 수밖에 없다. 그렇기 때문에 더더욱 교원, 학생, 학부모가 학
교 교육과정을 **함께 논의하고 편성하는 과정**이 필요한 것이다.

오직 교원의 주도로 교육과정을 편성하여 학생과 학부모에게
통보하는 방식이라면 훨씬 더 많은 민원이 속출할 수밖에 없다.
반면 교육 3주체가 함께 충분히 논의하여 편성한다면 민원을 제
기하기도 쉽지 않고, 설사 제기된다고 하여도 이를 학교 교육공동
체가 함께 기꺼이 감당하며 민주적으로 해결하려 할 것이다. 우선
공동체가 함께 필요한 원칙들을 세워보면 어떨까? 단위학교의 여
건을 고려한 원칙에 따라 학교 교육과정을 편성한다면 더욱 효율
적으로 편성할 수 있을 것이다. 이러한 원칙을 세울 때는 일반 수
준에서 다음의 몇 가지를 고려할 필요가 있다.

▶ 교원 수급

학교 교육과정 편성에 있어 가장 중요한 학교의 여건은 **교원 수급**이다. 그렇다면 안정적인 교원 수급을 위해 필요한 원칙은 무엇일까? 무엇보다 교원이 감당할 수 있도록 학교 교육과정을 편성하는 것이 중요하다. 학생과 학부모가 일방적으로 요구하고, 교원은 이를 모두 수용만 해야 하는 학교 교육과정도 교원이 일방적으로 정하는 것만큼이나 민주적이지 않다. 교원 또한 대상화되어서는 안 되며, 주체적으로 학교 교육과정 편성에 동등하게 참여하여야 한다. 이를 위해 교원이 학교에 근무할 수 있는 법적 기간[4], 교원의 과목 지도 준비도, 교원이 감당할 수 있는 수업량(다과목 지도와 수업의 질 고려)[5], 교원의 다과목 지도 부담 범위, 시간표 작성과 운영 가능성, 기간제 교원 및 시간 강사 채용 가능성, 교원의 팀티칭과 코티칭 가능성 등의 원칙들을 학교 교육공동체가 함께 논의하여 마련해야 한다.

---

4. 이를 위해 먼저 과목을 증설하여 운영하게 되는 경우 정규교사로 수급할지 기간제 교사로 수급할지에 대해 심도 있게 논의해야 하며 정규교사로 수급할 경우에 해당 교사가 3~4년 이상 발령받은 학교에서 근무할 수 있는 교육과정을 편성할 수 있도록 학교 교육과정 편성 규정을 마련해야 할 것이다. 또한 현재 근무하고 있는 교원도 그 규정에 맞춰 근무할 수 있도록 보장해주어야 한다. 따라서 공립학교에서는 5년 근무가 만료되는 교사, 퇴임을 하는 교사의 과목을 고려하여 학생의 요구에 맞춰 교육과정을 다양화할 필요가 있다. 사립학교의 경우 공립학교보다 교원 수급이 원활하지 않을 수 있기 때문에 현재 근무하고 있는 학교의 교원들이 좀 더 교과 전문성을 확대하고 자신이 학생들에게 잘 가르칠 수 있는 학교장 신설과목을 개발하여 지도하는 방안을 모색해보는 것도 필요할 것이다.

5. 현재 교원의 표준수업시수는 법적으로 정해져 있지 않다. 이로 인해 교사 간 수업 시수의 차이도 크게 나타나고 있으며, 다과목을 지도하는 교사에 대한 수업량 배려도 각 학교의 결정에 따른다.

▸ 학교 공간

학생이 요구하고, 교사가 수업할 수 있어도, 정작 수업할 수 있는 공간이 확보되지 않으면 과목 개설이 쉽지 않다. 따라서 **학교 공간**에 대한 원칙도 반드시 필요하다. 무엇보다 학교 공간은 시간표 운영과 가장 직접적으로 연관되어 있고, 이는 곧 학생의 과목 선택권과 직결된다. 따라서 학교 공간 현황을 기반으로 각 과목 수업에 필요한 교실의 수와 형태, 특별 교실의 공유 가능성, 공간 재구조화 가능성, 학생의 이동 부담, 지역사회 수업 공간 지원 가능성 등을 다각도로 고려하여 어떻게 과목을 개설하고 수업을 배치할 것인지 등에 관한 원칙을 마련해야 한다.[6] 학교 공간의 경우 원칙을 체계적이고 융통성 있게 마련해놓으면 의외로 논의할 사항이 그리 많지 않을 수 있다.

▸ 과목 개설

학생 선택권을 보장하기 위해 다양한 과목을 개설해야 하지만, 모든 과목을 개설할 순 없다. 따라서 **과목 개설**에 대한 원칙이 필요하다. 고교학점제 교육과정 교원 연수에서도 이에 관해 가장 많은 질의가 들어오곤 한다. 예컨대 다음과 같은 질문을 생각해보자.

---

6. 고교학점제에 따른 학교 공간 재구조화에 있어 철저한 교과교실제보다는 여러 교과가 함께 수업할 수 있는 시설의 복합성이나 하나의 교실이 다양한 크기의 교실로 변신할 수 있는 유연성이 고려되어야 한다. 아울러 이동 수업이 많아짐에 따라 학생들의 이동 동선을 고려하여 교실을 배치하는 것이 중요하다.

"수강 희망 학생 수가 몇 명 이상일 때 개설해주어야 하나?"

정답은 없다. 학교 상황에 따라 2명만 넘으면 과목이 개설될 수도 있고, 20명 이상이어도 과목이 폐강될 수 있기 때문이다. 또 때로는 한 학교에서 두 가지 상황이 동시에 일어날 수도 있다.[7] 따라서 명확하게 수강 인원이 몇 명 이상이면 과목을 개설한다는 원칙은 학교 여건에 따라 지켜지지 않을 수도 있다. 이처럼 학교 교육과정은 고려해야 하는 사항이 많고, 그만큼 복잡하기 때문에 다양한 상황을 고려하여 융통성 있게 교육과정을 편성할 수 있는 원칙을 마련해야 한다. 예컨대 다음과 같이 말이다.

"과목의 개설은 학생의 요구와 학교의 여건을 함께 고려하여 학교 교육과정위원회에서 의견을 수렴하여 학교장에게 제안한다."

이렇게 상황에 따라 얼마든지 변동될 수 있는 사항들에 관해서는 **학교 교육과정위원회**[8]에서 논의한 후에 의견을 수렴하여 반영할 수 있도록 원칙을 마련해두는 것이 원활한 학교 교육과정 편성을 위해 꼭 필요하다.

---

7. 교원의 수업 시수가 부족한 경우는 수강 희망 학생이 2명 이상인 경우에도 과목을 개설해줄 수 있지만, 교원 수급이 불가능하거나 수업 교실 마련이 어려운 경우 20명 이상이라도 과목을 개설하기 어려울 수도 있다.

8. 학교 교육과정위원회는 자문기구이다.

▶ 생활지도와 안전지도

학생 **생활지도와 안전지도**에 대한 원칙도 마련해야 한다. 학생의 과목 선택권을 확대하려면 과목도 다양해지는 만큼 모든 과목을 단위학교 안에서 개설한다는 것은 사실상 불가능하다. 학교 밖으로 교육과정이 확대되면 학생의 이동은 불가피한 일이다. 자연히 이동에 따른 학생 관리 문제로 인한 교원의 부담과 우려도 그만큼 커진다. 그뿐만 아니라 이동 수업이 증가하게 되면 교원은 그에 따른 수업 준비와 행정 업무가 함께 증가할 수밖에 없다. 앞으로 학생의 진로에 따른 과목 선택권 보장을 확대하기 위해서는 학생의 자기주도성이 더욱 중요해진 만큼 관리 문제에 대해서도 교원뿐만 아니라 학교 교육공동체의 책임 공유가 필요하다.

이에 따라 생활지도와 안전지도에 있어 학교 교육공동체의 책임 공유 가능성, 학생과 학부모의 지원 가능성, 지역사회 지원 가능성, 생활지도와 안전지도 범위 등에 대해 학교 교육공동체가 함께 논의하고 함께 실천해가야 한다. 앞서 언급했듯이 학생은 선택과 책임의 교육과정을 통해 시민으로 성장해가야 한다. 그리고 학생은 이미 자기주도적으로 지역사회에서 생활하고 있으며, 방과 후 다양한 활동에 참여하고 있다.[9]

---

9. 학교 정규수업으로 학생이 이동하는 경우 교사들은 학생의 이동 중 일어날 수 있는 안전사고에 대해 학교의 책임과 부담으로 전가할 수 있다는 우려를 하고 있다. 그렇다면 학생들은 어떻게 등·하교하고 있는가? 게다가 고등학생이 아닌가? 이 부분에 있어서는 학생, 학부모, 교사 간의 공감이 이루어질 수 있으며, 또 반드시 필요하다고 본다.

▶ 학교 교육과정위원회의 조직과 역할

학교 교육과정위원회의 조직과 역할에 대한 원칙도 필요하다. 이에 대한 원칙은 이미 학교 규정에 제시되어 있을 것이다. 다만, 학교 교육과정위원회가 모든 학생의 학습권을 공평하게 보장하는 학교 교육과정이 편성되고 운영될 수 있도록 조직되어 있는지가 중요하다. 이는 많은 교사들이 우려하는 지점이기도 하다. 예컨대 학교 교육과정위원회 조직과 관련해 다음의 내용을 점검해보자.

- 소수 상위권 학생·학부모 중심으로 위원이 조직된 것은 아닌가?
- 학생의 다양한 진로를 대표할 수 있는 학생과 학부모 위원이 위촉될 수 있는가?
- 학생, 학부모 위원의 학교 교육과정 편성과 운영에 있어 참여 범위는 어디까지인가?
- 위원회가 편향되게 조직하지 않기 위한 방안[10]은 무엇인가?

아울러 각 주체의 자치회를 통해 의견을 수렴하는 과정 등에 대한 원칙도 반드시 마련되어야 할 것이다. 이외에도 각 학교 상황에 맞게 원칙들이 마련될 수 있다. 다만 모든 원칙은 가능한 학교 교육공동체가 공동으로 논의하고 결정하는 과정을 거쳐야 한다.

---

10. 경기도 시흥의 신천고등학교의 경우 학생, 학부모 위원을 각 진로별(문과 계열 성향, 이공 계열 성향, 예술 계열 성향)로 1명씩 총 3명씩 위촉하고 있다.

그래야 불필요한 소모적인 갈등과 민원을 피할 수 있으며, 나아가 모든 학생을 고려한 원칙으로 거듭날 수 있다. 무엇보다 처음 시작할 때는 처음이기 때문에 세워야 할 원칙이 너무 많고 복잡하다고 생각할 수도 있지만, 첫해 원칙이 마련되면 이후부터는 수정·보완해가는 과정이고, 학교 교육공동체 또한 원칙에 점차 익숙해지는 과정으로 넘어가기 때문에 큰 어려움은 없을 것이다.

이처럼 **민주적인 운영체제**를 구축하고, 필요한 원칙들은 공동체의 합의를 통해 세워간다. 그리고 민주적 절차를 거쳐 세운 원칙에 따라 각 학교에 맞는 학교 교육과정을 편성하고 운영해야 한다. 이러한 교육과정 편성과 운영의 원칙이 마련되면 고교학점제는 학교 현장에 안착해 지속가능한 내일로 나아갈 것이다. 만약 원칙을 세우기 위해 거쳐야 하는 민주적인 합의 과정이 번거롭다는 이유로, 특히나 많은 원칙을 세워야 하는 첫해에 힘들다는 이유로 이런 노력들을 건너뛰게 되면 결국 담당 교사 중심으로 고교학점제가 운영될 수밖에 없다. 자연히 담당 교사가 막대한 업무부담을 짊어지게 될 것이고, 아무리 의욕적인 교사라도 오래 감당하지 못할 것이다. 얼마 지나지 않아 번아웃에 빠지거나 중도에 포기함으로써 담당 교사가 교체되어야 하는 일도 빈번하게 일어날 것이다. 다시 한번 강조하고 싶다. 학교는 학교 교육공동체가 함께 소통하고 협력하는 민주적인 공간이어야 한다고 말이다. 이러한 공간에서 학생도 민주시민으로 성장할 수 있을 것이다.

성공적인 고교학점제를 위한
교육과정 편성의 첫 번째 미션은?

학교 교육공동체가 함께 논의하여 교육과정의 편성 및 운영에 관한 원칙을 설정하는 민주적인 운영체제를 갖췄다면 본격적으로 교육과정 편성을 시작해야 할 것이다. 그렇다면 이 단계에서 학교가 학생의 과목 선택권을 보장하기 위해 가장 먼저 해야 할 일은 무엇일까? 간단하다. 바로 **학교 지정과목 수와 학점 수를 감축**하는 것이다. 고교학점제가 본래의 취지를 살리기 위해서는 학생의 과목 선택권을 보장해야 하는데, 학교 지정 교육과정이 줄어들수록 더 많은 학생 선택 교육과정을 편성할 수 있기 때문이다.

학교 지정과목을 축소해야 하는 이유

모두가 이미 잘 알고 있는 것처럼 우리나라 고등학교는 오랫동안 학교 지정과목을 위주로 문·이과 중심의 교육과정을 편성하고, EBS방송 문제집을 중심으로 수업을 운영해왔기 때문에 학생 선택 교육과정에 대해서는 상대적으로 소원했던 것이 사실이다. 심지어 여전히 그 필요성조차 인식하고 있지 못한 학교들도 있다. 그러나 이미 대학입시에서도 학생의 과목 선택은 중요해졌다는 사실을 인식해야 한다. 따라서 더 이상 대학입시를 근거로 내세우며, 많은 학교 지정과목의 필요성을 강요해선 안 된다. 무엇보다 대학 진학을 희망하지도 않는 학생들에게까지 대학입시용 과목들을 학교 지정과목으로 지도해서도 안 되고, 또 학생이 앞으로 전공하고자 하는 학과와 전혀 관련성이 없는 과목들을 무조건 학교 지정과목으로 교육과정에 편성해서도 안 된다. 고교학점제는 모든 학생이 학교에서 주인공으로서 학습할 수 있는 교육과정을 편

| 표 1-1 | 2015개정 교육과정 총론(2022. 1. 17. 개정본에서 발췌)

교과 영역	교과 (군)	공통과목 (학점)	필수 이수학점	자율 편성 학점
교과 (군)	기초	국어	국어(8)	10	학생의 적성과 진로를 고려하여 편성
		수학	수학(8)	10	
		영어	영어(8)	10	
		한국사	한국사(6)	6	
	탐구	사회 (역사/도덕 포함)	통합사회(8)	10	
		과학	통합과학(8) 과학탐구실험(2)	12	
	체육 · 예술	체육		10	
		예술		10	
	생활 · 교양	기술 · 가정/ 제2외국어/ 한문/교양		16	
소계				94	80
창의적 체험활동				18(306시간)	
총 이수학점				192	

성하고 운영하는 제도이다. 세상의 그 어떤 학생도 기꺼이 공부 잘하는 학생의 들러리를 자처하며 학교에 다니고 싶어 하지는 않을 것이다. 공부를 잘하건 못하건 각자 자신의 인생에서는 주인공이기 때문이다. 그리고 이는 이미 모든 학교 공동체가 성찰하고 공감하는 바이기도 하다.

　이 책을 시작하며 밝힌 바 있지만, 2015 개정 교육과정 일부 개정을 통해서 2023년 고등학교 1학년부터는 단위제에서 학점제로 바뀌었다. 37쪽의 표 1-1에서 볼 수 있듯이 이제 과목의 이수 편성은 '단위'가 아닌 '학점'으로 대체되었다. 기존의 총 이수단위가 204단위에서 **192학점으로 변경**되었는데, 이는 자율 편성 단위가 86단위에서 80학점으로 6학점 감축되고, 창의적 체험활동 24단위에서 18학점으로 6학점 감축된 것에서 비롯된다. 그리고 이는 2023년도 입학생부터 적용된다.

　여기서 한 가지 짚어볼 것은 체육·예술, 생활·교양 교과 영역에는 고등학교에서 필수적으로 이수해야 하는 공통과목이 없다는 점이다. 따라서 이 두 개 교과 영역에 있어서 개설되는 과목은 일반 선택, 진로 선택에서 선택하여 편성해도 된다. 선택과목은 학생 대상 과목 요구조사를 통해 교과협의회 및 학교 교육과정위원회의 논의를 거쳐 선정하면 된다. 공통과목은 기초와 탐구교과 영역에만 있으며, 해당되는 과목으로는 국어, 수학, 영어, 한국사, 통합사회, 통합과학, 과학탐구실험 등이 있다.

고교학점제 연구·선도학교의 학교 지정과목 편성 현황

2018년부터 고교학점제 연구·선도학교가 운영되는 동안 학교 지정과목은 대체로 1학년 공통과목과 2학년 수능 공통과목에 축소되어 편성되는 모습이다. 다음의 표 1-2는 고교학점제 연구·선도학교의 학교 지정 교육과정 편성 현황을 정리한 것이다. 이 표

| 표 1-2 | 고교학점제 연구·선도학교의 일반적 학교 지정 교육과정 편성 현황

구분	교과영역	교과(군)	과목유형	세부교과목	기준단위	운영단위	1학년 1학기	1학년 2학기	2학년 1학기	2학년 2학기	3학년 1학기	3학년 2학기	이수단위	필수단위
학교지정교육과정	기초	국어	공통	국어	8	8	4	4					16	10
			일반선택	문학	5	4			4					
			일반선택	독서	5	4				4				
		수학	공통	수학	8	8	4	4					16	10
			일반선택	수학Ⅰ	5	4			4					
			일반선택	수학Ⅱ	5	4				4				
		영어	공통	영어	8	8	4	4					16	10
			일반선택	영어Ⅰ	5	4			4					
			일반선택	영어Ⅱ	5	4				4				
		한국사	공통	한국사	6	6	3	3					6~8	6
	탐구	사회	공통	통합사회	8	6~8	4	4					6~8	10
		과학	공통	통합과학	8	6~8	3	3					8~10	12
			공통	과학탐구실험	2	2	1	1						
	체육·예술	체육	일반선택	체육	5	4	2	2					10~12	10
			일반선택	운동과건강	5	4			2	2				
			진로선택	스포츠생활	5	2~4					1~2	1~2		
		예술	일반선택	음악	5	4	2	2					8	10
			일반선택	미술	5	4	2	2						

에서 볼 수 있듯이 국어 교과는 공통과목 '국어'와 일반 선택과목
인 '문학', '독서'를, 수학 교과는 공통과목 '수학'과 일반선택과목
'수학Ⅰ', '수학Ⅱ'를, 영어 교과는 공통과목 '영어'와 일반 선택과목
'영어Ⅰ', '영어Ⅱ'를, 사회와 과학 교과는 공통과목만을 학교 지정
과목으로 편성하고 있다. 단, 체육 교과는 3개년간 반드시 편성해
야 하므로 일반 선택 2개 과목 외에 진로 선택과목인 '스포츠생활'
을 추가하여 편성하기도 한다. 대체로 체육 교과는 필수이수단위
10단위로 편성하고 있지만, 최근 들어 12단위까지 편성하는 학교
가 증가하고 있다. 또 예술 교과는 일반 선택과목인 음악과 미술
을 학기별 2단위씩 총 4단위로 편성하고 있는 경우가 많다. 하지
만 아직도 2009 개정 교육과정에서 전국적으로 보편적으로 편성
되었던 방식인 음악과 미술을 3단위씩 편성하여 교차이수[11]하도
록 편성하는 학교도 있다. 2023학년도 입학생 교육과정 편성에서
는 '교차이수로 과목을 편성하지 않아야 한다'고 많은 시·도교육
청에서 안내되고 있는 바이다. 이후 예술 교과 필수이수학점을 채
우기 위해서 진로 선택과목에 과목을 추가하여 편성하기도 한다.
그래서인지 최근에는 '연극' 교사를 선발하여 연극 수업을 운영하
는 학교도 나타나기 시작했다.

---

11. 예를 들어 10개 학급이 있다면 반으로 나누어 1학기에 1~5반은 음악, 6~10반은 미술을 편
성하고, 2학기에는 1~5반은 미술, 6~10반은 음악으로 편성하는 것을 의미한다. 그러나 현
행 학업 성적 평가 체제를 고려하면 공정하지 못하다는 의견도 많고, '교차이수'라는 명칭
자체도 적정하지 않다고 지적되고 있다.

학생 선택권을 좀 더 적극적으로 보장해주는 방안

한발 더 나아가 좀 더 적극적으로 학생의 과목 선택권을 보장해 주는 학교도 나오기 시작했다. 아래 표 1-3을 보면 기초교과 영역의 경우 오직 1학년 공통과목만을 학교 지정과목으로 편성한 것을 알 수 있다. 충남의 천안여고는 국어 교과 공통과목인 국어, 수학 교과 공통과목인 수학, 영어 교과 공통과목인 영어만을 기초교과 영역의 학교 지정과목으로 개설하고 있다. 즉 수능 공통과목조차 학교 지정과목에서 제외해버린 것이다. 이러한 결정에 대해 다음과 같은 의문을 제기할지 모른다.

| 표 1-3 | 고교학점제 연구 · 선도학교 학교 지정 교육과정 감축 편성 현황

구분	교과영역	교과(군)	과목유형	세부교과목	기준단위	운영단위	1학년 1학기	1학년 2학기	2학년 1학기	2학년 2학기	3학년 1학기	3학년 2학기	이수단위	필수단위
학교지정과목	기초	국어	공통	국어	8	8	4	4					8	10
		수학	공통	수학	8	8	4	4					8	10
		영어	공통	영어	8	8	4	4					8	10
		한국사	공통	한국사	6	6	3	3					6	6
	탐구	사회	공통	통합사회	8	7	3	4					7	16
		과학	공통	통합과학	8	7	3	4					9	
			공통	과학탐구실험	2	2	2							
	체육·예술	체육	일반	체육	5	4	2	2					10	20
			일반	운동과 건강	5	4			2	2				
			진로	스포츠생활	5	4					1	1		
		예술	일반	음악	5	4			3				10	
			진로	음악 연주	5	2				2				
			일반	미술	5	3	3							
			진로	미술 창작	5	2						2		
	생활·교양	기술·가정	일반	기술·가정	5	4	2	2					8	14
			일반	정보	5	4			2	2				
		한문	공통	한문	5	4		1	1	2			4	
		교양	공통	진로와 직업	5	2	1	1					2	

"학생 대다수가 수능을 준비하는데, 이건 좀 아니지 않나?"

하지만 모든 고등학생이 다 수능을 보는 것은 아니며, 표 1-3처럼 학교 지정과목을 축소하고 선택과목으로 교육과정을 편성해도 수능을 준비하는 학생들 대부분은 수능 공통과목을 알아서 선택하는 경향을 보인다. 학교 지정과목을 축소해 교육과정을 편성하고 있는 학교들 또한 어차피 학생들이 알아서 필요한 과목을 선택하므로 2학년까지 국어, 수학, 영어를 학교 지정과목으로 편성하여 운영하는 학교와 비슷한 과목 개설 현황을 보인다고 설명한다. 이런 결과에 대해 아마 학점제를 반대하는 사람들은 '그것 봐! 고교학점제를 도입해봐야 어차피 수능중심으로 과목 쏠림 현상이 계속되는 건 여전하잖아?'라고 비판하며 반대입장을 견지하려 할 것이다.

하지만 일방적으로 교육과정을 강요하는 것과 학생들이 직접 선택하는 것은 엄연히 다른 의미를 가진다. 또한 고교학점제는 대학의 학점제와는 다르다. 전공마다 과목이 다른 대학의 학점제와는 달리 고교학점제는 국가 수준 및 시·도 수준 교육과정에서 공통적인 과목을 선택하기 때문에 대학에 진학하려는 학생들이 수능 공통과목으로 쏠리는 현상은 잘못된 것이 아니라 지극히 자연스러운 현상임을 인식해야 한다. 자신의 꿈을 이루기 위해 대학 진학을 희망하는 학생이 입시에 필요한 과목을 이수하려고 스스로 선택하는 것은 너무나 당연하지 않은가?

기초학력과 최소 성취수준을 보장하는 교육과정을 편성하려면?

2015 개정 교육과정에서는 일반 선택과목과 진로 선택과목이 주로 공통과목 이후에 편성하도록 되어 있다. 그래서인지 몰라도 거의 모든 학교가 1학년에는 주로 공통과목을 편성하고 있다. 다만 예기치 못한 코로나19 팬데믹으로 인한 학력 저하 현상이 당분간 지속적으로 나타날 수 있기 때문에 1학년에 공통과목인 수학과 영어로만 편성하기보다는 기본수학, 기본영어처럼 부족한 기초학력을 보강할 수 있는 과목들을 함께 개설하여 학생들에게 선택의 기회를 열어주는 방안도 모색해볼 필요는 있다고 본다.

모든 학생의 학업 수준을 고려한 교육과정 난이도의 차별화

2023년 입학생부터 도입되는 학점제에서는 고등학교 1학년 국어, 수학, 영어 과목에 있어 **최소 성취수준** 보장 지도가 필수적으로 실시된다. 이런 상황에서 만약 각 학교에서 학생마다 준비도에 맞춰 배울 수 있도록 교육과정 난이도를 차별화해 편성하지 않으면 미이수 학생들이 속출할 것이고, 이는 자연스럽게 교사들이 감당해야 할 추가적인 보충이수과정에 대한 과도한 부담으로 돌아올 수 있다. 무엇보다 학생들이 **배울 수 있는 교육과정**인지에 대한 고려가 필요하다. 다음은 2015 개정 교육과정의 내용 일부이다.

라) 과목의 이수 시기와 학점은 학교에서 자율적으로 편성·운영
하되, 다음의 각호를 따른다. 〈개정 2019.12.27.〉

① 공통과목은 해당 교과(군)의 선택과목 이수 전에 편성·운영
하는 것을 원칙으로 한다. 〈개정 2019.12.27.〉

② 보통 교과의 진로 선택과목 중 기본수학, 기본영어, 실용국
어, 실용수학, 실용영어는 해당 교과(군)의 공통과목 이수 전
에 편성·운영할 수 있으며, 필요한 경우 학생의 발달 수준
등을 고려하여 공통과목으로 대체하여 편성·운영할 수 있
다. 이 경우 시·도교육청이 정하는 지침에 따라 필요한 절
차를 거쳐야 한다. 〈신설 2019.12.27.〉, 〈개정 2020.4.14.〉

위에 제시된 2015 개정 교육과정의 내용 일부에서 볼 수 있듯이
'기본수학', '기본영어'뿐만 아니라 '실용수학', '실용영어'의 경우 해
당 교과군의 공통과목 이수 전에 편성할 수 있으며, 공통과목으
로 대체하여 편성할 수 있다고 명시한다. 다만, 공통과목 이수 전
에 이런 선택과목들을 편성할 경우, 주의할 점이 있다. 그것은 1학
년에 주로 개설되는 이런 과목을 선택하는 것에 대한 학생의 심리
적 위축감을 고려해야 한다는 점이다. 따라서 2학년 공통과목으
로 이어질 때 자연스럽게 '실용수학', '실용영어' 등의 과목으로 선
택이 이어질 수 있도록 편성하는 것이 해당 과목을 선택해야 하는
학생들에게 체계적인 배움의 기회를 보장해줄 수 있을 것이다.

기본학력이 부족한 학생들을 위한 교육과정 편성 방안

앞서 언급한 '실용국어', '기본수학', '기본영어' 등은 아래 표 1-4와 같이 아예 1학년 '기초교과' 영역에 편성함으로써 공통과목을 대체하여 운영할 수도 있다. 이렇게 하면 기초·기본학력이 부족한 학생들이 배울 수 있는 1학년 교육과정이 편성될 수 있다.

다만 이렇게 입학생 대상으로 선택과목을 편성하게 되면 학생의 과목 선택 일정과 교과서 주문과 같은 추가적인 업무가 늘어난다. 그러나 학교 교육과정은 학생들이 **배울 수 있어야** 하며, 이후 성장할 수 있는 기본 역량을 갖출 수 있도록 편성되어야 마땅하다. 교사들의 입장에서도 진단과정을 통해 학생들의 준비도를 고려하고 배울 수 있는 교육과정을 제공해야 향후 미이수를 예방하고 학생의 미이수 속출로 인한 보충 이수과정 운영에 대한 부담을 줄일 수 있다. 따라서 학생의 학교 배정이 결정되면 바로 기본과목과 실용과목의 선택에 대한 안내가 제공되어야 한다. 또한 과목 안내시 기본과목과 실용과목을 선택하게 되는 기준이 단순히 기본학

| 표 1-4 | '기초교과' 영역에 대한 고교학점제 연구 · 선도학교 학교 지정 교육과정 편성 현황

교과 영역	교과 (군)	과목 유형	세 부 교과목	기준 단위	운영 단위	1학년		2학년		3학년		이수 단위	필수 단위
						1학기	2학기	1학기	2학기	1학기	2학기		
기 초	국어	공통	국어/ 실용국어	8	8	4	4					8	10
	수학	공통	수학/ 기본수학	8	8	4	4					8	10
	영어	공통	영어/ 기본영어	8	8	4	4					8	10
	한국사	공통	한국사	6	6	3	3					6	6

력 미달 때문이 아니라 진로와 적성에 따라 과목 선택이 달라져야 할 필요성을 강조해야 할 것이다. 예컨대 대부분의 과목 안내서를 보면 '실용영어'의 경우에도 영어영문학과나 영어교육학과에 진학하고자 하는 학생들에게 권장과목으로 안내되어 있다.

간혹 기본과목이나 실용과목은 공부 못하는 학교로 비춰질 수 있기 때문에 절대 개설할 수 없다고 폄하하기도 한다. 즉 이러한 과목들을 개설하는 것만으로도 소속 학교 학생들의 학력 수준이 떨어지는 것을 인증하는 셈이라며 지레 걱정하는 것이다. 그러나 각 대학에서는 학교에서 무슨 과목을 편성했는지보다 학교 교육과정에서 학생이 어떤 과목을 왜 선택했고, 어떻게 이수했는지(과목 이수의 충실도)에 더 많은 관심을 기울인다는 점을 기억해야 할 것이다.

학교는 모든 학생들의 배움의 권리를 보장해야 한다

먼저 학교 교육과정 편성에 관한 어느 교사의 이야기를 소개한다.

> 학교에서는 대학에 한 명이라도 더 보내기 위해서 학교 교육과정을 편성할 수밖에 없습니다. 교육과정을 따라오지 못하는 기초·기본 학력 미달 학생을 위한 교육과정을 편성하다 보면 중위권 학생들이 대학에 가기 어려울 수 있습니다. 학교는 어쩔 수 없이 기본영어, 기본수학과 같은 과목을 편성할 수 없어요. '실용국어', '실용영어', '실용수학'도 마찬가지죠.　　　　　　　　　　　-Y고 교사

위의 내용은 고교학점제 교원 연수 과정에 참여한 교사가 실제로 언급했던 우려이다. 일반고에서 대학입시를 위해 교사들이 얼마나 애쓰고 있는지, 과목 개설에 있어 어떤 갈등이 있는지를 절감할 수 있는 내용이다. 그러나 한편으로는 학업성취도가 떨어지는 학생들이 학교 교육과정에서 얼마나 소외되고 있는지도 성찰할 수 있다. 하지만 우리는 학교가 공교육기관이라는 것을 잊지 말아야 한다. 적어도 학교에서는 일부 상위권 학생들의 인생을 위해 나머지 학생들의 권리가 희생되는 일이 당연시되어서는 안 된다.

학교에서 그러한 일방적 희생을 당연시한다면 자칫 사회에서 약자의 권리가 강자의 이익을 위해 희생당하는 것 또한 감수해야 한다는 압력으로 이어질 것이기 때문이다. 학교는 사회를 담는 그릇이다. 그리고 사회는 고등학교를 졸업한 시민들이 살아가는 삶의 현장이다. 따라서 학교는 모든 학생들의 배움의 권리를 보장하고 학생이 자신의 권리에 합당한 책임을 질 수 있도록 학교 교육과정을 편성하고 운영하는 것이 당연하다. 교사들은 대학에 진학할 생각이 없거나 기초·기본학력 미달 학생 등에 관해 다음과 같은 질문을 떠올리고, 생각해봐야 할 것이다.

- 학교에서 하루 종일 무엇을 하고 있을까?
- 왜 아침마다 부지런히 가방을 챙겨 학교에 다니고 있을까?
- 고등학교 3년이라는 긴 시간을 어떻게 보내고 있을까?

대학입시에서 실제로 일어나지도 않는 일들에 대한 고등학교 교사들의 섣부른 예측으로 편성된 학교 교육과정 때문에 교육과정 안에서 소외된 학생들이 더 이상 있어서는 안 될 것이다. 해당 학생은 어쩌면 그들의 자녀일 수도 있다.

▌학생 과목 선택권을 확대할 방안을 ▌적극 탐색한다

학교 지정과목이 줄면 자연히 학생 선택과목이 증가해야 한다. 그러나 아직은 과목 선택이 실질적으로는 학생의 자유의지에 의한 선택으로 보기 어려운 교육과정을 편성하고 있는 학교들이 상당수다. 즉 단순히 문·이과 구분용 선택과목군을 편성하고 있는 것이다. 또 아직도 2009 개정 교육과정 시절의 학교 교육과정에서조차 벗어나지 못한 학교들도 아쉽지만 존재한다. 물론 학교 나름의 사정이 있을 수 있다고 해도 교육과정 담당교사들의 전언에 따르면 대부분 교원 수급과 교원들의 거부로 학생 과목 선택권을 보장하기 어렵다고 입을 모은다. 물론 앞서도 얘기한 것처럼 학생이 요구하는 과목을 모두 개설해줄 수는 없다. 학교의 여건이 한정되어 있기 때문이다. 그래서 고교학점제는 교사, 학생, 학부모의 공동 논의와 공동 편성 과정이 더더욱 중요하다. 즉 서로 합의해야 하는 지점이 필요한 것이다.

　이제 고등학교 문화도 과거와는 많은 점에서 변화하고 있다. 학교 민주주의가 향상되고 있고, 특히 만 18세가 지난 고3 학생은 국회의원도 대통령도 선출할 수 있는 투표권을 가진 시민이다. 하물며 자신이 배우는 교육과정을 의지대로 선택할 수 없다는 것이 과연 적절한가? 단지 학생이 미성년자라는 이유로 학교에서 제공하는 모든 교육과정을 고스란히 받아들여야 하는 존재로 간주해서는 안 된다. 이미 별무리학교를 포함한 대안학교와 고교학점제 연구학교에서는 학생들이 배움을 기획하고 교사가 이를 과목으로 개발하여 개설해주는 사례들이 속속 나타나고 있을 정도이다. 교사들이 학생을 지도하고 존중하는 방식은 다양하다 할지라도 기본적으로 학교 교육과정에 있어 학생의 과목 선택권을 보장하는 것은 교육의 법적인 문서인 국가수준 교육과정에 제시되어 있는 지침이다. 따라서 학생이 원하는 과목을 가급적 보장해줄 수 있도록 교사, 학생, 학부모는 함께 소통하고 협력하여 해결방안을 모색해야 한다. 그렇다면 학생 과목 선택권 확대를 위해 학교가 고려해야 할 점은 무엇인가? 여기에서는 6가지로 정리해보겠다.

모든 학생이 배울 수 있는 교육과정인가?

학생 과목 선택권 확대를 위해 학교에서 가장 먼저 고려해야 할 점은 모든 학생들이 '배울 수 있는 교육과정'인지에 대한 것이다.

지금까지는 오직 '배워야 하는 교육과정'만 강조되어왔고, 이는 대학입시나 학교의 교원 수급을 중심으로 판단하여 편성되어왔다. 심지어 대학 진학에 아예 관심도 없고, 준비도 하지 않는 학생들에게도 강요되었다. 하지만 고교학점제가 연구·선도학교가 시행된 2018년, 2019년 들어 학교의 과목 개설 수는 증가했다(표 1-5 참조). 2020년 1월 13일자 교육부 보도자료에 따르면 마이스터고를 제외한 특수목적고등학교에서 개설하는 전문교과Ⅰ 과목이 많이 개설되었음을 볼 수 있다. 이유는 일반고도 특수목적고처럼 보이기 위해서이지 않을까 싶다.

안타깝게도 대학에서는 각 학교에서 무슨 과목을 개설했는지보다 성적 면에서 해당 학교의 평균과 표준편차에 대비하여 지원한 학생의 원점수에 의미를 두고 평가하며(학업 역량), 과목별 세부능력 및 특기사항에 학생이 해당 과목을 왜 선택했고(진로 역량), 해당 과목을 통해 성장하고 싶은 역량이 무엇인지, 그리고 어떻게 성장했는지(학업 및 진로 역량)를 더욱 의미 있게 평가한다고 한다. 실제 일반고에서 전문교과Ⅰ과 같은 심화된 과목을 학교 지정과

| 표 1-5 | 고교학점제 연구학교의 학생 수업 선택권 확대 현황(한국교육과정평가원, 2019)

	연구학교	일반학교
학생 선택 이수단위 편성	79.4단위(일반학교 대비 19.6%↑)	66.3단위
전문교과Ⅰ 편성	92개(일반학교 대비 37.3%↑)	67개

목으로 편성할 경우 진로 선택과목으로 편성되어 3단계 성취평가제가 적용되는데, 이때 'C'등급이 무려 80% 이상 나타나는 학교도 존재한다. 과연 이런 교육과정을 통해 모든 학생들이 배우고 있다고 판단한 것인지에 대한 의문을 지울 수 없다. 아울러 이런 경우 교사가 감당해야 하는 최소 성취수준 보장을 위한 추후 지도의 부담이 크게 늘어날 것으로 예측된다.

'배울 수 있는 교육과정'의 전제는 모든 학생을 고려해야 한다는 점이다. 즉 기초·기본학력이 부족한 학생부터 심화수준의 학습이 가능한 학생까지 모두를 학교 교육과정에서 포괄할 수 있어야 한다. 교육부는 2021년 8월에 발표한 고교학점제 단계적 이행 계획에서 학교 교육과정에서 선택과목은 보통교과(일반·진로 선택)를 중심으로 최대한 개설하고, 전문교과는 주로 공동교육과정을 통해 개설할 것을 권장한다. 즉 학교 교육과정 안에서는 기초·기본학력을 갖추는 교육과정을 편성하고, 심화 과정이 필요한 학생들을 위한 전문교과는 단위학교에서 편성할 수 없을 경우 공동 교육과정 편성을 권장한 것이다. 이에 학교도 모든 학생이 배울 수 있는 교육과정인지에 대한 진단과 숙고가 절실히 필요하다.

'배울 수 있는 교육과정'의 관점에서 한 가지 더 생각해볼 것은 **필수이수학점**이다. '필수이수학점'은 국가수준 교육과정에서 모든 학생이 '배워야 하는 교육과정'으로 제시하고 있다. 각 교과별 필수이수학점을 이수한 후에 나머지는 자신이 원하는 교과에서 학점을 이수하면 고등학교를 졸업할 수 있다는 것이다. 하지만 아직까지 많은 학교에서 학교 지정과목으로 가장 많이 편성하고 있는 교과군은 국어·수학·영어 교과, 즉 수능 배점이 높은 교과들이다. 오죽하면 국가수준 교육과정에 이들 과목이 속한 기초교과 영역 50% 초과 금지 규정이 마련될 만큼 학교마다 수능 공통과목과 선택과목이 속한 과목들이 높은 비율을 차지하는 교육과정 편성이 지속되어왔다. 심지어 3학년까지 국·영·수를 학교 지정과목으로 편성한 학교들도 아직 존재한다. 하지만 학생들의 졸업 후 진로를 생각하면 이런 의문들이 꼬리에 꼬리를 물고 이어진다.

- 과연 학생들은 고교 졸업 후 이과나 문과 계열의 전공으로만 대학 진학을 할까? 그렇다면 이과와 문과가 통합된 전공은 없을까?
- 예술계열의 학생들은 대학입시에 수학 성적이 아예 포함되지 않은 경우도 많은데, 굳이 어렵고 적성에도 맞지도 않은 수학을 선택권 없이 3학년까지 학교 지정과목으로 무조건 배워야 하나?
- 고등학교에 입학하면 모두 대학을 가야 하는가? 취업이나 다른 계획을 세우고 있는 학생들에게도 대학입시 준비용 교육과정을 제공하는 것이 과연 타당한가?

이 외에도 수많은 질문들이 끝없이 제기될 수 있다. 학생들의 능력과 흥미, 적성, 진로는 저마다 다양하다. 학교 교육과정은 이런 다양성을 포괄하는 한편, 보편적으로 배워야 하는 교육과정을 적절히 안배할 수 있어야 할 것이다. 무엇보다 학생의 다양성은 학생들을 제외한 교사들의 교과협의회나 학교 교육과정위원회에서 논의될 수 있는 것이 아니라 학생과 직접 소통하고 협력하는 과정에서 반영되어야 한다. 어떤 교사도 학생들에게 배움을 억지로 강요하는 교사로 남고 싶지는 않을 것이다. 따라서 '배울 수 있는 교육과정'에서 고려해야 할 것은 기본적으로 학생들의 기초 및 기본학력을 배양할 수 있는 교육과정으로 편성해야 하며, 학교 간·학교 밖 교육 관련 기관과 협력하여 학생의 다양한 수준과 배움을 존중할 수 있는지를 함께 고려해야 한다. 또 국어·영어·수학 교과에 있어서도 필수이수학점 이외에는 이를 선택하지 않을 권리도 반드시 보장해야 하며, 문·이과 선택형 교육과정에서 다양한 진로를 아우르는 교육과정으로 편성의 방향이 바뀌어야 한다.

다른 시·도의 교육과정을 활용한다

두 번째로 다른 시·도의 교육과정 활용에 관한 것이다. 학교에서는 보통 국가수준 교육과정과 소속 시·도교육청의 교육과정을 근거로 학교 교육과정을 편성한다. 고교학점제 연구·선도학교가 확대됨에 따라 나타난 현상 중 하나는 다른 시·도 교육과정을 참고하여 과목을 개설하는 학교 수도 늘어나고 있다는 점이다. 대표적으로 언론에도 많이 소개된 경기도 구리시의 갈매고등학교에서 개설한 고시외 과목을 살펴보자. 이 학교에서는 경남교육청의 '국토순례'와 '텃밭 가꾸기', 인천광역시교육청의 '인문학의 창을 통해 본 미술', '인문학적 감성과 역사의 이해', 서울시교육청의 '호모스토리텔리쿠스', '고등학교 사회적 경제' 등과 같이 다른 시·도교육청의 교육과정에 있는 다양한 과목들을 편성하고 있다. 실제로 각 시·도교육청에서 특색 있게 개설한 과목들이 꽤 많다. 그리고 이런 과목들은 나이스시스템[12]의 학교 교육과정 편제 및 시간 배당 등록 권한을 부여받아 검색해보면 파악할 수 있다.

국가수준의 교육과정은 각 지역의 독특한 상황을 모두 포괄하

나이스 학교 교육과정 편제 및 시간 배당 등록 화면
나이스 시스템에서 교육과정 편제 및 시간 배당 등록 권한을 부여받으면 각 시·도교육청에서 특색 있게 개설한 과목들을 확인해볼 수 있다.

---

12. 사이트 주소는 www.neis.go.kr이다.

기 어렵다. 따라서 전국의 학교가 공통으로 배울 수 있는 교육과정을 국가수준 교육과정으로 제시하고, 나머지는 각 시·도교육청에서 지역의 상황에 적절한 교육과정을 제시해야 하며, 또 학교는 각 학교 교육공동체의 요구와 상황에 맞는 교육과정을 편성해야 한다. 각 단계마다 점차 다양한 교육과정이 편성될 수 있기 때문에 학생들은 각 지역과 학교 상황에 적절한 교육을 받을 수 있고, 학생 맞춤형 교육이 어느 정도 가능해진다.[13] 이를 통해 수도권 중심 교육에서 탈피하여 지역의 특색 있는 교육과정이 공평하게 편성되어 운영될 수 있다. 앞으로 소속 교육청이 아닌 타 시·도교육청의 고시외 과목에 대한 요구가 이어질 수 있는데, 이는 고교학점제 연구·선도학교 사례에서 쉽게 살펴볼 수 있다.

학교 간 공동교육과정을 적극 활용한다

2015 개정 교육과정이 적용된 2018년 이전인 2016년부터 전국의 고등학교는 학교 간 공동교육과정을 운영하기 시작했다. 이것이 정규교육과정에 +1 과목 체제[14]로 처음에 도입되었을 때만 해도 방과 후에 2~3개 이상의 학교가 협력하여 상호 호혜형, 지역 거

---

13. 고교학점제를 비판하는 내용 중 하나가 지역별 격차가 학교 교육과정에 그대로 편성된다는 것이다. 이미 그러한 시간에 수도권 중심의 사고가 뿌리박혀 있는 것은 아닌가 싶다. 지역은 지역 나름대로의 역사와 문화가 있다. 그리고 그것은 격차가 없다. 그들의 논리에 따르자면 지금은 어떠한가? 지역별 격차가 없는가? 적은가? 고교학점제는 만병통치약은 아니나 어떻게 운영하느냐에 따라 모든 지역이 모든 학생이 차별 없이 배울 수 있는 교육과정을 편성하고 운영할 수 있는 절호의 기회가 될 수 있을 것이다.

점형 등의 방식으로 운영되었다. 도입 당시에는 시·도교육청별로 교육과정 운영상 격차가 큰 편이었고, 대학입시와 맞물려 우수한 학생들이 학생부 종합전형에서의 이점 때문에 주로 선택해왔다. 특히나 일반고의 경우 보통교과를 중심으로 교육과정을 편성하는 경향이 있기 때문에 학교 간 공동교육과정에서는 주로 특수목적고에서 개설하는 전문교과 I의 과목과 프로그래밍을 포함하는 일부 전문교과 II의 컴퓨터 관련 과목들이 개설되어 운영되었다.

2018년 이래로 고교학점제 연구·선도학교가 증가하면서 교원 수급을 중심으로 교육과정을 편성해온 관행으로 단위학교 교육과정상에서 과목을 증설하는 것은 한계가 있었다. 이에 많은 학교들은 주로 학교 간 공동교육과정을 통해 외부 강사를 초빙하고, 교육과정 담당 교사가 행정 업무와 학생 관리를 지원하는 형태로 학생의 과목 선택권을 확보하는 방식으로 운영해오고 있다. 다만 외부 강사는 교사자격증을 가진 교사나 강사들도 물론 있지만, 대체로 개설 과목과 관련된 현장 전문가들을 초빙하여 정규 교원과의 코티칭 형태로 수업이 이루어지고 있다.[15]

---

14. 학교 간 공동 교육과정은 단위학교에서 개설하기 힘든 교과목을 인접한 2~4개 학교 간 협력을 통해 공동으로 운영하여 주로 방과 후나 토요일 등을 이용해 과목당 2~3단위 추가 이수하는 교육과정 운영방식을 뜻한다.

15. 학교 간 공동교육과정을 운영하는 학교에서는 소속 교원이 방과 후에 과목을 개설하여 운영하는 경우 아직 교원의 표준수업시수가 정해져 있지 않기 때문에 해당 교원에게 적절한 보상을 제공할 근거가 없다. 앞으로 고교학점제의 안착을 위해 교원의 표준수업시수를 법제화하고 초과 수업 시수에 대한 응당한 보상이 제공되어야 할 것이다.

하지만 최근에는 다른 방식으로 운영되고 있다. 즉 기존 교육과정의 +1 체제가 아닌 교육과정 내에 개설함으로써 일과 시간 내에 수업을 운영하는 학교도 생겨난 것이다. 울산광역시나 경기도 광명시의 고등학교에서는 일부 과목을 6~7교시에 **블록 타임**[16]으로 배치하여 학교 일과 중에 수업을 운영 중이다.[17] 블록타임 운영 시 쉬는 시간도 블록이 되므로 학생들의 이동 시간이 확보될 수 있다.[18] 이를 통해 학생들의 쉼을 보장함은 물론, 교원의 초과 근무 부담 감소도 기대할 수 있다. 고교학점제가 전면 시행되면 공동교육과정은 앞으로 학교 일과 중 편성이 한층 더 활성화될 것이다.

오프라인 공동교육과정은 학교 간, 대학 연계, 지역사회 연계 교육과정의 형태로 운영된다. 학교 간 공동교육과정은 2개 학교 이상의 상호 협력형, 지역단위 거점형의 2가지 형태로 운영되고

---

16. 고등학교에서 50분 단위로 이루어지던 수업을 2~3시간씩 연속으로 붙여서 운영하는 등 교과의 내용이나 수업 방법 등에 맞게 다양한 형태로 수업시간을 탄력적으로 운영하는 방식이다. 수업의 흐름을 끊지 않고 연속적으로 진행할 수 있기 때문에 학생 참여적이거나 심층적인 수업 진행이 가능해 교육의 질을 높일 수 있다.

17. 울산광역시 화암고등학교와 광명교육지원청 공동교육과정 운영 계획 참고

18. 이 경우 해당 학생은 종례를 받을 수 없게 된다. 이러한 상황이 발생하기 때문에 많은 연구학교에서는 조회 시간에 담임교사가 학생 전달 사항을 중점적으로 전달하고 추가 전달사항이 있을 경우 점심시간을 활용하고 있었다. 고교학점제가 전면시행되는 시점에 행정 학급의 역할이 축소될 수 있으며 학생들에게 전달 사항을 효과적으로 전달할 수 있는 소통망이 준비되어야 할 것이다. 해외의 경우 공통 전달 사항은 전광판을 활용하고 있으며 우리나라에서도 담임교사가 오픈 채팅방을 개설하여 학생들에게 전달 사항을 안내하고 있기도 하다. 더불어 담임교사의 역할도 변경될 수 있으며 연구학교를 운영한 갈매고와 같이 복수 담임제를 도입할 가능성도 있다. 이는 학교의 사항에 따라 학교 교육공동체가 논의하여 결정하도록 할 필요가 있다. 다만 시·도교육청은 복수 담임제를 운영할 경우 수당 지급에 대한 법적 조항을 마련하여야 할 것이다.

있다. **상호 협력형**의 경우는 학생 대상 요구조사를 통해 도출된 소수 희망 학생 과목을 학교 간 협력을 통해 학교 상호 간에 운영 가능한 과목을 개설하고, 협력 학교 학생들이 함께 수강하는 방식으로 운영한다. **지역단위 거점형**의 경우는 지역사회에 중심이 되는 학교를 정하고, 해당 학교에서 지역단위의 학생들이 요구하는 과목을 개설하여 운영한다(59쪽 그림 참조). 이 두 가지 방식은 지역단위의 특성과 상황에 따라 적절한 방식으로 운영할 수 있다.

다만 교육과정 이수를 위한 학생들의 공간 이동이 수반된다. 근거리에 도보로 이동할 수 있는 경우라면 크게 문제될 것이 없겠으나, 학교 간 거리가 멀어 도보로 이동하기 어려운 경우 교육청이나 지자체 차원의 차량 지원 서비스가 지원되어야 하는 점은 과제로 남아 있다. 한편으로 학생들은 이미 대중교통 수단을 이용하여 등·하교하고 있을 뿐만 아니라, 방과 후에는 먼 거리의 사교육기관도 이용하고 있다. 이런 측면에서 학생 이동에 대한 안전에 대한 부담을 오롯이 학교에 지우기보다는 학생 자신을 포함한 지역사회 공동체가 공동으로 책임지도록 해야 할 것이다.

학교별, 지역별 대학과 연계한 오프라인 공동교육과정도 점차 활성화되고 있다. 대학 연계 교육과정은 지역의 종합대학뿐만 아니라 전문대학이 함께 참여하고 있다. 대학 측면에서는 대학과 전공을 교육과정 속에서 소개할 수 있는 효과적인 기회가 된다. 한편 고등학교는 학생들에게 과목 선택권 보장을 확대할 수 있는 기

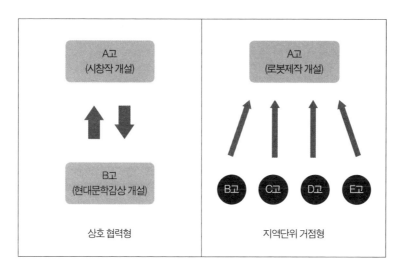

학교 간 공동교육과정의 운영방식

상호 협력형은 주로 학교 간 협력을 중심으로 협력 관계의 학생들이 함께 수강하는 방식이며, 지역사회 거점형은 각 지역사의의 중심이 되는 학교에서 지역 내 학생들이 요구하는 과목을 개설하여 운영한다.

회가 된다. 무엇보다 개별 학교단위에서 개설하여 운영하기 어려운 전문교과Ⅰ·Ⅱ 과목을 개설하여 운영할 수 있기 때문에 학생들은 자신이 관심 있는 과목을 심화할 수 있고, 자신의 진로와 연관된 과목을 실제로 체험하면서 학습할 수 있는 기회도 가질 수 있다는 측면에서 매우 의미 있다. 다만 대학의 교수나 강사가 수업을 진행할 경우 고등학생의 눈높이에 맞춘 교수학습과정을 구현하는 것이 중요하다. 실제 대학교수가 운영하는 강의식 수업을 받은 고등학생들이 학습에 부담을 느끼거나 간혹 지루해하는 상황도 목격되는 등의 문제점도 적잖이 드러나고 있기 때문이다.

진로와 직업 탐색을 위한 지역 대학과의 연계 체계를 마련한다

네 번째로 지역 대학과 연계해 교육과정을 다양화하는 것이다. 예컨대 전문대학과의 연계를 통해 학생들은 자신의 진로나 직업을 직접적으로 체험하고 경험해볼 수 있다. 오른쪽 표 1-6은 K전문대학에 개설된 직업체험 관련 강좌를 정리한 것이다. 전문대학들은 기술이나 기능에 관련된 다양한 교육이 이루어지고 있기 때문에 학생들은 그동안 고등학교에서 접할 수 없었던 다채로운 실험, 실습, 실기 과목들을 학습할 수 있다 보니 학습동기가 한층 잘 유발된다고 한다. 학생들에게 꿈이 생기면 자연스럽게 학습동기가 유발되고, 학습에 좀 더 집중하게 되는 계기가 만들어지기 때문이다. 다만 한편에서는 이러한 과목을 굳이 고등학교 때부터 접할 필요가 있냐며 우려하는 교사들도 있다. 그러나 모든 학생들이 대학에 진학하는 것은 아니며, 심지어 진학 후 자신이 선택한 전공에 후회하는 학생들의 비율도 70% 이상 나타나고 있다고 한다.[19] 12년이라는 기나긴 공교육을 완수하고 진학한 대학인데, 자신이 선택한 전공에 대해 이처럼 많은 학생들이 후회하는 일은 더 이상 일어나지 않아야 한다. 따라서 고등학생들이 미리 관련 전공 학습을 경험해보는 것은 그 자체로 의미가 있는 동시에 진로학업설계

---

19. 취업포털 사이트 1위인 사람인에서 대학생 484명을 대상으로 조사한 결과 72.7%가 현재 전공을 후회하는 것으로 나타났다. 후회하는 가장 큰 이유가 '생각했던 것과 달라서'였고, 두 번째는 '적성과 맞지 않아서'였다.

| 표 1-6 | 진로 · 작업기술이나 기능 체험과 관련된 K전문대학 강좌 예시

NO	강의명	NO	강의명
1	호텔실무영어기본	17	화장품학
2	헤어 미용	18	경찰이 되기 위한 기초 범죄학
3	네일 미용	19	태권도 실기
4	인공 지능 프로그래밍	20	회계원리
5	아두이노 프로그래밍	21	회계실무
6	3D 프린터 개발	22	기초보컬
7	전기전자기초	23	고급보컬
8	스마트 IT창업	24	기초보컬앙상블
9	빅데이터분석	25	음악 콘텐츠 제작
10	유튜브제작과 드론조종	26	제과실습
11	인체기능학(아크로바틱)	27	상담심리학
12	스트릿댄스 락킹	28	영유아건강-안전-영양
13	태권도 실기	29	영유아놀이지도
14	마케팅의 이해	30	경찰경호 호신술
15	마케팅의 이해	31	자기방어 호신술
16	호텔프런트실무		

의 측면에서도 의미 있다. 그리고 이런 과정은 고등학교 교육과정의 일부에 불과하며, 학생들도 관련 과목을 주로 1~2개 정도만 수강하므로 학교 교육에 큰 부담을 안겨주지는 않을 것으로 본다.

대학은 교육과정 운영 자체를 지원해줄 수도 있겠지만, 때로는 공간이나 시설만 제공해줄 수도 있다. 예컨대 대학은 방학이 고등학교보다 1개월 정도 미리 진행되기 때문에 고등학교는 2차 지필고사 이후에 대학의 공간을 빌려 학교 자율과정이나 2022 개정 교육과정에 새롭게 도입될 1학점 미니과목 등을 운영해볼 수도 있을 것이다.

앞으로 고등학교와 대학교의 연계는 한층 더 유기적으로 강화되어야 한다. 무엇보다 학생의 진로설계와 직업 탐색에 있어 초·중·고 연계만큼 더욱 체계적으로 내실 있게 운영될 필요가 있다. 이에 대학과 연계한 공동교육과정은 시·도교육청뿐만 아니라 교육지원청 단위에서 주도적으로 추진될 필요가 있다. 실제 많은 교육지원청에서 학교를 지원하기 위해 이를 추진하고 있다. 다만 미래교육의 방향성을 모색하는 동시에 지역사회의 특색과 요구를 함께 반영하여 학교 교육과정을 한층 더 체계적이고 안정적으로 지원할 수 있어야 할 것이다. 또한 지속적인 운영이 가능하도록 뒷받침해줄 운영체제를 구축하는 것도 중요하다. 이를 위해서는 교원, 학생, 학부모, 지역위원, 대학, 기업 등이 협력적으로 참여하는 지역교육과정위원회의 조직과 운영이 선행되어야 하며, 관련 법령 제정과 예산 확보도 반드시 이루어져야 할 것이다.

다양한 지역사회 자원을 활용한 교육과정 운영 방안을 마련한다

고교학점제가 전면 실시되면 다양한 지역사회 인프라는 교육과정 운영에 있어 중요성이 한층 더 강조될 것이다. 이미 지역사회와 연계한 학교 교육과정이나 공동교육과정도 운영되고 있다. 예컨대 현재 울산광역시 화암고등학교에서는 지역사회의 '문화의 집'에서 '소형 무인기 정비'와 '네일 미용' 과목이 코티칭 수업의 형태로 개설되어 운영되고 있다. 또 단양고등학교는 소백산국립공원과 협력하여 '환경'이라는 과목을 개설하고 교육과정 재구조화와 재구성을 통해 지역사회의 생태와 환경을 중심으로 수업을 진행하고 있다고 한다.

이외에도 지역의 청소년수련원, 공공기관, 연구소, 기업과 연계하여 과목을 개설하고 있는 학교들이 전국적으로 점차 확대되고 있다. 지역사회는 학생들이 현재를 살아가는 삶의 터전이자, 앞으로 살아가게 될 미래의 공간이기도 하다. 따라서 지역사회와 연계하여 교육과정을 운영하는 것은 지역사회 시민을 양성한다는 측면에서도 매우 의미 있는 일이다. 마을교육공동체도 마을이 교육을 위해 협력하는 역할을 수행하므로, 앞으로 학교 교육과정과 연계될 가능성이 높고, 수업을 지원하려는 의지도 보이고 있다.

지역사회 연계 교육과정 편성에 있어 최고의 지원자는 학생과 학부모이다. 특히 지역사회 주민인 학생과 학부모는 선거권도 가진 만큼 교육 분야에 있어 지역사회 협력 체제를 구축하고 잘 운영할 수 있도록 실질적인 목소리를 낼 수 있다. 이들은 무엇보다 교육이 필요한 당사자이므로 교사보다 훨씬 더 적극적으로 당면한 교육 과제들을 해결하고자 하는 의지를 보인다. 교원은 학생의 과목지도, 학생 상담 및 생활지도, 행정업무, 연수 및 연구 활동 등으로 학교 현장에서 이미 상당한 업무를 담당하고 있기 때문에 여기에 새로운 추가 업무까지 추진하기란 사실상 쉽지 않다. 하지만 아직도 학교 교육과정 편성과 운영의 업무는 교육과정을 이수하는 당사자인 학생과 학부모를 제외하고 교사들에게 집중된 경우가 대부분이다. 학교 교육과정 편성에 있어 교과 간, 교원 간의 갈등이 지속되는 것도 어쩌면 이런 이유 때문일 수 있다. 따라서 2015 개정 교육과정의 학교 교육과정 편성·운영에 제시되어 있듯이 교원, 학생, 학부모가 함께 실현해가는 학교 교육과정은 고교학점제의 추진 과정에서 더욱 강조될 것이다.

다만 지역사회와의 협력 과정에서 어려운 점도 있다. 지역사회 강사의 대부분은 전문 교사자격증이 없기 때문에 정규 교원과의 코티칭 형태로 수업이 이루어져야 한다. 무자격 교원의 단독 수업은 불가하기 때문이다. 이렇게 이루어지는 코티칭에 대한 부담 때문에 교원은 지역사회와의 연계 필요성은 인식하면서도 이를 거부하고, 지역사회는 외부 강사의 단독수업을 요구하는 형편이다. 하지만 교육청에서는 외부 강사의 단독 수업을 인정해줄 수 있는 법적 근거가 없고, 이후 법적 체계가 도입되어 인정해준다고 해도 일정 기간이 지난 후 외부 강사의 교사자격증 부여 요구가 새로운 난제로 떠오를 것을 우려한다. 지역사회와의 협력을 통한 교육적 목적 실현 이면에는 집단 간 이기심이 알게 모르게 존재하는 것이다. 앞으로 이 부분은 교육청과 지역사회 교육기관과의 협업을 통해 수업과 평가에 대한 외부 강사의 교원 연수 관리와 인사 관리 체제를 구축하여 교육기관에서 강사를 파견하는 형태로 고등학교 교육과정을 지원하는 방안도 모색해볼 필요가 있다.

온라인과 오프라인을 넘나드는 공동교육과정을 활용한다

끝으로 온라인 공동교육과정을 적극 활용하는 것이다. 4차 산업 혁명 시대에 군이 오프라인 수업만 고집해야 할 이유는 없다. 특히 **온라인 공동교육과정**은 공간과 시간의 한계를 넘어설 수 있는 방안이므로 농산어촌의 지역적 한계로 인해 과목 선택권이 제한되거나 병원학교[20]를 이용하는 학생들에게 과목을 선택하여 수강할 수 있는 소중한 기회를 제공할 수 있다. 현재 한국교육개발원에서 전국적으로 운영 중인 '교실온닷'은 800개가 넘는 과목이 개설되어 운영 중이며, 실시간 쌍방향으로 수업이 이루어지고 있다. 또한 수업당 참여 학생 수를 제한하여 온라인 수업의 한계를 넘어 학생들의 수업 참여와 배움의 효과를 높일 수 있도록 조정하여 운영하고 있다. 앞으로 고교학점제가 전면 시행되면 이미 운영되고 있는 외부의 다양한 온라인 교육이 학교 교육과정을 더욱 지원해 줄 것이다. 특히 2022 개정 교육과정에서는 외부 학점 이수에 대한 규정도 포함할 것으로 논의되었다.

전라남도교육청은 **온·오프라인 융합 방식의 공동교육과정**도 시도하고 있다. 꿈키움캠퍼스는 단위학교에서 개설하기 힘든 소인수 선택과목 및 전문강좌를 고교-대학이 연계해 개설하여 운영하는 공동교육과정이다. 전남의 지역적 특수성을 고려하여 학기 중에

---

20. 병원 내에 설치된 파견 학급 형태의 학교

는 온라인 공동교육과정으로, 방학 중에는 합숙형 집중과정으로 운영함으로써 교육 소외 지역 없이 전남 지역 모든 학생들에게 과목 선택권의 보장 기회를 확대 제공한다는 방침이다. 2022년 꿈키움캠퍼스는 목포대, 순천대, 초당대, 전남대, 조선대, 광주교육대와 연계해 '고급물리학', '마케팅과 광고' 등 총 39개 강좌를 개설했고, 과목 개설의 폭을 점차 더 확대해가고 있다. 이러한 온·오프라인 융합 방식의 합숙이 가능한 공동교육과정 운영체제는 지역적 한계를 넘어서 모든 학생들의 학습권을 보장해줄 수 있는 효과적인 방안으로 고교학점제가 전면 도입되는 2025년 이후에는 전국에 보편화될 전망이다.

고교학점제는 앞으로 모든 학생의 배움을 존중하고 또 보장하기 위해 폭넓고, 한편으론 심화된 교육과정의 세계를 더욱 적극적으로 열어갈 것이다. 거듭 강조하지만, 학교는 미래의 시민을 양성하는 곳이 되어야 하며, 세상과 고립된 학문의 전당에 더 이상 만족할 수 없다. 앞으로의 학교는 세상의 변화에 민감하게 반응하면서 교육이 추구해야 하는 본질과 가치를 추구해가기 위해 끊임없이 변화해야 하고, 또 변화하는 중이다. 지금까지도 교육에 대한 개선 요구는 끊임없이 이어져 왔다. 그리고 이런 개선을 위한 노력은 대부분 현장의 교원들이 감당하고 짊어져야 했고, 자연히 부담은 계속 증가하였다. 하지만 학교 교육과정의 실현 주체는 오직 교사만 있는 것이 아니다. 이제는 함께 나눠야 한다. 교육 3주체인 학생, 학부모, 교사뿐만 아니라 지역사회도 함께할 때 급변하는 미래사회에 대응할 수 있는 교육이 실현될 수 있다.

끝으로 하나 더 **고교학점제 선도지구**에 대해 생각해보자. 고교학점제 선도지구는 다양한 형태의 온·오프라인 공동교육과정을 포괄하고 지원할 수 있는 종합 지원 체제가 될 수 있다. 현재는 교육지원청에서 주도적으로 선도지구 사업을 추진해가고 있지만, 앞으로 지역사회 교육과정위원회의 역할과 기능이 한층 강화되고 활성화되면 학생과 학부모를 포함하는 지역사회가 더더욱 적극적이고 협력적으로 참여하여 지역의 교육을 발전시켜 나갈 수 있을 것이다. 단위학교가 단독으로 학교 교육과정을 편성하는 것보다는 지역이 함께할 때 훨씬 더 수월하게 다양한 교육과정을 운영해갈 수 있다. 학생을 중심에 두고 모든 교육과정을 편성하고 운영하는 것은 기본 중의 기본이다. 이제 여기에 학교 교육공동체와 지역사회의 창의적인 아이디어들이 교육과정에 더해지고, 또 충실히 발휘되어야 할 때다. 고교학점제는 학교가 모든 학생이 주인공이 되는 책임교육을 실현하기 위한 대전제인 가장 민주적인 교육과정을 편성하고 운영하기 위한 진화의 플랫폼이 되어줄 것이라 믿어 의심치 않는다.

고교학점제 시대의 학교 교육과정, 어떻게 편성하고 운영할 것인가?

2020년 마이스터고에 우선 도입된 고교학점제는 2023년부터 단계적으로 적용되어, 2025년에 전면 시행된다. 고교학점제는 2021년 초·중등교육법[1]과 초·중등교육법 시행령[2]에서 법적 근거를 마련하였다. 교육부는 2022년 1월에는 2015 개정 교육과정까지 일부 개정하여 단위제를 학점제로 전환했는데, 이를 통해 2023년도 입학생부터 고교학점제가 정상적으로 도입될 수 있는 체계를 구축하게 되었다. 또한 이후 안정적이고 본격적인 고교학점제 운영을 위한 2022 개정 교육과정(안)을 개발하여 학부모 위원까지 참여하는 국민참여포럼을 거쳤다. 현재 개정안은 세부 검토 과정을 통해 고교학점제가 현장에 안착될 수 있도록 수정하고 보완하는 과정에 있다.

고교학점제,
개정 교육과정의 새로운 축이 되다

고교학점제의 현장 안착을 목적으로 2023년도부터 학점제를 단계적으로 도입하기 위해 이미 2022년 1월에 2015 개정 교육과정이 일부 개정되었다. 이 개정안을 통해 앞으로 학교는 2023학년도 입학생의 교육과정 편성부터 2015 개정 교육과정의 일부 개정안을 참조

---

1. 제48조의2(고교학점제 지원 등)
   ① 교육부장관과 교육감은 고교학점제 운영과 지원을 위하여 고교학점제 지원센터를 설치·운영할 수 있다.
   ② 교육부장관과 교육감은 고교학점제 지원센터의 효율적 운영을 위하여 필요하다고 인정하면 교육정책을 연구·지원하는 법인이나 기관에 그 업무를 위탁할 수 있다.
   ③ 국가와 지방자치단체는 고교학점제의 운영을 위하여 필요한 행정적·재정적 지원을 하여야 한다.
   ④ 제1항부터 제3항까지에 따른 고교학점제 지원센터의 설치·운영, 위탁 및 행정적·재정적 지원 등에 필요한 사항은 대통령령으로 정한다.[본조신설 2021.9.24.]

2. □ 제92조의3(학점제의 운영 등) 법 제48조제3항에 따른 고교학점제(이하 '고교학점제'라 한다)의 운영, 고교학점제를 운영하는 학교의 학생이 졸업에 필요한 교과목 이수의 인정 기준과 학점 수 등에 관한 사항은 법 제23조제2항에 따른 교육과정의 범위에서 학칙으로 정한다.[본조신설 2022.3.22.]

   □ 제92조의4(고교학점제 지원센터의 설치 및 운영 등)① 법 제48조의2제1항에 따라 교육부장관이 설치하는 고교학점제 지원센터는 다음 각호의 업무를 수행한다.
   1. 고교학점제 관련 정책개발을 위한 기초연구
   2. 고교학점제 관련 자료수집 및 분석
   3. 고교학점제 관련 연수자료의 연구·개발과 교원 연수의 지원
   4. 그 밖에 고교학점제의 원활한 운영 및 개선을 위한 지원 업무
   ② 법 제48조2제1항에 따라 교육감이 설치하는 고교학점제 지원센터는 다음 각호의 업무를 수행한다.
   1. 관할 고등학교의 고교학점제 관련 교육과정 운영의 지원
   2. 관할고등학교의 고교학점제 관련 자료 수집 및 분석
   3. 그 밖에 관할 고등학교 고교학점제의 원활한 운영 및 개선을 위한 지원 업무
   ③ 교육부장관 및 교육감은 법 제48조의2제2항에 따라 제1항 각호 및 제2항 각호의 업무를 다음 각호의 법인이나 기관에 위탁할 수 있다.
   1. 『정부출연연구기관』 등의 설립·운영 및 육성에 관한 법률」 제8조제1항에 따른 한국교육과정평가원, 한국직업능력연구원 및 한국교육개발원
   2. 그 밖에 교육정책의 연구 및 지원 업무에 전문성이 있다고 교육부장관 또는 교육감이 인정하는 법인이나 기관
   ④ 교육부장관 및 교육감은 제3항에 따라 업무를 위탁하는 경우 위탁받는 기관과 위탁업무의 내용을 고시해야 한다.
   ⑤ 제1항부터 제4항까지에서 규정한 사항 외에 교육부장관이 설치하는 고교학점제 지원센터의 설치·운영 등에 필요한 사항은 교육부장관이 정하고, 교육감이 설치하는 고교학점제 지원센터의 설치·운영 등에 필요한 사항은 교육감이 정한다.[본조신설 2022.3.22.]

해야 한다. 개정안은 시·도교육청에서 인쇄물 등으로 제작하여 안내할 수도 있지만, 매년 교육과정이 조금씩 개정되어가는 점을 고려한다면 한국교육과정평가원이 운영하는 국가교육과정정보센터[3]나 교육부가 운영하는 에듀넷·티-클리어[4] 사이트에서 최신본을 그때그때 다운로드받아 사용하는 것이 더 안정적이다. 일부 개정된 사항이 무엇인지 구체적으로 살펴보면 다음과 같다.

첫째, 이전에 사용되던 '단위'라는 용어는 모두 **'학점'으로 대체**되었다. 이로써 2023년도 고1부터는 학점제가 적용되어 2025년에는 고등학교 1학년부터 3학년까지 모든 학년에 대해 학점제 체제로 운영된다. 다만 2025년을 기준으로 고등학교 1학년에는 2022 개정 교육과정이 적용되지만, 고1·2학년에는 2015 개정 교육과정이 적용되는 차이가 있다.[5]

둘째, 학생이 취득해야 하는 **총 취득학점이 감축**된다. 교과(군)의 자율 편성 학점이 86단위에서 '80학점'으로 6학점 줄어들고, 창의적 체험활동 24단위에서 '18학점'으로 6학점이 줄어들어 총 204단위에서 **192학점으로 감축**된다. 오른쪽 표 2-1은 일반고와 특수목적고의 학점 배당기준을 정리한 것이다. 이렇게 총 12학점이 감축되어 자

---

3. 국가교육과정정보센터(http://ncic.re.kr/mobile.index2.do) - 오른쪽 상단에 교육과정 자료실 - 국가 교육과정 원문 및 해설서 - 고등학교 또는 초·중등학교 중 가장 최신본 다운로드

4. 에듀넷·티-클리어(https://www.edunet.net/nedu/main/mainForm.do) - 교육정책 - 교육과정 - 국가교육과정 클릭/ 시·도교육청 지침도 제공함.

5. 고1 입학생 때 적용된 개정 교육과정 이 학생이 졸업할 때까지 적용된다. 즉 2024년도 입학생은 고3 때까지 2015 개정 교육과정으로 학교 교육과정을 이수하게 된다.

| 표 2-1 | 일반고등학교와 특수목적고등학교 학점 배당기준(교육부, 2022)

교과 영역	교과(군)	공통 과목(학점)	필수 이수학점	자율 편성 학점
교과 (군)	기초	국어	국어(8)	10	학생의 적성과 진로를 고려하여 편성
		수학	수학(8)	10	
		영어	영어(8)	10	
		한국사	한국사(6)	6	
	탐구	사회 (역사/도덕 포함)	통합사회(8)	10	
		과학	통합과학(8) 과학탐구실험(2)	12	
	체육 · 예술	체육		10	
		예술		10	
	생활 · 교양	기술 · 가정/ 제2외국어/ 한문/교양		16	
소계				94	80
창의적 체험활동				18(306시간)	
총 이수학점				192	

첫 교원 수가 감축될 것에 대한 현장의 우려도 있는 것이 사실이다. 하지만 고교학점제 현장 안착을 위해서라도 학점 감축으로 인한 교원 수 감축은 없다는 것이 교육부의 방침이라고 한다.

그럼 학교는 교과(군)의 자율 편성 학점을 6학점 줄여 교육과정을 편성하기 위해 무엇을 해야 하는가? 첫째, **교원 현황과 변화 추이를 확인**해야 한다. 교원 현황은 학교 교육과정 편성의 가능성 여부를 결정하기 때문에 현재 운영되는 학교 교육과정에 따른 교원 현황과 이후 퇴임이나 공립학교의 경우는 근무 기한이 4~5년 된 교원 수와 임용 가능한 정원 외 기간제 교사, 시간 강사 인원 등을 파악해야 한다. 한편 사립학교의 경우는 파견 가능 교원 수도 함께 고려할 필요가 있다. 이러한 교원 수는 교육과정을 편성하는 데 있어 중요한 학교의 여건이 되므로 정확하게 파악하여 과목 개설의 폭을 가늠할 필요가 있다.[6]

둘째, **기초교과 영역의 학점 총합은 교과 총 이수학점의 50%를 초과하지 않도록 한다**는 조항을 고려해야 한다. 그동안은 교과 영역 단위의 총합인 180단위에서 50%인 90단위를 넘지 않도록 기초교과 영역의 단위 수를 조정해왔다. 하지만 이제 174학점의 50%인 87학점을 넘지 않도록 편성해야 한다.[7] 여기에서 또 다른 기초교과 영역인 한국사 6학점을 제외하면 이제 국어, 수학, 영어의 학점 수는 총 81학점을 넘지 말아야 한다. 아직 고교학점제에 대비하여 교육과정을 편성하지 않은 고등학교라면 앞으로 국어, 수학, 영어의 학점 수를 감축해야 할 것이다.

---

6. 이렇게 학교 교육과정을 운영하기 위한 교원 현황과 학생들의 요구조사 결과를 함께 고려하여 차기 년도 입학생이 3년간 이수할 수 있는 과목을 학년별, 학기별로 편성하여 학생과 학부모에게 안내해야 한다(교육부, 2019). 학교 교육과정은 학교 교육공동체의 약속이기 때문에 해당 학년도 입학생이 졸업할 때까지 가급적 변경하지 않고 운영되어야 한다. 변경이 필요할 때도 학생, 학부모의 동의가 필요하므로 충분히 변경 내용과 사유를 안내하고 동의를 구해야 할 것이다.

7. 가급적 국어, 수학, 영어 교과는 앞으로 학령인구 급감의 추이를 고려할 때 학교 지정과목보다는 선택과목군으로 변경하여 운영하는 것이 필요하다. 학생 수가 줄어들면 학교 지정과목 교원 수의 변동 폭이 크다. 특히 사립학교의 경우 국어, 수학, 영어 교원 수에 대한 교원 수 변화 추이를 선제적으로 고려해볼 필요가 있다.

6학점,
어떻게 줄일 것인가?

기존의 86단위였던 교과(군)의 자율 편성 학점이 '80학점'으로 6학점 줄어들고, 여기에 기초교과 영역의 학점 총합 또한 교과 총 이수학점의 50%를 넘지 말아야 한다는 조항도 고려해야 한다. 각 학교에서 학점을 어떻게 줄일 것인지에 대한 고민이 깊을 것이다. 특히 국어와 영어, 수학의 기초교과 영역은 수능의 배점이 높은 과목들인 만큼 좀 더 민감할 수 있다.

학교가 이러한 기준에 맞춰 6학점을 줄이는 데는 몇 가지 방법이 있다. 그런데 학점을 줄이기 전에 먼저 확인해야 할 것이 있다. 왜냐하면 시·도교육청이나 교육지원청에 따라 한 가지 방안으로 통일할 것을 지침으로 설정하고 안내하는 곳도 있기 때문이다. 따라서 학교 교육과정을 편성하기 전에 미리 확인해보는 것이 필요하다.[8] 다만 학점제 이전의 단위제에서도 학기당 총 이수단위 수

---

8. 학교 교육과정 운영 방법은 초·중등교육법에 따르면 학교운영위원회의 심의를 거쳐 학교장이 결정하는 사항임에도 불구하고 일부 시·도교육청이나 교육지원청에서는 이를 침해하여 획일적으로 매 학기 1학점씩 감축할 것을 권고 또는 권장하고 있기도 하다. 그러나 매 학기 1학점을 줄일 경우 학교의 기존 교육과정 편성의 여건에 따라 기형적인 교육과정이 편성될 가능성도 높기 때문에 모든 학교가 똑같은 방법으로 교육과정을 편성할 수 있다는 가정은 조심해야 한다. 또한 6교시까지 운영하는 요일이 증가할 것을 염려하여 학교에서 1학년도 2·3학년과 하교 시간을 맞추어 학교가 자체적으로 프로그램을 개발하여 운영할 것을 권장하고 있기도 하다. 이는 교육청이 스스로 법의 권한을 넘어서고 있는 것이기에 염려스러운 일이 아닐 수 없다. 결국 학교가 매학기 1학점씩 줄여야 한다면 타당한 근거와 설명이 제공되어야 할 것이다.

의 결정은 학교장의 권한이었기 때문에 교육청에서 이를 제한하는 것이 과연 타당한 것인가에 대한 고민은 필요하다고 본다. 무엇보다 학기당 총 이수학점 수 감축에 따른 교원 수의 감소가 없기 때문에 학교 자율성을 인정해주는 것이 가능할 것이다. 2023년에 기초교과 영역의 6학점을 감축하는 방법은 크게 다음의 세 가지로 고려해볼 수 있다.

- **편성(안) ①** 국어, 수학, 영어 교과에서 공통적으로 2학점씩 감축
- **편성(안) ②** 국어, 수학, 영어와 함께 타 과목에서도 감축
- **편성(안) ③** 국어, 영어, 수학 교과의 학교 지정과목을 학생 선택과목으로 변경하여 자연스럽게 감축하는 방법

만약 위의 방안①을 선택하는 경우 학교 교육과정에서 국어, 영어, 수학의 학점 수를 줄여 다른 교·과목의 개설 수와 학점 수를 유지할 수 있다. 가능하면 방안①을 선택하는 것이 학령인구 급감에 따른 교원 수급에 안정적으로 대응할 수 있는 방안이 될 것이다. 학령인구가 급감하면 당연히 학교의 학급 수가 줄어들게 되고, 학교 지정과목과 학점 수를 많이 차지하고 있는 교과의 교원 수 감축 현상이 크게 나타날 수 있기 때문이다.

방안②를 선택하는 경우 국어, 수학, 영어 이외에 감축할 과목을 선정하기 위해 전 교과 간, 교사 간 갈등이 증폭될 여지가 있는

문제점을 고려해야 한다.

방안③을 선택하는 경우 학생의 선택에 따라 과목이 개설되기 때문에 교과 간, 교사 간의 직접적인 갈등을 줄일 수 있는 장점이 있다. 이러한 선택을 위해서는 교원들의 용기도 필요하지만, 수능 공통과목이나 선택과목을 선택교과군으로 변경한다고 해도 대학 진학을 희망하는 대부분의 학생들이 해당 과목들을 선택할 가능성이 높기 때문에 크게 우려할 필요는 없다고 본다.

세 가지 편성안 각각의 경우 단위학교의 상황에 따라 더 많은 고려사항이 있을 수 있다. 하지만 여기에서는 가장 대표적인 사항만을 제시하고자 한다. 무엇보다 교과(군)에서 6학점을 감축할 때 학생이 과목 선택권과 학교 교육과정에서의 과목 개설의 다양성이 축소되지 않도록 편성하는 것은 매우 중요하다. 또한 고등학교 교육과정 편성에서 중요하다고 여기는 대학입시에서 서울대[9]를 비롯한 상위권 대학이 전공별 학생의 과목 선택을 선발에 반영하고 있다는 점을 놓쳐서는 안 될 것이다. ①, ②, ③의 선택 방안을 좀 더 구체적이고 자세하게 알아보기 위해 서울의 B 고등학교 교육과정을 기반으로 순서대로 학교 교육과정에 대입하여 편성(안)을 생각해보려 한다.

---

9. 서울대는 2024년 대학 전공별로 고등학교에서 이수해야 할 핵심 권장과목 및 권장과목 목록을 이미 발표했다. 2024년이라고 하지만 이미 상위권 대학에서는 입시 과정에서 이를 반영하고 있다고 본다.

편성(안)① 국어, 수학, 영어 교과에서 공통적으로 2학점씩 감축

학교 지정과목인 국어 · 수학 · 영어 교과에서 2학점씩 감축하여 편성한 안이 표 2-2(77쪽 참조)이다. 이 표에서 음영으로 표시된 부분이 기초교과 영역 국어 · 수학 · 영어 교과가 2학점씩 감축된 영역이다. 이 경우 매 학기 교과 총 이수학점은 29학점이 된다. 영어가 학기당 2학점으로 감축된 것에 대한 우려가 나타날 수는 있으나, 어차피 선택과목군에 영어 과목이 추가로 편성되어 있기 때문에 '학생의 필요'에 따라 선택할 수 있다는 점에서 별 무리가 없어 보인다. 다만 B학교는 학년 단위 과목 편성으로 교육과정을 운영하고 있다. 2025학년도부터 적용될 2022 개정 교육과정은 학기 단위 과목 편성이라는 점을 미리 염두해두고 교육과정을 편성할 필요가 있다.

또는 국어 · 수학 · 영어 각 2학점을 1학년 공통과목에서 감축할 수도 있다. 이 경우 1학년이 학기당 27학점으로 편성되기 때문에 2학년이나 3학년의 과목 중 1학년에 개설해도 되는 선택과목을 선정하여 1학년에 추가하는 방안도 고려해볼 수 있다. 그 결과 2학년이나 3학년이 학기당 27학점으로 편성되게 된다. 고등학교는 3학년 수능 이후 교육과정 운영에 대한 고민이 많기 때문에 3학년의 학점을 줄이는 방안을 모색해볼 수 있다.[10]

---

10. 이 방안에 대해서는 교육부도, 교육청도 환영하지는 않는다. 다만 3학년 2학기에 6단위를 줄일 경우 학교 교육과정에 있어 학기 단위 편성 비율을 높일 수 있다는 점을 고려해보는 것도 필요하다. 현재 아직도 학년 단위로 과목을 편성하고 있는 학교 수도 꽤 나타나고 있기 때문이다.

|표 2-2| 2023학년도 서울의 B고 입학생 교육과정(1안)

구분	교과영역	교과(군)	과목유형	세부교과목	기준단위	운영단위	1학년 1학기	1학년 2학기	2학년 1학기	2학년 2학기	3학년 1학기	3학년 2학기	이수단위	필수단위
학교지정	기초	국어	공통	국어	8	6	4-3	4-3					18	10
			일반	문학	5	6			3	3				
			일반	독서	5	6					3	3		
		수학	공통	수학	8	8	4	4					16	10
			일반	수학 I	5	4			5-4					
			일반	수학 II	5	4				5-4				
		영어	공통	영어	8	8	4	4					18	10
			일반	영어 I	5	6			3	3				
			일반	영어 II	5	4					3-2	3-2		
		한국사	공통	한국사	6	6	3	3					6	6
	탐구	사회	공통	통합사회	8	6	3	3					6	10
		과학	공통	통합과학	8	6	3	3					8	1
			공통	과학탐구실험	2	2	1	1						
	체육·예술	체육	일반	체육	5	4	2	2					10	10
			일반	운동과 건강	5	4			2	2				
			진로	스포츠생활	5	4					1	1		
		예술	일반	음악	5	4	2	2					12	10
			일반	미술	5	4	2	2						
			진로	음악 감상과 비평	5	4					2(택1)	2(택1)		
			진로	미술창작	5	4								
	생활·교양	기술·가정	일반	기술·가정	5	4	2(택1)	2(택1)					4	16
		한문	일반	한문 I	5	4								
2학년 선택	기초	국어	일반	언어와 매체	5	6			15(택5)	15(택5)			30	
			진로	고전 읽기	5	6								
		수학	진로	기하	5	6								
		영어	진로	영어권 문화	5	6								
	탐구	사회	일반	세계사	5	6								
			일반	세계지리	5	6								
			일반	정치와 법	5	6								
			일반	경제	5	6								
			일반	생활과 윤리	5	6								
		과학	일반	물리학 I	5	6								
			일반	화학 I	5	6								
			일반	생명과학 I	5	6								
			일반	지구과학 I	5	6								
	생활·교양	기술·가정	일반	정보	5	6								
		제2외국어/한문	일반	중국어 I	5	6								
			일반	일본어 I	5	6								
3학년 선택	기초	국어	일반	화법과 작문	5	6					21(택7)	21(택7)	42	
			진로	심화 국어	5	6								
		수학	일반	확률과 통계	5	6								
			일반	미적분	5	6								
			진로	경제 수학	5	6								
		영어	진로(전문)	심화 영어 독해 I	5	6								
	탐구	사회	일반	동아시아사	5	6								
			일반	한국지리	5	6								
			일반	윤리와 사상	5	6								
			일반	사회·문화	5	6								
			진로	여행지리	5	6								
			진로	사회문제 탐구	5	6								
			진로	고전과 윤리	5	6								
		과학	진로	물리학 II	5	6								
			진로	화학 II	5	6								
			진로	생명과학 II	5	6								
			진로	지구과학 II	5	6								
	생활·교양	제2외국어/한문	진로	중국어 II	5	6								
			진로	일본어 II	5	6								
			진로	한문 II	5	6								
		교양	일반	논술	5	6								
			일반	교육학	5	6								
교과 이수단위 소계							29	29	29	29	29	29	174	94
창의적 체험활동					18	18	3	3	3	3	3	3	18	
학기별 총 이수단위							32	32	32	32	32	32	192	
학년별 총 이수단위							64		64		64			

편성(안) ② 국어, 수학, 영어와 함께 타 과목도 감축

꼭 국어와 수학, 영어만 줄여야 하는 것은 아니다. 다른 지정과목을 함께 감축하는 방안도 고려해볼 수 있다. 오른쪽의 표 2-3을(79쪽 참조) 살펴보자. 먼저 국어·수학·영어 교과이다. 이들 교과 과목 수를 최소한으로 줄여, 즉 학기당 각각 1학점씩을 감축하는 방식으로 편성하였다. 1학년 국어와 영어의 단위 수를 각 1학기와 2학기에 1학점씩 줄이고 2학년 수학 I과 수학 II는 1·2학기에 각각 1학점씩 감축하여 4학점으로 편성하게 된다.

다만, 국어와 영어의 경우 1·2학기의 편성 학점 수가 달라지기 때문에 수업시수 배당에 있어 이에 관한 교원 간의 논의와 합의가 꼭 필요하다. 가능하면 학교 교육과정위원회에서 학생, 학부모, 교사가 함께 논의하는 것이 앞으로 학교 교육과정 편성과 관련해 발생할 수 있는 갈등과 언쟁을 최소화하는 방안이 될 것이다.

국어와 영어, 수학 교과에 이어 체육·예술 영역에서도 학점을 감축하였다. 표 2-3을 보면 3학년 학교 지정과목에서 음악 감상과 비평/미술 창작을 4학점에서 2학점으로 감축하여 편성했음을 알 수 있다. 다만 이렇게 체육·예술 영역을 함께 감축하여 편성하는 경우 학생이 해당 과목을 충분히 학습할 수 있는가에 대한 검토가 꼭 필요하다. 또 이런 교육과정 편성안의 경우 희망하는 진로가 음악이거나 미술인 학생들을 위해 2학년 선택과목군에 음악과 미술 교과 과목을 추가하는 방안도 함께 고려해볼 필요가 있다.

| 표 2-3 | 2023학년도 서울의 B고 입학생 교육과정(2안)

구분	교과영역	교과(군)	과목유형	세부교과목	기준단위	운영단위	1학년 1학기	1학년 2학기	2학년 1학기	2학년 2학기	3학년 1학기	3학년 2학기	이수단위	필수단위
학교지정	기초	국어	공통	국어	8	8	4→3	4					19	10
		국어	일반	문학	5	6			3	3				
		국어	일반	독서	5	6					3	3		
		수학	공통	수학	8	8	4	4					16	10
		수학	일반	수학I	5	4			5→4					
		수학	일반	수학II	5	4				5→4				
		영어	공통	영어	8	8	4	4→3					19	10
		영어	일반	영어I	5	6			3	3				
		영어	일반	영어II	5	6								
		한국사	공통	한국사	6	6	3	3					6	6
	탐구	사회	공통	통합사회	8	6	3	3					6	10
		과학	공통	통합과학	8	6	3	3					8	12
		과학	공통	과학탐구실험	2	2	1	1						
	체육·예술	체육	일반	체육	5	4	2	2					10	10
		체육	일반	운동과 건강	5	4			2	2				
		체육	진로	스포츠 생활	5	2					1	1		
		예술	일반	음악	5	4	2	2					10	10
		예술	일반	미술	5	4	2	2						
		예술	진로	음악 감상과 비평	5	2					2→1	2→1 (택1)		
		예술	진로	미술 창작	5	2								
	생활·교양	기술·가정	일반	기술·가정	5	4	2 (택1)	2 (택1)					4	16
		한문	일반	한문	5	5								
2학년 선택	기초	국어	일반	언어와 매체	5	6			15 (택5)	15 (택5)			30	
		국어	진로	고전 읽기	5	6								
		수학	진로	기하	5	6								
		영어	진로	영어권 문화	5	6								
	탐구	사회	일반	세계사	5	6								
		사회	일반	세계지리	5	6								
		사회	일반	정치와 법	5	6								
		사회	일반	경제	5	6								
		사회	일반	생활과 윤리	5	6								
		과학	일반	물리학I	5	6								
		과학	일반	화학I	5	6								
		과학	일반	생명과학I	5	6								
		과학	일반	지구과학I	5	6								
	생활·교양	기술·가정	일반	정보	5	6								
		제2외국어/한문	일반	중국어I	5	6								
		제2외국어/한문	일반	일본어I	5	6								
3학년 선택	기초	국어	일반	화법과 작문	5	6					21 (택7)	21 (택7)	42	
		국어	진로	심화 국어	5	6								
		수학	일반	확률과 통계	5	6								
		수학	일반	미적분	5	6								
		수학	진로	경제 수학	5	6								
		영어	진로(전문)	심화 영어 독해I	5	6								
	탐구	사회	일반	동아시아사	5	6								
		사회	일반	한국지리	5	6								
		사회	일반	윤리와 사상	5	6								
		사회	일반	사회·문화	5	6								
		사회	진로	여행지리	5	6								
		사회	진로	사회문제 탐구	5	6								
		사회	진로	고전과 윤리	5	6								
		과학	진로	물리학II	5	6								
		과학	진로	화학II	5	6								
		과학	진로	생명과학II	5	6								
		과학	진로	지구과학II	5	6								
	생활·교양	제2외국어/한문	진로	중국어II	5	6								
		제2외국어/한문	진로	일본어II	5	6								
		제2외국어/한문	진로	한문II	5	6								
		교양	일반	논술	5	6								
		교양	일반	교육학	5	6								
교과 이수단위 소계							29	29	29	29	29	29	174	94
창의적 체험활동					18	18	3	3	3	3	3	3	18	
학기별 총 이수단위							32	32	32	32	32	32	192	
학년별 총 이수단위							64		64		64			

편성안③ 학교 지정과목을 학생 선택과목으로 변경하여 자연스럽게 감축

학교 지정과목을 선택과목군으로 변경하여 단위 수를 조정하는 방법도 있다. 오른쪽 표 2-4의 편성사례에서는 음영으로 표시된 부분의 '영어Ⅰ'을 학교 지정과목에서 2학년 선택과목군으로 조정하였다. '영어Ⅰ'은 수능 공통과목이며, 어차피 이 교육과정에서 필수이수단위 10학점을 이수해야 하므로 대부분의 학생들이 선택할 가능성이 높다. 따라서 선택과목군으로 편성되어도 별 무리가 없을 것이다. 오히려 '영어Ⅰ'을 지정과목으로 선정하여 모든 학생에게 무조건 수강하게 할 경우, 대학 진학을 희망하지 않는 학생 상당수가 최소 성취수준을 달성하지 못해 해당 과목의 미이수 결과를 초래할 수 있는 점도 고려할 필요가 있다.

예컨대 '영어권 문화'를 '영어Ⅰ'과 함께 선택과목군에 개설해도 좋지만, 만약 학기 단위 편제가 아닌 B고처럼 학년 단위 편제일 경우에는 5개 과목을 선택해야 하므로, 영어 과목을 2개 선택하기가 어려워지는 문제가 생긴다. 이런 상황에서 영어 과목을 2개 선택과목군에 편제하는 경우 실질적으로 개설되지 않거나 극소수의 학생만 선택할 가능성이 높다. 이에 '영어권 문화'를 편제에서 제외하고 '영어Ⅰ'만 포함하는 선택과목군을 제시한 것이다.

또 다른 방안으로는 3학년에 편성된 학교 지정과목인 '영어Ⅱ'를 선택과목군으로 변경하는 것도 고려해볼 수 있다. 3학년에는 수능 준비에 몰입하는 학생들이 많기 때문에 가능하면 학급 이동

| 표 2-4 | 2023학년도 서울의 B고 입학생 교육과정(3안)

구분	교과영역	교과(군)	과목유형	세부교과목	기준단위	운영단위	1학년 1학기	1학년 2학기	2학년 1학기	2학년 2학기	3학년 1학기	3학년 2학기	이수단위	필수단위
학교지정	기초	국어	공통	국어	8	6	4	4					20	10
			일반	문학	5	6			3	3				
			일반	독서	5	6					3	3		
		수학	공통	수학	8	8	4	4					18	10
			일반	수학 I	5	4			5					
			일반	수학 II	5	4				5				
		영어	공통	영어	8	8	4	4					14	10
			일반	영어+	5	6			3	3				
			일반	영어 II	5	4					3	3		
		한국사	공통	한국사	6	6	3	3					6	6
	탐구	사회	공통	통합사회	8	6	3	3					6	10
		과학	공통	통합과학	8	6	3	3					8	12
			공통	과학탐구실험	2	2	1	1						
	체육·예술	체육	일반	체육	5	4	2	2					10	10
			일반	운동과 건강	5	4			2	2				
			진로	스포츠 생활	5	2					1	1		
		예술	일반	음악	5	4	2	2					12	10
			일반	미술	5	4	2	2						
			진로	음악 감상과 비평	5	4					2(택1)	2(택1)		
			진로	미술 창작	5	4								
	생활·교양	기술·가정	일반	기술·가정	5	4	2	2					4	16
		한문	일반	한문	5	4	2(택1)	2(택1)						
2학년 선택	기초	국어	일반	언어와 매체	5	6			15(택5)	15(택5)			30	
		국어	진로	고전 읽기	5	6								
		수학	진로	기하	5	6								
		영어	진로·일반	영어권 문화·영어 I	5	6								
	탐구	사회	일반	세계사	5	6								
		사회	일반	세계지리	5	6								
		사회	일반	정치와 법	5	6								
		사회	일반	경제	5	6								
		사회	일반	생활과 윤리	5	6								
		과학	일반	물리학 I	5	6								
		과학	일반	화학 I	5	6								
		과학	일반	생명과학 I	5	6								
		과학	일반	지구과학 I	5	6								
	생활·교양	기술·가정	일반	정보	5	6								
		제2외국어/한문	일반	중국어 I	5	6								
		제2외국어/한문	일반	일본어 I	5	6								
3학년 선택	기초	국어	일반	화법과 작문	5	6					21(택7)	21(택7)	42	
		국어	진로	심화 국어	5	6								
		수학	일반	확률과 통계	5	6								
		수학	일반	미적분	5	6								
		수학	진로	경제 수학	5	6								
		영어	진로(전문)	심화 영어 독해 I	5	6								
	탐구	사회	일반	동아시아사	5	6								
		사회	일반	한국지리	5	6								
		사회	일반	윤리와 사상	5	6								
		사회	일반	사회·문화	5	6								
		사회	진로	여행지리	5	6								
		사회	진로	사회문제 탐구	5	6								
		사회	진로	고전과 윤리	5	6								
		과학	진로	물리학 II	5	6								
		과학	진로	화학 II	5	6								
		과학	진로	생명과학 II	5	6								
		과학	진로	지구과학 II	5	6								
	생활·교양	제2외국어/한문	진로	중국어 II	5	6								
		제2외국어/한문	진로	일본어 II	5	6								
		제2외국어/한문	진로	한문 II	5	6								
		교양	일반	논술	5	6								
		교양	일반	교육학	5	6								
교과 이수단위 소계							30	30	27	27	30	30	174	94
창의적 체험활동					18	18	3	3	3	3	3	3	18	
학기별 총 이수단위							33	33	30	30	33	33	192	
학년별 총 이수단위							66		60		66			

동선을 줄이는 것이 좋다. 따라서 3학년보다는 2학년의 선택과목 군으로 편성하는 것이 더 나을 수 있다. 다만, 이 경우 2학년 학점 수가 감축되게 된다는 점을 고민할 필요가 있다. 이런 점에 있어 앞으로 학생들의 대학 전공별 권장 이수 과목이나 진로 변경에 유연하게 대처하면서도 한편으론 학교 교육과정을 수월하게 편성하기 위해서라도 **학기 단위 과목 편성**에 대해 고민할 필요가 있다. 학년 단위 과목 편성은 2개 학기에 걸쳐 과목이 개설되기 때문에 과목을 변경하거나 단위를 조정할 때 학기 단위 과목 편성보다는 훨씬 더 어려움이 따른다. 어떤 방법을 선택하든 학생의 학습 부담과 효율성, 학교 공간 확보 등의 요인을 종합적으로 고려하여 교육과정을 편성해야 할 것이다.

6학점, 어느 학기에 줄일 것인가?

앞서 기초교과 중 어떤 교과군에서 6학점을 줄일 것인지, 구체적인 사례를 통해 살펴보았다. 다음으로 교과 6학점을 어느 학기에 감축할 것인지를 선정해야 한다. 물론 앞에서 살펴본 바와 같이 학점을 감축할 교과를 선정함으로써 학점을 감축할 학기가 자연스레 정해지기도 한다. 하지만 워낙 여러 가지 변수가 존재하는 만큼 다양한 모형을 미리 고려해둘 필요가 있다. 특히 기편성했던 과목을 다른 학기로 이동함으로써 교과교사의 TO감(교원수요 감축)이 발생할 수도 있다. 재차 강조하지만, 교육과정을 편성할 때는 반드시 단위학교의 교원 현황을 참고해야 한다. 간혹 교원 현황을 놓친 상태로 교육과정을 편성하는 바람에 교육과정을 재조정해야 하는 경우가 발생하기도 한다. 기본적으로 교과 6학점을 감축하여 교육과정을 편성하는 과정은 학교장 권한에 달려 있다. 이에 학교는 모든 학생의 배움을 존중하면서 교원 수급이 안정적으로 운영될 수 있도록 학교 교육과정을 편성해야 한다. 일단 다음의 세 가지 방안을 가장 고려해볼 만하다.

방안① 6학기 동안 매 학기 1단위씩 감축하여 29학점씩 편성

이는 기존에 많은 학교가 30단위씩 학기별로 균형적으로 단위를 편성하던 방법을 유지하는 것이다. 기존에 모든 학기를 30단위로 편성한 학교라면 교원 수급 측면에 있어서도 가장 안정적으로 교육과정을 편성하는 방안이 될 것이다. 다만 교과 6학점을 어느 교과에서 감축하느냐에 따라 매 학기 29단위를 편성하기는 어려울 수도 있다. 대체로 국어, 수학, 영어는 매 학기 편성되어 있기 때문에 국어, 수학, 영어에서 감축하는 것이 안정적이다. 다만 매 학기 이 세 과목의 단위 수를 줄이라는 것은 아니다. 학기당 세 과목이 과목의 순서를 정해 순차적으로 1학점씩 줄여가는 것이다.

만약 타 교과에서 학점 수를 감축할 경우 일반 선택, 진로 선택의 감축 가능한 학점 수를 잘 고려할 필요가 있다. 일반 선택은 기준 학점 5학점에 ±2학점이 가능하기 때문에 운영 학점은 3~7학점으로 편성이 가능하다. 한편 진로 선택의 경우 기준 학점 5학점에 ±3학점이 가능하기 때문에 운영 학점은 2~8학점으로 편성할 수 있다. 또한 대부분의 연구학교에서는 과목당 학점 수를 주로 4학점으로 편성하고 있고, 때론 3학점으로 편성하고 있다. 2015 개정 교육과정에서 선택과목의 기본 학점 수는 5학점이기 때문에 일반 고등학교에서 학점을 배치할 경우 학기 단위 편성에서는 4학점 정도로 배치하는 것이 적정하다.

방안② 특정 학년에 6단위를 몰아서 학기당 3단위씩 감축

학교의 학사 운영 상황을 고려하여 2학년이나 3학년에 6학점을 감축하는 방식이다. 주로 학생들이 수능 준비에 몰입하여 그 외의 학교 교육에 대한 몰입도가 떨어지는 3학년에 6학점을 집중적으로 감축하는 방식을 고려해볼 수 있다. 이미 일부 학교의 경우 180단위로 운영될 때부터 3학년에 줄어든 단위만큼 1·2학년에 추가하여 부가적으로 편성하여 운영하는 학교들이 있었다. 이미 기존에 이러한 방식으로 교육과정을 편성해온 학교라면 3학년에 몰아서 감축하는 방안이 가능하다. 하지만 기존에 이러한 방식으로 교육과정을 편성하지 않았던 학교는 교원 현황을 고려하여 특정 학년에 몰아서 감축하는 방안을 마련해야 할 것이다.

특정 학년에 몰아서 감축하는 모형에서 1·2학년에 집중적으로 6학점을 줄일 수도 있다. 이런 경우 왜 해당 학년에 집중적으로 감축해야 하는지에 대해 충분히 논의하는 과정도 필요하다. 예컨대 수시 전형을 준비하는 학생들이라면 수능보다 1·2학년에 수행하는 수업과 평가에 훨씬 더 집중하기 때문에 1·2학년에서 감축해야 하는 타당한 근거를 찾는 것이 꼭 필요하다. 무엇보다 어느 학년을 선택하느냐에 따라 교원 수급과 학사 운영이 달라진다는 점을 고려해야 한다. 각 학교는 어느 편성안이 가장 학생의 배움을 존중하면서 안정적으로 학교 교육과정을 운영할 수 있는 방안인지를 충분히 논의해야 한다. 특히 학년 간 학사운영에 차이가 발생하면 학생과 학부모의 혼란을 가져올 수도 있다. 따라서 이에 대해 사전에 충분히 안내하거나 학교 교육과정위원회에서 교육 3주체가 함께 논의하는 과정을 거치는 것이 중요하다.

학교에 따라서는 6학점 감축을 쉽게 해결하는 경우도 있다. 예컨대 기존에 1학년 공통과목을 8단위씩 편성한 학교라면 가장 간단하게 이 공통과목 중 3개 과목을 선택하여 2단위씩 감축하면 된다. 다만 이런 경우 먼저 학생의 배움의 수준과 속도를 고려해야 한다. 또 1학년에만 6학점이 줄어든 상황으로 교육과정을 운영하는 것에 대한 교사, 학생, 학부모의 논의가 필요하다. 만약 1학년 총 학점 수를 30단위로 유지하고, 다른 학년의 총 학점 수를 줄이기로 결정되면 다른 학년의 개설 과목을 1학년으로 이동시키는 것도 고려해볼 만하다. 학교 중에는 '정보', '논술', '환경' 등의 교과와 교양 교과를 3학년에 편성하는 경우가 있는데, 차라리 해당 과목을 1학년으로 이동 편성하는 것이 학생 배움의 진정성 측면에서는 좀 더 의미가 있을 수 있다.

방안③ 특정 학기에 6단위를 몰아서 감축

주로 특정 학기 집중 감축은 고3의 2학기에 두드러진다. 이는 3학년 2학기에 수능이 실시되기도 하고, 수능 이후 학생들의 학교생활 충실도가 급격하게 저하되다 보니 이에 대한 학교의 대응 방식으로 나타난 것이라 볼 수 있다. 물론 3학년 2학기에도 여전히 교육과정을 충실히 운영하는 학교도 있을 것이다. 다만, 1·2학기의 학점 수가 달라지기 때문에 수업시수 배당에 있어 학기별 불균형이 나타날 수밖에 없다. 결국 이러한 유연한 교육과정 편성을 위해서는 학년 단위 과목 편성에서는 불가능하므로 학기 단위로 과목을 편성해야 한다. 2022 개정 교육과정이 전 과목에 대해 학기 단위 편성을 기본으로 하는 점도 고교학점제 시행을 위해 학교 교육과정 편성의 수월성을 어느 정도 고려한 것으로 분석된다. 3학년 2학기에 6학점을 한꺼번에 감축하는 방식은 고등학교의 3학년 교육과정 운영의 불균형 문제가 제기될 수도 있기 때문에 교원들은 학제 개편에 대해 심각하게 고민해보아야 한다. 그리고 학교 현장에서 학제 개편에 대한 논의는 이미 시작되었다.

이 외에도 학기 단위 편성이 이루어진 학교에서는 학사 운영의 학기별 균형을 맞추기 위해서 매 1학기 또는 2학기마다 2학점씩을 감축할 수도 있고, 3학년 1학기에는 2학점, 2학기에는 4학점을 감축할 수도 있을 것이다. 이처럼 다양한 선택지의 교육과정 편성 가능성이 있다. 따라서 학교는 이전 교육과정과의 균형, 해당 학년도의 학년별 교육과정의 운영, 교원 수급 현황 등을 다각도로 고려하여 안정적인 학사 운영을 구현할 수 있게 학교 교육과정을 편성해야 할 것이다.

교과(군)의 6학점과 창의적 체험활동 6학점을 합쳐 총 12학점이 감축되는 2023년부터는 6교시까지 운영할 수 있는 요일이 증가하므로 6교시를 운영할 요일을 정하는 데도 심사숙고해야 한다.[11] 일부 교육청에서는 7교시까지 학교에서 프로그램을 마련하여 학생들을 일찍 귀가시키지 않을 것을 강조하기도 한다. 하지만 6교시 요일이 증가하면 학생들은 방과 후에 본인이 주문형 강좌나 온·오프라인 공동교육과정을 통해 추가적으로 신청한 과목이나 방과 후 수업을 수강할 수 있다. 일부 지역에서는 공동교육과정의 날이나 시간을 설정하여 운영하기도 한다. 이를 통해 지역의 전체 고등학교 학생들이 자신의 진로에 필요한 과목들을 추가

---

11. 금요일을 6교시로 운영할 경우, 교원들의 조퇴가 오해를 불러일으키기도 하고, 일부 교원은 금요일 조퇴를 자주 반복적으로 활용함으로써 해당 요일에 업무 공백을 가져오기도 한다.

적으로 보완할 수 있는 시간을 마련해주는 것이다. 1시간 일찍 마치는 시간은 학생들 각자가 개별 교육과정을 스스로 편성하고 운영하기에 최적의 시간이 될 수 있다. 그리고 이는 수업량 유연화를 도모하기 위한 학점 감축의 취지이기도 하다. 무엇보다 새로이 변화하는 학사일정에 있어 교사와 학생, 학부모 등 교육주체 간의 공동 논의, 공동 결정 체제는 중요하다. 교육공동체 간 서로의 오해를 불식시키기 위해서라도 처음부터 함께 논의를 해야 한다.

학교 교육과정이 나아갈 방향성을 예측하고 수렴하다

학교 교육과정을 편성할 때는 그 교육과정이 학생들의 삶에 중대한 영향을 미친다는 것을 잊지 말아야 한다. 더욱이 교육과정이 운영되기 시작하면 변경할 수도 없다. 학교 교육과정을 편성하기 전에 국가수준 교육과정, 시·도교육청 교육과정, 학업 성적 관리 규정, 대학입시 관련 정보 등을 미리 꼼꼼히 살펴보아야 한다. 특히 2023년도와 같이 새롭게 시작되는 교육과정을 편성할 때는 3개년간 입학생 교육과정을 함께 편성해보면 앞으로 교육과정이 나아가야 할 방향성을 예측할 수 있고, 차년도 교육과정에 그러한 방향성을 담아낼 수 있다.

교사의 다과목 지도 부담을 덜어줄 교양 교과의 확대

사립학교와 같이 교원 수급에 여유가 없는 경우라면 국가수준 교육과정, 시·도교육청 교육과정 등을 꼼꼼하게 살펴보고 교육과정을 편성하려는 노력이 더더욱 중요한 의미를 갖는다. 특히 국어, 수학, 영어 교과에 대한 편성을 고려해야 한다. 수업량 유연화를 통한 학점 수 감축이 3개년간 지속되었을 때, 교육부에서는 학점 수 감축에 따른 교원 수의 감축은 없게 한다고 했지만, 단위학교에서는 과목의 교사별 시간 배당을 통한 TO감(교원수요 감축)이 나타날 수도 있기 때문이다. 또한 사립학교의 경우 교원이 퇴임이나 의원면직 등을 제외한 교원의 이동이 거의 없다. 따라서 특정 교·과목이 개설되지 않을 경우에 대비하여 이들 교·과목 담당 교사들이 담당할 수 있는 교·과목을 마련해두어야 한다. 또한 창의적 체험활동마저 학기당 1학점씩 감축되어[12] 매 학기 3학점으로 편성되기 때문에 교사의 '발령 자격증 표시과목'에 구애받지 않고 담당할 수 있는 과목을 학교 교육과정에 충분히 포함시켜야 한다.

교양 교과는 등급이나 성취도를 산출하지 않고 '수료 여부 표시 방식(P/F)'으로 평가되기 때문에 교사의 다과목 지도에 대한 부담이 덜한 편이다. 또한 수업이 진행되는 첫해에는 수업 준비 부담이 있겠지만, 다음 해부터는 수업 자료와 경험이 축적되어 부담이 감소한

---

12. 창의적체험활동도 반드시 매학기 1학점씩 감축해야 할 근거는 없다. 다만 1·2·3학년의 학교 교육과정이 균형적으로 운영될 수 있는 범위 내에서 조정하는 것이 중요하다.

철학

청소년으로서 자기 삶을 성찰하고 학생으로서 교과 지식을 통합적으로 이해할 수 있도록 삶과 교과의 문제들을 철학적으로 파악하고 탐구하는 과목. 논증과 토론 등의 의사소통 방법을 통해 합당한 근거와 보편적 결론을 이끌어내는 능력을 기를 수 있음.

진로와 직업

변화하는 직업, 교육 세계에 대한 이해를 바탕으로 자신의 진로를 탐색해 합리적인 결정을 돕는다. 결정한 진로를 계획적으로 준비하는 능력을 기르는 것을 목표로, 궁극적으로 보람되고 성공적인 직업생활을 통해 행복한 삶을 누리기 위한 내용을 다루는 과목.

논리학

부당한 추론과 오류를 피하고 정당한 결론을 도출하는 능력을 기름으로써 합리적인 생각과 토론, 의사결정을 할 수 있는 시민으로 성장하게 하는 과목. 자기관리 능력, 의사소통 능력, 정보처리 능력 등의 핵심 역량을 기를 수 있음.

보건

건강의 가치를 이해하고, 올바른 건강 지식과 자원에 체계적으로 접근하며, 일상생활에서 건강 생활을 실천하고 건강관리 능력을 증진시키는 데 도움을 준다. 궁극적으로 개인과 공동체의 건강, 삶의 질을 향상시기기 위한 과목.

실용 경제

일상의 경제생활에 필요한 기초적이고 실천적인 경제 지식을 습득할 수 있다. 당면한 개인·사회의 경제 문제를 합리적으로 해결할 수 있는 능력을 기르고, 경제생활에 능동적으로 참여하는 민주시민을 양성하는 과목.

종교학

종교와 연관된 지식, 경험, 생활 등에 관해 스스로 성찰할 수 있는 안목과 태도를 기르고, 이를 통해 종교에 관한 인지·정의적 능력뿐 아니라 자발적인 실천 능력을 발휘할 수 있게 하는 과목.

교육학

시간과 공간에 따른 교육의 다양한 모습들을 이해하고, 배움과 가르침의 원리와 방법을 익힐 수 있다. 이를 통해 미래의 평생 학습 사회에서 행복한 삶을 영위할 수 있도록 교육학적 지식, 사고 능력과 태도, 가치를 갖추는 것을 목표로 하는 과목.

환경

인류가 경험하고 있는 지속 불가능성의 확산과 환경 위기에 대한 문제의식을 바탕으로, 지속가능한 사회의 체계와 삶의 양식을 이해하고 실천하도록 돕기 위한 과목.

논술

합리적 설득과 학문적 탐구에 필요한 의사소통 능력, 비판적 사고력·문제해결력을 기를 수 있다. 이를 기반으로 논술문 작성에 필요한 자료 활용법 습득, 학습윤리 함양 등을 목표로 함.

심리학

인간의 마음과 행동에 대한 심리학적 접근 방법을 토대로 인지와 사고, 성격과 발달적 측면에서 자신에 대한 이해, 자아정체감, 타인과 나의 관계를 이해하는 데 도움을 준다. 삶의 적응과정을 이해하고 이를 토대로 자기관리 능력, 의사소통 능력, 정보처리 능력, 창의·융합적 사고 능력, 공동체의식 등 미래 인재 역량을 함양하기 위한 과목.

※자료: 교육부, 2022

2015 개정 교육과정 교양 교과

교양 교과는 등급이나 성취도를 산출하지 않고, 수료 여부 표시 방식(P/F)으로 평가되기 때문에 교사의 다과목 지도에 부담을 줄일 수 있다.

다. 무엇보다 학생들의 학습 부담이 적고 진로에 따른 과목 선택에 도움이 된다. 매해 교육과정을 편성할 때마다 교원들의 새로운 시도가 추가된다면 학교 교육과정은 한층 더 다채롭고 풍성하게 편성될 수 있을 것이고, 교원 수급의 부담 또한 해소되어갈 것이다.

왼쪽의 그림은(90쪽 참조) 2015 개정 교육과정의 교양 교과 과목이다. 교양 교과의 지도 가능 여부는 각 시·도교육청의 지침에 따르면 된다.

이외에도 전국의 시·도교육청 인정과목으로 많은 교양과목이 개설되어 있다. 아래의 그림은 2015 개정 교육과정 관련 '고시외 과목 목록'의 일부이다. 전체 고시외 과목 목록은 나이스에서 확인할 수 있다. 이미 다른 시도에서 승인받아 나이스에 등록된

2015 개정교육과정 관련 '고시외 과목 목록'

** 타시도에서 승인 받아 나이스에 등록된 2015 개정 교육과정 고시외 교과목은 별도 승인 없이 편제 가능
** 현 파일 제공 목록 외 과목은 나이스에서 확인 가능
** 고시외 과목 편제 시 교과목의 성격, 교과 교육과정 등 적합성 유의

연번	시도 교육청	학교급 (중,고)	교과(군) 보통교과 (진로선택)	교과(군) 전문교과 I	교과(군) 전문교과 II	과목명	영문과목명
11	경기	고등학교	교양			노작 과제 연구	Project Work
12	경기	고등학교	교양			국토 순례	Travel across Korea
13	경기	고등학교	교양			문화 체험	Cultural Experience
20	경기	고등학교	교양			마음공부	Pursuit of Mind
21	경기	고등학교	교양			명상과 요가	meditation and yoga
158	경기	고등학교	교양			생활과 인성 I	Life and Human Nature I
178	경기	고등학교	교양			통일시민	Citizen for reunification
179	경기	고등학교	교양			민주시민	Democratic Citizenship
180	경기	고등학교	교양			세계시민	Global Citizen
182	경남	고등학교	교양			텃밭 가꾸기	Farming
183	경남	고등학교	교양			옷 만들기	Making Clothes
184	경남	고등학교	교양			음식 만들기	Cooking
185	경남	고등학교	교양			이동학습	Field study
186	경남	고등학교	교양			식구총회	Gandhi meeting
187	경남	고등학교	교양			삶과 철학	Philosophy in life
191	경남	고등학교	교양			마음공부	Mind using study
192	경남	고등학교	교양			공동체회의	School community dabate
193	경남	고등학교	교양			국토순례	Cross-country
194	경남	고등학교	교양			현장학습	Field learning
196	경남	고등학교	교양			인턴십	Internship

2015 개정 교육과정 관련 '고시외 과목 목록'의 일부
다른 시·도교육청에서 승인받아 나이스에 등록된 2015 개정 교육과정 고시외 과목이라면 별도의 승인 절차 없이도 학교 교육과정에 편제할 수 있다.

2015 개정 교육과정 고시외 과목은 별도의 승인 절차 없이도 학교 교육과정에 편제할 수 있다. 고교학점제 연구·선도학교가 확대됨에 따라 고시외 과목의 학교 교육과정 개설률은 점점 더 높아지고 있다. 만약 학생의 요구가 있고, 또 교사가 지도할 수 있는 과목이 있다면 현재 이 과목을 개설하여 지도하고 있는 학교에 문의해보거나 학교 또는 지역사회 교양과목 네트워크를 조직하여 공동으로 수업을 준비하고 평가하는 방안을 모색해보자. 이를 통해 교사의 다과목 지도 부담을 더욱 낮출 수 있을 것이다. 그리고 이러한 방향이야말로 EBS 문제집 풀이를 기계적으로 반복하는 과정보다 학생의 인생과 교사의 진정성 있는 교육에 훨씬 더 적합하다는 것은 두말할 필요 없을 것이다.

교사의 전문성을 최대한 활용한 학교장 신설과목의 확대

각 교사가 가진 전문성을 최대한 발휘할 수 있도록 단위학교 차원에서 지원하는 것도 풍성한 교육과정을 편성하고 운영하는 데 큰 도움이 된다. 이처럼 각 학교 교사의 전문성을 발휘해 개발한 과목을 **학교장 신설과목**이라고 한다. 물론 시·도교육감의 승인을 거쳐야 한다. 요즘 고교학점제로 인해 각 시·도교육청에서 학교장 신설과목 승인 절차가 꽤 빈번해졌다고 한다. 교사의 다과목 지도 부담을 줄여주기 위해서는 교사가 전문성을 최대한 발휘할 수 있는 과목이 개설되어야 한다. 물론 교사에 따라서는 교양과목에 대한 지도를 수용하기 어려울 수도 있다. 이러한 경우 교사가 직접 과목 개발을 시도해볼 수 있다. 실제로 본 저자는 애니메이션 고등학교에 근무할 때 학생들의 요구가 있어 해외 영어권 국가의 애니메이션으로 영어 수업을 진행한 적이 있다. 애니메이션은 그 당시 학생들의 진로 희망에 적합했고, 학생들이 실제 영어 의사소통을 경험해볼 수 있는 기회를 제공했기 때문에 학생들에게 의미 있는 수업이 되었다. 여기에서 착안해 '애니메이션 영어'라는 과목을 기획해볼 수 있다. 직접 개발하는 과목의 교육과정은 국가수준 교육과정에 제시된 과목 중 연계된 과목을 참고하면 좀 더 수월하게 개발할 수 있다. '애니메이션 영어'는 '영어회화' 과목 교육과정의 성격과 성취기준을 충분히 활용할 수 있을 것이다.

학생들의 요구를 최대한 반영한 교육과정의 편성

고교학점제에서 강조하는 부분 중 하나가 바로 학생들의 과목 선택권을 존중하는 것이다. 하지만 무늬만 선택권을 줄 뿐, 사실상 선택의 여지가 없는 입시용 교육과정만 운영한다면, 학점제 본연의 취지를 제대로 달성할 수 없을 것이다. 따라서 교육과정 편성과 운영에 있어 무엇보다 **학생의 요구**를 적극적으로 수용할 필요가 있다. 이를 위해 학생들 쪽에서 배우고 싶은 과목에 대해 먼저 제안하게 할 수도 있다. 2015 개정 교육과정의 성격을 살펴보면 "학교와 교육청, 지역사회, 교원·학생·학부모가 함께 실현해가는 교육과정이다."라는 조항이 있다. 이 조항에 따라 학생들이 팀을 이루어 자신들이 배우고 싶은 과목 내용에 대한 구체적인 논의를 정리하여 교사에게 제안하면 교사는 교육과정 전문성을 발휘하고 또 필요하다면 동료교사와 협업하여 과목을 개발해볼 수 있다. 실제로 충남 금산의 대안학교인 별무리학교에서 학생의 요구를 수용해 교육과정이 개설된 사례가 있다. 학생의 학습에 대한 자기주도성과 교사의 교육과정 전문성이 상호 연계된 학교장 신설과목이 등장한 것이다. 자신이 제안한 과목을 수강하는 학생은 자연히 그 과목에 대한 관심과 흥미가 높을 것이고, 이는 높은 참여도로 이어질 것이다. 이런 자발적인 참여의 순간에 의미 있는 교육이 실현되기 시작한다.

▎알아두면 쓸모 있는
▎고교학점제 교육과정 편성과 운영 아이디어

앞에서 우리는 고교학점제 도입을 통해 드디어 교육과정에 단위제를 대신하여 적용되는 학점제와 12학점 감축 학점을 고려하여 학교 교육과정을 편성하는 방법에 대해 알아보았다. 이 장을 마무리하며 고교학점제가 강조하는 학생의 과목 선택권의 폭을 한층 확대할 수 있는 교육과정을 편성하는 아이디어 몇 가지에 관해 좀 더 논의해보고자 한다.

창의적이고 다양한 교원 수급 방안을 모색해보자

고교학점제가 교사들에게 부담으로 여겨지는 가장 큰 이유를 꼽으라면 바로 **다과목 지도**일 것이다. 단위학교 교원들만으로 학생들의 과목 선택권 보장의 폭을 확대해주기에는 한계가 명확하다. 2021년 한국교육개발원 교육통계서비스에 따르면(표 2-5 참조) 전국의 교사들 중 42.5%는 단 1개 과목만을 담당하고 있다. 2개 과목을 담당하고 있는 교사의 비율은 41.3%인데, 이는 담당 교과 한 과목과 창체를 동시에 담당하고 있는 교사도 포함된 수치이다. 다시 말해 과목 1개만 지도하는 교사들이 상당수라는 뜻이다. 이런 상황에서 어느 날 갑자기 3~4개 과목을 담당해야 한다는 건 교사의 입

| 표 2-5 | 전국 정규수업 담당과목 수(창체 포함)

구분		1과목		2과목		3과목		4과목		5과목 이상		계
		계(명)	비율(%)	계(명)	비율(%)	계(명)	비율(%)	계(명)	비율(%)	계(명)	비율(%)	
지역	대도시	19,840	42.9	19,425	42.0	5,833	12.6	906	2.0	237	0.5	46,241
	중소도시	21,365	44.7	19,752	41.4	5,692	11.9	770	1.6	173	0.4	47,752
	읍면지역	7,302	36.3	7,945	39.5	3,782	18.8	870	4.3	215	1.1	20,114
학교 유형	국·공립	30,094	44.1	27,424	40.2	8,909	13.1	1,461	2.1	320	0.5	68,208
	사립	18,413	40.1	19,698	42.9	6,398	13.9	1,085	2.4	305	0.7	45,899
설립 유형	일반고	33,845	42.6	33,941	42.7	10,194	12.8	1,305	1.6	241	0.3	79,526
	특목고	1,946	44.8	1,491	34.3	585	13.5	215	4.9	111	2.6	4,348
	마이스터고	1,152	46.0	958	38.3	334	13.3	53	2.1	5	0.2	2,502
	특성화고	9,035	41.5	8,171	37.5	3,443	15.8	877	4.0	252	1.2	21,778
	자율고	2,529	42.5	2,561	43.0	751	12.6	96	1.6	16	0.3	5,963
계		48,507	42.5	47,122	41.3	15,307	13.4	2,546	2.2	625	0.5	114,107

※자료: 이태권, 박수정, 정미라, 서지연, 2021

장에서 엄청난 부담으로 여겨질 수밖에 없다. 설사 다과목 담당에 적응한다고 해도 각종 행정 업무가 줄지 않은 상황이라면 다과목 지도는 더더욱 커다란 부담이 될 것이다. 이에 가능하면 교사 1인이 담당하는 과목이 2개를 초과하지 않도록 교육과정을 편성하는 것이 필요하며, 이러한 배려는 수업의 질을 고려하는 측면에서도 중요하다. 무엇보다 교사, 학생, 학부모가 함께 참여하는 학교 교육과정위원회에서 이 점에 대해 심도 있게 논의해야 한다. 교원 수급의 몇 가지 효율적인 방안을 생각해보면 다음과 같다.

▶ 동료 교사와 협력적으로 과목을 개설할 수 있다

1개 과목을 1명의 교사가 처음부터 끝까지 지도해야 한다는 규정은 없다. 즉 1개 과목을 여러 명의 정규교사가 함께 담당하면서 서로의 전문성을 고려하여 지도 내용을 나누고 학급을 순회하면서 지도하는 방법도 있다. 일단 교양과목은 이러한 지도가 가능하며, 필요한 경우 학교장 신설과목으로 개발하여 운영할 수도 있다. 다만 교사의 부담을 줄이기 위해 형식적으로 1/n로 나누는 것이 아니라 교수-학습내용과 방법을 고려하여 구분하는 것이 필요하다.

▶ 외부 강사와 협력적으로 과목을 개설할 수 있다

외부 강사가 교사 자격이 없어 단독으로 수업이 어렵다면 정규 교원과 코티칭의 형태로 과목을 개설할 수 있다. 물론 학교에 예산도 충분하고, 특정 분야의 강사를 구할 수 있다면 별 무리가 없을 것이다. 하지만 그렇지 못한 경우도 있기 때문에 지역사회 교육기관의 강사나 마을교육공동체의 마을 교사와 함께 협력적으로 과목을 개설하는 것도 고려해볼 수 있다. 이런 과목들은 지역사회의 가치와 시민의식을 성장시키는 과목일 수도 있고, 특정 분야의 기술과 관련된 과목일 수도 있다. 예컨대 충북 진천 출신 독립운동가 이상설 선생이 세운 '서전서숙(瑞甸書塾)'의 정신을 계승하기 위해 충북교육청과 한국교육개발원의 협력으로 2017년 개교한 '서전고등학교'는 지역사회와 교육청, 단위 학교와 교사가 함께 교육과정을 개발하고 운영하고 있다. 학교지정 교양과목으로는 '환경 노작', '지속가능발전 탐구', '자율연구', '자율심화연구' 등을 개설하였다. '환경 노작'은 환경 교사가 환경과 노작 교과를 융합하여 수업을 진행하며 학생들의 생태 감수성을 함양하고 있다. 또한 전 지구적 주제에 대해 사고력을 형성할 수 있도록 '지속가능발전 탐구(1학년)', '자율연구(2학년)', '자율심화연구(3학년)'로 이어지는 '주제 탐구' 과목은 교사와 학생이 함께 무엇을 가르치고 배울지 정하고 이를 재구조화하여 운영한다. 또한 서전고는 2학년 교육과정에 '독립운동가의 생애와 사상' 과목을 신설하여 1학기 동안 일주일에 2시간씩 국내외 독립운동사와 주요 인물들의 활동상을 배운다. 특히 이상설 선생의 생애와 사상은 별도의 단원으로 교사들이 직접 자료를 제작하여 깊이 있게 다루고 있다.

▸ **과목 내용의 일부를 외부 강사나 타학교 교사와 협업할 수 있다**

초기에는 교사가 교양과목이나 고시외 과목을 지도하는 과정에서 교과 전문성이 부족한 영역이 있을 수도 있다. 이런 경우 해당 영역의 전문가를 외부 강사로 채용하여 코티칭의 형태로 수업을 진행할 수도 있다. 교사는 외부 강사와 함께 협업하는 가운데 교과 전문성이 점차 향상되기 때문에 이를 긍정적으로 검토하고 시도해보면 도움이 될 것이다. 다른 한편으로 교사의 전문성이 부족하지 않아도 현장 전문성을 가진 강사가 부분적으로 수업을 지원하는 것이 학생들의 배움에 더욱 의미가 있을 수도 있다. 그리고 때로는 외부 강사가 아닌 다른 학교 교사와의 일시적인 협력을 통해서도 과목을 지도할 수 있다.

▸ **여러 명의 외부 강사가 협업하여 과목을 지도할 수도 있다**

외부 강사의 경우 다른 현업에 종사하고 있거나 여타 강연들도 진행하고 있을 수 있다. 따라서 학교 교육만을 지원할 수 있는 상황이 아닐 수도 있기 때문에 정기적으로 수업 시간에 맞추어 수업을 진행하기 어려운 경우도 있다. 이러한 경우 2명 이상의 전문가를 초빙하여 일정을 조율하여 사전에 교수학습계획을 철저하게 수립한 후에 운영하는 방안도 고려해볼 수 있다. 다만, 여러 명의 강사가 수업을 진행하는 경우 담당 정규교원은 수업의 전반적인 흐름이 끊기지 않고 연계될 수 있도록 지원해주는 역할이 필요하다.

교원이 가장 의미 있게 잘 가르칠 수 있는 과목을 개발해보자

이미 국가수준 교육과정에서 학교가 **학교 자율과정**을 운영하도록 허가하고 있다. 물론 학교장 신설과목이 학교 자율과정은 아니지만, 그만큼 교원의 교육과정 전문성을 인정해주고 권한을 부여하고 있다고 볼 수 있다. 이러한 교육과정을 **교사 교육과정**이라고 부른다. 박수원 외 7인(2020)은 "교사 교육과정을 국가수준에서 제시하는 표준화된 교육과정을 기반으로 하되 교사가 교육과정 전문성을 발휘하여 새롭게 수정·개발한 교육과정"으로 "학생들과의 직접적인 만남에서 실제적으로 실행되는 교육과정"으로 언급한다. 교원이 **교육과정 문해력**을 바탕으로 현재 담당하고 있는 학생들에게 최적의 과목을 개발하여 지도하는 것은 학생에게는 물론, 개발자인 교원에게도 매우 의미 있는 일이 될 것이다.

▸ 미디어와 연계하여 과목을 개발해본다

요즘 학생들의 필수품이 된 스마트폰을 통해 많이 접하는 것이 바로 미디어다. 미디어의 홍수 속에서 살아가는 만큼 학생들의 일상은 미디어와 매우 밀접하게 연결되어 있다. 만약 미디어를 과목과 연계한다면 학생들의 홍미와 관심을 한층 더 이끌어낼 것이다. 학생들이 배움의 과정에 더욱 적극적으로 참여적이거나 주도적으로 구안할 수도 있을 것이다. 더욱이 미디어는 교·과목 전체와 연계될 수 있다. 예컨대 국어는 '미디어 커뮤니케이션', 영어는 실제적인 '영어회화', 수학은 '빅데이터'와 같은 생활이나 학문과 연계된 여러 가지 개념, 사회는 각종 사회문제나 해결방안, 사회제도, 법 등 사회 전반에 걸친 영역이 해당할 수 있다. 과학 또한 'IT', '디지털 기술' 등을 포함해 그 연계 범위가 상당히 넓다. 이렇게 본다면 미디어와 서로 연결되지 않는 교과나 과목이 없을 것이다. 그리고 미디어의 선택에 있어서도 앞서 언급했듯이 학생들의 참여를 통해 협력적으로 이루어질 수도 있다. 이는 학생들이 미디어 리터러시와 시민의식을 동시에 함양할 수 있는 기회가 된다.

과목을 개발하는 가장 편리한 방법은 국가수준 교육과정에서 제시된 과목들을 미디어와 연계해보는 것이다. 이를 통해 과목의 성격, 목표, 성취기준을 포함하는 내용, 교수-학습방법, 평가 전반에 대한 기존의 표준화된 아이디어를 활용해볼 수 있고, 교육과정도 한층 안정적으로 운영할 수 있다. 무엇보다 학생들은 기존의 교과서를 뛰어넘어 미디어의 세계에서 삶과 직접 연계된 교과의 내용을 학습할 수 있다. 또한 학생들은 스마트폰을 활용하여 미디어를 제작할 수도 있기 때문에 교수·학습 방법뿐만 아니라 평가에 있어서도 미디어는 효율적이라고 할 수 있다.

▸ **독서 · 토론과 연계한 과목을 개발해본다**

독서와 토론은 시민교육의 필수 요소이다. 독서와 토론 또한 미디어만큼 전 교과에 걸쳐 연계할 수 있다. 그리고 실제 독서와 연계

함으로써 학생들의 배움의 깊이는 깊어지고 폭은 확장된다. 대학 입시에 중심을 두고 있는 고등학교 교육에서 학생들이 독서와 토론을 할 기회가 확보되지 못하고 있는 것이 안타까운 현실이다. 실제 대학입시에서 관련 역량을 성장시킨 학생은 환영받는다. 게다가 대학의 교육과정은 독서와 토론이 중심이 되므로 교육과정의 연계성 측면에서도 독서·토론은 학생들에게 관련 역량을 키워줄 수 있는 좋은 기회가 된다. 다만, 학생들의 관심과 참여도를 높이기 위해 도서를 선정하고, 학습 방법을 설정하는 과목에 학생이 직접 참여하게 하는 것도 고려해볼 필요가 있다. 국가수준 교육과정에서도 독서와 토론과 연계할 만한 많은 팁을 제공하기 때문에 미디어 연계만큼이나 교육과정 개발도 수월한 편이다.

과목의 교육과정이 개발되면 다음은 교과서를 선정해야 한다. 교과서 선정도 2015 개정 교육과정의 '고전읽기', '영미문학읽기', '수학과제탐구' 등의 과목을 참고하면 별로 어렵지 않을 수도 있다. 이들 과목은 애초에 교과서 자체가 개발되어 있지 않아서 기존 출판된 도서 중 지도교사가 교과 교육과정과 학생의 현황을 고려하여 적절한 도서를 선정하면 된다. 다만 교과협의회와 학교 교육과정위원회의 협의를 거쳐 학교운영위원회에서 심의를 받아야 함을 잊지 말아야 한다. 만약 개발한 과목 교육과정에 따른 교과서 개발 과정을 선택하게 되면 시·도교육청 인정도서 심사를 거쳐야 하는데, 과목의 교육과정을 교과서 개발 매뉴얼에 맞춰 개발한다면 심사도 무리 없이 통과할 수 있을 것이다. 과목을 개발한 첫해부터 교과서를 개발할 수도 있지만, 가능하면 학생을 실제적으로 지도하는 과정을 거쳐 관련 내용을 충분히 담아낼 수 있도록 보완한 후에 개발하는 것도 고려해볼 필요가 있다.

▸ AI와 연계된 과목을 개발해본다

4차 산업혁명과 직결되는 AI는 최근 들어 더더욱 이슈가 되고 있다. 교육부는 2020년에 이미 AI를 유·초·중·고 교육에 전면 도입하였고, 2015 개정 교육과정 과목 편성표에도 '인공지능 수학'과 '인공지능 기초', '데이터 과학' 등을 포함시키고 있다. 최근에 교육대학원에 'AI 융합 전공' 개설도 증가하고 있고, 관련 전공으로 대학원에 진학하는 교원들도 점차 증가하고 있다. 또한 다양한 교과의 교원들이 AI 전공에 관심을 보이고 있고, 실제로 전공하고 있기도 하다.

앞으로 AI는 우리의 일상에서 현재 컴퓨터와 같은 역할을 하게 될 것이다. 따라서 교육에 AI를 어떻게 활용하느냐는 주요 관건이 될 것이다. AI 관련 기술의 발전 속도는 상당히 빠르게 이루어지고 있어 좀 더 적극적으로 고려해볼 것을 권장한다. 아직까지 AI 기술에 직접적으로 연계된 과목은 거의 개발되지 않았다. AI에 대한 개념과 원리에 대한 이해, AI가 가져올 미래사회에 대한 변화 모습, AI를 접하는 시민으로서의 자질 등에 대한 기초적인 단계의 과목들이 2015 개정 교육과정의 과목과 고시외 과목으로 개발되어 보급되고 있다. 앞으로 AI 관련 과목들은 증가할 가능성이 높기 때문에 이에 좀 더 적극적으로 대응해보는 것도 의미가 있을 것이다.

고교학점제가 지향하는 모든 학생이 주인공인 학교 교육의 핵심 열쇠는 뭐니 뭐니 해도 **교육과정**과 **교원**에 있다. 이는 혁신교육에서도 마찬가지이다. 학생의 진로에 따른 맞춤형 교육과 책임교육을 강조하는 학점제에서 무엇을 어떻게 배울지에 대한 방향을 설정하는 일은 매우 중요하다. 여전히 많은 사람들이 학력주의 사회인 우리나라에서 고교학점제가 본래의 취지대로 현장에 제대로 안착하기에는 어려움이 많다고 이야기한다. 하지만 고교학점제는 이미 되돌릴 수도, 멈출 수도 없는 거대한 흐름이자 순리인 만큼 어렵다는 말만 되풀이한다고 해결되는 것은 아무것도 없다. 따라서 학교도 자체적으로 해결할 수 있는 방안은 스스로 적극 모색하는 한편, 자체적으로 해결할 수 없는 것이라면 교육부와 교육청에 지속적으로 요청해야 한다. 무엇보다 학교 교육공동체가 머리를 맞대고 협력적으로 소통하고 협력할 때, 고교학점제는 비로소 학교 현장에 안정적으로 뿌리를 내릴 수 있다는 점을 기억해야 한다. 고교학점제와 함께 학생 개인에 맞게 차별화된 의미 있는 맞춤형 교육과정의 세계가 열리고 있다. 바로 지금!

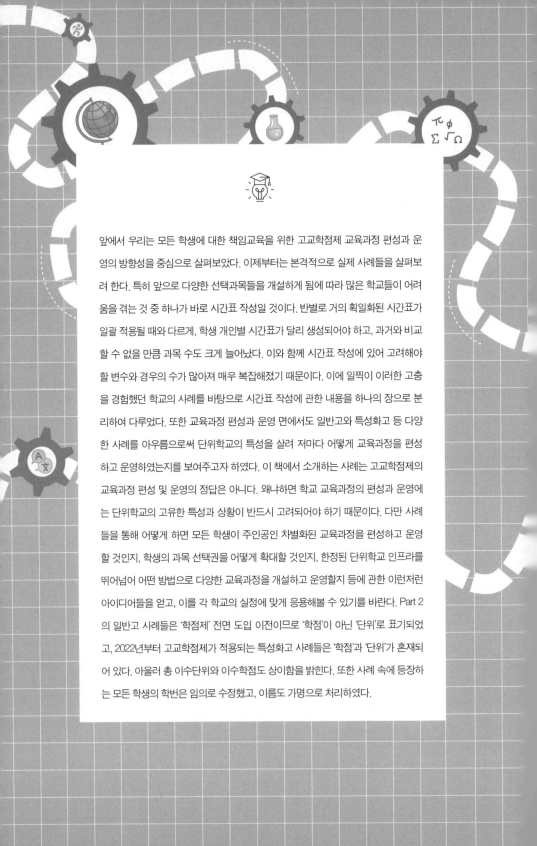

앞에서 우리는 모든 학생에 대한 책임교육을 위한 고교학점제 교육과정 편성과 운영의 방향성을 중심으로 살펴보았다. 이제부터는 본격적으로 실제 사례들을 살펴보려 한다. 특히 앞으로 다양한 선택과목들을 개설하게 됨에 따라 많은 학교들이 어려움을 겪는 것 중 하나가 바로 시간표 작성일 것이다. 반별로 거의 획일화된 시간표가 일괄 적용될 때와 다르게, 학생 개인별 시간표가 달리 생성되어야 하고, 과거와 비교할 수 없을 만큼 과목 수도 크게 늘어났다. 이와 함께 시간표 작성에 있어 고려해야 할 변수와 경우의 수가 많아져 매우 복잡해졌기 때문이다. 이에 일찍이 이러한 고충을 경험했던 학교의 사례를 바탕으로 시간표 작성에 관한 내용을 하나의 장으로 분리하여 다루었다. 또한 교육과정 편성과 운영 면에서도 일반고와 특성화고 등 다양한 사례를 아우름으로써 단위학교의 특성을 살려 저마다 어떻게 교육과정을 편성하고 운영하였는지를 보여주고자 하였다. 이 책에서 소개하는 사례는 고교학점제의 교육과정 편성 및 운영의 정답은 아니다. 왜냐하면 학교 교육과정의 편성과 운영에는 단위학교의 고유한 특성과 상황이 반드시 고려되어야 하기 때문이다. 다만 사례들을 통해 어떻게 하면 모든 학생이 주인공인 차별화된 교육과정을 편성하고 운영할 것인지, 학생의 과목 선택권을 어떻게 확대할 것인지, 한정된 단위학교 인프라를 뛰어넘어 어떤 방법으로 다양한 교육과정을 개설하고 운영할지 등에 관한 이런저런 아이디어들을 얻고, 이를 각 학교의 실정에 맞게 응용해볼 수 있기를 바란다. Part 2의 일반고 사례들은 '학점제' 전면 도입 이전이므로 '학점'이 아닌 '단위'로 표기되었고, 2022년부터 고교학점제가 적용되는 특성화고 사례들은 '학점'과 '단위'가 혼재되어 있다. 아울러 총 이수단위와 이수학점도 상이함을 밝힌다. 또한 사례 속에 등장하는 모든 학생의 학번은 임의로 수정했고, 이름도 가명으로 처리하였다.

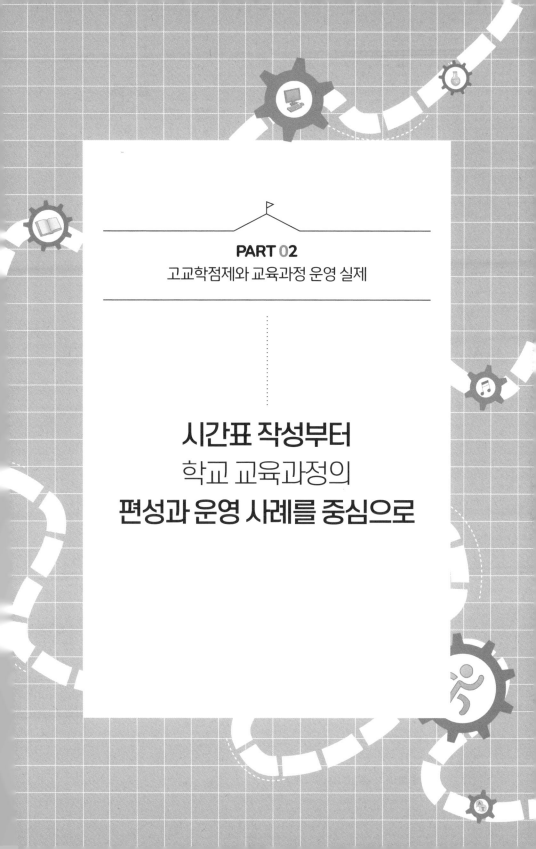

PART 02
고교학점제와 교육과정 운영 실제

시간표 작성부터
학교 교육과정의
편성과 운영 사례를 중심으로

CHAPTER 03　　　　　　　　　수강 신청 및 시간표 작성 실제

학생 맞춤형 시간표, 어떻게 작성할 것인가?

　　　　　　　　　　　　고교학점제 연구학교를 시작한
2018년, 갈매고등학교(이하 갈매고)[1]에서는 학생들의 선택권을 확
대하기 위해 여러 과목들을 새로 개설하고 편제표를 만들어 학생
선택형으로 수강 신청을 받았다. 또한 교육부의 연수 자료와 고교
학점제 연구 자료 등을 바탕으로 하여, 어떻게 하면 학생들의 선
택권을 최대한 보장할 수 있을지 방안을 모색하여 적용하려 한 것
이다. 도입 전 논의과정에서도 솔직히 많은 어려움이 예상됐지만,
학점제의 취지를 살리는 것이 무엇보다 중요하다는 데 교육공동
체의 의견이 모였다.

---

1. 갈매고등학교의 학교 현황과 특성은 이후 교육과정 사례를 다룬 4장에서 상세히 서술하였으
　　므로 이곳에서는 생략하기로 한다.

학생들의 과목 선택권을 보장할수록 복잡해지는 시간표

학생 선택권을 보장하려면 다양한 선택과목 개설이 불가피하다. 이와 관련해서 예상은 했지만, 시간표 작성부터 난관에 부딪히고 말았다. 먼저 몇몇 사설 업체에서 시간표 구성이 가능할 것 같다고 하여 용기를 내서 학생 신청을 받아 보았다. 결론부터 말하면 외부 시간표 프로그램은 사용하지 못했다. 업체에서도 많은 노력을 기울였고, 담당자도 이리저리 방법을 바꿔가며 사용 방안을 고민했지만, 8교시까지 운영하게 해도 매칭률이 고작 50~60% 밖에 나오지 않는 바람에 결국 프로그램 사용을 포기할 수밖에 없었다. 그런 아찔한 상황에서 마지막 방법이라는 각오로 여러 학교들의 시간표 작성 방법을 두루 수소문해보았다. 그러다가 다행히 도봉고등학교의 도움을 받아 드디어 학생 개인별 시간표를 만들 수 있었다.

학점제 전면 도입을 앞둔 많은 학교 현장에서는 학생 선택권을 최대한 보장해주기 위해 다양한 과목들을 개설할 각오가 되어 있을 것이다. 그런데 이런 각오가 무색해질 만큼 학교들을 두려움에 빠뜨리는 부분이 바로 **시간표 작성**일 것이다. 갈매고도 자칫 편제표를 모조리 뒤엎어 처음부터 새로 수강 신청을 받아야 할지도 모른다는, 그 진땀이 흐를 만큼 불안한 과정을 이미 겪어봤기 때문에 각 학교의 입장이 충분히 공감되고 이해되는 바이다.

이 장에서는 이와 비슷한 어려움을 겪고 있거나, 시간표 작성에 대한 막연한 불안감을 가진 학교에 도움을 주기 위해 갈매고에서 어떻게 학생 개인별 시간표를 만들고 구성하는지에 대해 실제 경험을 중심으로 구체적으로 설명하고자 한다. 시간표 작성 방법은 기본적으로 도봉고등학교(이하 도봉고)[2]가 개발한 방법과 데이터 처리 방식을 기반으로 운영하였다는 점을 미리 밝힌다. 다행스러운 점은 이제 직접 시간표를 짜는 이런 방법보다 훨씬 편리한 시스템이 마련되었다는 것이다. 교육부에서 만든 수강 신청 프로그램의 기능은 이전보다 크게 향상되었고, 장기적으로 나이스와 연동이 되기 때문에, 우선적 사용을 권장한다. 다만 여기서 소개하는 갈매고의 방식은 여타 다른 수강 신청 프로그램으로 학생 시간표 작성이 어려운 학교에 차선의 방법으로 도움이 될 것이라고 생각한다.

수강 신청, 학교생활 3년과 맞춤형 진로설계의 밑그림을 그리다

학생들의 수강 신청은 앞으로 3년 동안의 학교생활을 디자인하는 기초 작업이다. 즉 학교생활 3년의 밑그림을 그리는 작업인 만

---

2. 서울 '도봉고등학교'는 2010년부터 전면 교과선택형 교육과정을 운영했으며, 2019년부터 고교학점제 선도학교를 운영하고 있다.

큼 학생들 각자 그 중요성을 인식하고 신중하게 선택과목을 탐색해야 한다. 하지만 학생들이 개별적으로 정보를 얻는 데는 한계가 있고, 진로에 따라 자신이 들어야 하는 과목 혹은 듣고 싶은 과목이 무엇인지 잘 알지 못하는 경우가 많다. 따라서 학교 차원에서 학생이 수강 신청을 할 때 여러 측면에서 적절한 도움을 줄 필요가 있다. 특히 학생들이 앞으로 수강할 과목에 대한 탐색 과정을 제대로 거치지 않은 상태로 수강 신청을 하게 되면 이후 대규모 수강 정정 사태가 발생하는 등의 혼란이 일어날 수도 있다.

학생 각자의 진로와 흥미를 고려한 과목 탐색이 우선되어야 한다

학생이 과목을 선택할 때 가장 크게 작용하는 요인은 **진로**와 **흥미**이다. 즉 학생마다 어떤 진로를 생각하고 있느냐에 따라 진학하고자 하는 전공이 정해지고, 선택과목 또한 달라진다. 졸업 후 대학에 진학할 생각이 없는 학생들이라도 자신이 어떤 진로로 나아가길 바라는지에 따라 과목 선택을 달리할 수 있다. 바로 이러한 점 때문에 고교학점제를 운영하는 학교에서는 **학생 맞춤형 진로학업설계**를 중요하게 여긴다.

학생이 진로의 방향을 결정하고 과목을 선택할 때는 과목 탐색과정이 선행되어야 한다. 이때 교사는 교육부나 시·도교육청에서 제공하는 대학 전공별 이수 권장 과목 안내서를 활용하거나 각 대학에서 개발한 전공별 과목 안내서를 활용할 수 있다. 우선 교

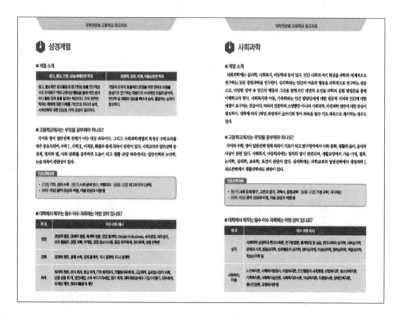

교육부 제작 과목 선택 가이드북

학생들이 과목을 선택하기 전에 과목 탐색 과정이 선행되어야 한다. 교육부나 시·도교육청에서 제작한 온라인 사이트를 활용하면 대학 전공별 권장과목에 대한 안내를 받을 수 있다.

육부 및 대학교에서 제공하는 과목 선택 가이드 북은 위의 그림과 같다. 이런 자료들은 '고교학점제 지원센터 홈페이지'[3]에서 찾을 수 있다. 학생들에게 과목 안내서를 배부할 때, 제시된 그림들처럼 이미 제작된 자료를 활용하면 큰 도움이 된다. 이 자료들은 각 기관에서 전문가들이 공동으로 연구하여 학생들이 과목을 선택할 때 필요한 정보들을 자세히 담아 구성했기 때문에 교사들이 이를

---

3. 사이트주소는 https://www.hscredit.kr/mng/subject.do이다.

서울대학교 2015 개정 교육과정에 따른 고교생활 가이드북

각 대학에서도 전공별 과목 안내서를 개발하고 있다. 이러한 자료도 학생들이 과목 선택 전에 진로 · 진학과 밀접한 과목들을 탐색할 때 큰 도움이 된다.

활용하여 편리하고 효과적으로 과목 선택 지도를 할 수 있다.

이 외에도 단위학교의 개설 과목의 구체적이고 실제적인 운영에 대한 정보를 제공하는 과목 안내서를 개발하여 배포하는 것도 학생들이 과목을 선택하는 데 큰 도움이 된다. 학생들에게 정말 필요한 정보를, 단위학교 상황에 맞춰 제공할 수 있기 때문이다.

갈매고는 2019년부터 자체 제작한 교수학습계획서(Syllabus)를 수강 신청 전에 학생들에게 제공하고 있다. 교수학습계획서에는 개설되는 '모든 과목에 대한 과목 소개 및 수업의 특징, 과목의 평가 방법, 전공 연계 CPR(Circle-Project-Reading) 교육과정 안내[4], 과목 커리큘럼 및 특색 교육과정, 수업시간 규칙' 등이 제시된다. 즉 학생들의 교과 선택에 도움을 주도록 단위학교의 교육과정 설명 및 과목 운영 계획서를 제공해주는 자료집인 셈이다.

갈매고의 경우 자체 제작 과목선택 자료와 교수학습계획서는 5월 교과협의회를 거쳐 제작된다. 차년도 과목 담당교사가 정해지지 않은 상황에서 사전 협의가 이루어지고, 이를 통해 각 과목의

2021학년도 과목선택 길라잡이   '고전 읽기' 교수학습계획서

갈매고에서 자체 제작한 과목선택 자료와 교수학습계획서
단위학교별 개설 과목의 구체적이고 실제적인 운영에 대한 정보를 충실히 담아서 제공할 수 있는 자체 제작 자료를 활용하는 것도 좋은 방법이다.

---

4. 교과와 연계하여 동아리, 프로젝트, 독서 활동을 하도록 제시한 내용이다.

교수학습계획서가 개발된다. 각 과목에 대한 설명은 현재 담당 교사가 작성하고, 교수학습계획서 하단에 이후 교사에 따라 수업 및 평가 내용이 일부 변경될 수 있다는 단서를 제시한다.

단위학교의 편제표에 따라 수강 신청을 진행한다

과목에 대한 충분한 안내와 탐색이 끝나면 학생들은 본격적으로 과목 수강 신청을 한다. 수강 신청 양식은 단위학교의 교과 편제표에 따라 다르다. 수강 신청 프로그램(교육부 제공 혹은 외부 프로그램)을 사용할 경우, 학교에서는 PC나 모바일을 사용하여 수강 신청을 받을 수 있다. 그러나 아직은 많은 학교에서 학생들에게 직접 수강 신청서를 작성하게 한 후에 이를 수합해서 파일에 입력하는 방식으로 진행하고 있다. 이렇게 수합하여 입력하는 경우는 대부분 담임교사 혹은 진로를 담당하는 교사가 학생이 수강 신청한 내용을 살펴보고, 과목 선택의 적합성과 오류 여부를 1차로 점검한 후에, 데이터 수합 파일을 담당자에게 제출하게 된다.

갈매고는 2020학년도부터 5월에 가수요 조사를 위한 1차 수강 신청을 한 후, 2차 수강 신청을 9월에 받는다. 수강 신청이 끝나면 2차 수강 신청 인원을 홈페이지에 공개한다. 수강 신청 인원을 공개하면 수강 신청 인원에 따라 학생들이 과목을 많이 바꾸지 않을까 하는 우려도 있었고, 실제로도 과목을 바꾸는 학생이 상당수 발생했다. 그렇다고 학생들에게 투명하게 정보를 공개하지 않으면 오히려 불분명한 정보로 인해 이런저런 엉뚱한 풍문이 돌아 학생들의 과목 변경 사례가 훨씬 더 증가한다. 단적으로 2019년에 수강 신청 인원을 공개하지 않고 진행한 적이 있는데, 학생들끼리 대략 수강 인원을 계산한 후 잘못된 정보를 공유하는 바람에 신학기를 목전에 둔 1, 2월까지도 과목 변경을 요구하는 상황이 속출하기도 했다. 그렇다고 해서 매번 수강 신청 인원이 변경될 때마다 인원을 새로 공지할 수도 없고, 수강 인원에 휘둘려 수강 과목을 변경하는 것은 고교학점제의 취지에 맞지도 않기 때문에, 최초 수집된 본 수강 신청 인원(2차)까지만 공개하고 이후에는 비공개를 원칙으로 진행하고 있다.

공식적인 수강 신청 정정 기간과 이후의 정정 관련 원칙을 마련한다

2차 수강 신청이 끝나고, 2학기 중간고사 이후에 공식적인 수강 신청 정정 기간을 두었다. 이때 폐강 과목을 공지하여 해당 과목을 신청한 학생들은 다른 과목으로 옮기도록 했다. 갈매고는 학생들의 선택권을 최대한 존중하기 위해 10명 이상 수강 인원이 확보된 과목은 무조건 개설을 원칙으로 한다. 또 폐강이 예측된 과목이라도 만약 학생들이 추가 인원을 확보해 오면 다시 개설과목으로 분류한다. 공식적인 정정 기간 중에는 특별한 서류 제출 없이 신청 과목을 변경할 수 있게 하고 있지만, 이 기간에도 최대 수강 가능 인원이 확보되어 이미 마감된 과목으로의 이동은 불가하다.

이러한 조치는 확정된 **교원 수급**을 변경하지 않는 조건 안에서 학생들의 과목 선택 변경의 기회를 제공하기 위함이다.

공식적인 정정 기간 이후에도 수강 신청 과목을 바꾸려고 하는 학생이 나올 수 있다. 이런 경우에는 단위학교 내 교육과정 규정에 따른 일련의 절차를 밟도록 하였다. 이는 공식적인 정정 기간 이후에도 수강 신청을 변경할 길을 열어주는 한편, 그저 단순 변심에 따라 과목을 매번 바꿀 순 없도록 제한하기 위함이다. 수강 신청을 변경하게 되면 시간표 및 교과서 신청, 교원 소요 등에 계속 혼란이 발생하기 때문에 여러 번의 상담을 통해 학생이 신중하게 과목 정정 신청을 할 수 있도록 절차에 맞게 진행하고 있다. 또한 학교 교육과정위원회의 심의 과정과 학교장 최종 승인 과정을 학교 교육과정 규정으로 마련하여 학생들이 숙고하여 신중하게 수강 신청을 할 수 있도록 지도하고 있다.

공식적인 수강 신청 정정 기간이 끝나면 담임교사가 학생의 수강 신청 내용을 입력해서 제출한다. 입력할 파일은 단위학교에서 사용하는 시간표 작성 시스템에서 템플릿을 다운받아 사용한다. 다음의 그림은(116쪽 참조) 갈매고에서 교육부 수강 신청 템플릿 양식을 다운받아 1·2학년 학생의 수강 신청 내용을 입력한 예시 자료이다. 먼저 교육부 수강 신청 홈페이지에 학생 정보를 입력하면 각 학생의 회원코드가 생성된다. 그리고 개설과목과 선택 방식을 입력하면 그에 따라 과목코드도 생성된다. 각 반 담임교사가 학생의 수강 신청

회원코드	학년	반	번호	이름	스포츠생활 273273	철학 273279	정보 처리와 관리 273275	창의적체험활동 273283	경제 수학 273448	음악 감상과 비평 273414	미술 감상과 비평 273416	보건 273471	교육학 273468	지식 재산 일반 273458	스페인어 I 273454	물리학 실험 273436	화학 실험 273440
948318					1	1	1	1	0	1	0	0	0	0	0	0	0
948319					1	1	1	1	0	1	0	0	0	0	0	0	0
948320					1	1	1	1	0	0	1	0	0	0	1	0	0
948321					1	1	1	1	1	0	0	0	0	0	0	0	0
948322					1	1	1	1	0	1	0	0	0	0	0	0	0
948323					1	1	1	1	0	0	1	0	0	0	0	1	0
948324					1	1	1	1	0	0	1	0	0	0	1	0	0
948325					1	1	1	1	0	1	0	0	0	0	0	0	0
948326					1	1	1	1	0	1	0	1	0	0	1	0	0
948327					1	1	1	1	0	0	1	0	0	0	0	0	0
948328					1	1	1	1	0	0	1	0	0	0	0	1	0
948329					1	1	1	1	0	1	0	0	0	0	1	0	0
948330					1	1	1	1	0	0	1	0	1	0	1	0	0
948331					1	1	1	1	0	1	0	0	0	0	0	0	0
948332					1	1	1	1	0	0	1	0	0	0	0	0	0
948333					1	1	1	1	0	0	1	0	0	0	0	0	0
948334					1	1	1	1	0	0	1	0	0	0	0	0	0
948335					1	1	1	1	0	1	0	0	0	0	1	0	0
948336					1	1	1	1	0	0	1	0	0	0	1	0	0
948337					1	1	1	1	0	0	1	0	0	0	0	0	0
948338					1	1	1	1	0	0	1	0	0	0	0	1	0
948339					1	1	1	1	0	1	0	1	0	0	0	0	0
948340					1	1	1	1	0	0	1	0	0	0	1	0	0
948341					1	1	1	1	0	0	1	0	0	0	0	0	0
948342					1	1	1	1	0	0	1	1	0	0	0	0	0
948343					1	1	1	1	0	0	1	0	0	0	0	0	0
948344					1	1	1	1	0	0	1	0	0	0	0	0	0

교육부 고교학점제 수강 신청 프로그램 수강 과목 일괄 입력 템플릿 예시

교육부 수강 신청 홈페이지에 학생 정보를 입력하면 각 학생의 회원 코드가 생성된다. 또 개설 과목과 선택 방식을 입력하면 그에 따라 과목 코드도 생성된다.

서를 보고, 이 양식에 학생의 수강 신청 정보를 입력해서 수강 신청 담당자에게 제출한다. 그러고 나서 담당자가 파일을 수합해서 홈페이지에 올리면, 파일의 내용이 연동되어 홈페이지에 반영된다.

시간표를 작성하는 방법에는 단위학교의 다양한 상황에 따라 여러 가지가 있을 수 있다. 모든 방안을 다 소개할 순 없으므로, 이 장에서는 대표적인 두 가지 방법을 소개하고자 한다. 첫 번째는 교육부의 고교학점제 수강 신청 홈페이지를 이용하는 방법이고, 두 번째는 컴퓨터 데이터 처리 프로그램(한셀이나 엑셀)을 활용하여 수작업으로 작성하는 방법이다.

시간표 작성 실제 1.
교육부 수강 신청 홈페이지를 활용한 방안

교육부의 수강 신청 프로그램 홈페이지 주소는 'https://www.hscredit.net'이다. 단위학교의 시간표 담당자가 학교 담당자 아이디와 초기 비밀번호를 교육부 담당자로부터 받아서 사용한다. 담당자가 홈페이지에 로그인하면 첫 화면에 아래 그림과 같은 안내 페이지가 나온다.

그림을 보면, 문의할 내용에 따라서 담당자 연락처를 안내해 수강 신청 및 시간표 작성 과정이 원활하게 진행되도록 하고 있다. 또한 고등학교 유형에 따라 일반고용과 직업계고용 담당자 매뉴

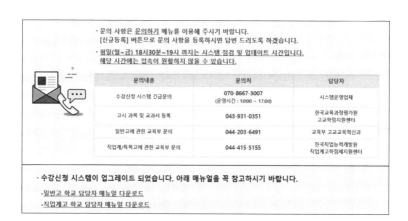

교육부 수강 신청 홈페이지 로그인 후 첫 화면
홈페이지에 로그인을 하면 수강 신청이 원활하게 진행되도록 도움을 주고자 관련 수강 신청 내용에 따른 업무 담당자의 연락처를 제공하고 있다.

얼을 파일로 탑재해 놓았다. 이 매뉴얼은 꽤 상세하게 설명되어 있으므로 순서대로 잘 따라가면 수강 신청 프로그램을 비교적 쉽게 활용할 수 있다.

교육부 수강 신청 프로그램의 메뉴는 '홈' 화면 외에 주요 메뉴로 '학교/학생 운영- 사전 수요조사 - 수강 신청 관리- 시간표 관리- 문의하기' 등이 있다. 이는 시간표 작성의 순서대로 이루어진 것이다. 이 책에서는 주요 메뉴 몇 가지에 대한 간단한 소개 정도로만 안내하고자 한다.

- **학교/학생 운영**: 이 메뉴에서는 반 편성 및 시간표 작성 대상이 되는 학생과 교사, 학교 담당자를 관리하는 탭과 전출 관리, 학교 정보 관리의 탭이 있다.

- **사전 수요조사**: 학생들이 선호하는 과목의 선호도 조사를 하는 메뉴인데, 이 정보는 시간표 데이터와 아무 상관이 없기 때문에 굳이 이 단계가 없어도 시간표 작업을 하는 데는 문제가 없다.

- **수강 신청 관리**: 이 메뉴는 학교에서 운영하는 과목을 등록하고 학교 지정과목과 선택과목을 분류해 편제표를 완성하고 학생의 수강 신청 정보를 입력하는 항목이다. 학교 운영 과목 등록은 학기 단위로 이루어진다.

- **수강 신청 정보 설정**: 이 메뉴를 활용해 학생의 수강 신청 시작일

과 종료일을 설정할 수 있다. 수강 신청 정보 설정이 끝나면 모바일이나 PC로 학생들이 직접 수강 신청을 할 수 있다.

- **수강 신청 관리**: 학생들의 수강 신청 확인서를 한꺼번에 출력할 수 있으며 교과서 정보를 입력하면 교과서 고지서도 일괄 출력이 가능하다.

- **수강 신청 결과**: 이 메뉴에서 학생들의 수강 신청 결과를 확인할 수 있다. 또한 담당자가 한꺼번에 전 과목을 입력하고 수정할 수 있다. 직접 입력할 때는 앞서 제시한 템플릿 양식을 활용해서 전 학생의 수강 신청 내용이 입력된 파일을 업로드하면 된다.

- **시간표 관리**: 이 메뉴에서 본격적으로 시간표가 만들어진다. '학급설정-학급/반편성 설정 - 실습실(특별실) 설정 - 과목별 교사 설정 - 고정과목 수업 확인 - 과목별 시수 배정 - 이동 수업 시간 배정 - 요일별 시간 배정 그룹 - 고정 수업 시간표 설정'의 단계를 모두 거치면 학생 개인별 시간표와 학급 시간표가 만들어진다. 다만 이 단계의 작업은 앞선 단계에 비해 복잡하게 이루어지므로 '사용자 매뉴얼'에 따라 천천히 진행하는 것이 좋다.

시간표 진행현황 탭을 클릭하면 다음 그림과(120쪽 참조) 같은 화면이 나와 작업에 도움을 준다. 완료되지 않은 단계에 대해서는 '⚠' 표시가 떠서 작업을 완료하도록 안내한다.

단계	내용	개수	설명
1. 학급 설정	등록된 학급	10	시간표에 표시될 학급을 모두 등록해야 합니다.
2. 실습실(특별실) 설정	등록된 실습실(특별실)	4	실습실(특별실) 등록하고 해당 실습실(특별실)을 사용할 과목을 설정해야 합니다.
3. 과목별 교사 설정	⚠ 교사가 설정된 과목 / 전체 과목	0/11	시간표에 표시될 모두 과목의 담당 교사를 설정해야 합니다.
4. 고정수업 과목 확인	고정수업 과목	9	고정수업 과목을 확인합니다.
5. 과목별 시수 확인	⚠ 시수배정과목/전체과목	0/11	과목별 시수배정 현황을 확인합니다.
6. 이동수업 시간배정	⚠ 이동수업 시간배정 그룹	0	'사용'으로 설정된 그룹에서 같은 단위의 학생 선택 과목그룹으로 이동수업 시간배정 그룹을 등록해야 합니다.
	등록 설정원 선택과목 그룹	0	'사용'으로 설정된 그룹에서 학생 선택 과목그룹은 여러 이동수업 시간배정 그룹에 설정될 수 없습니다.
	중복된 시간구획	0	'사용'으로 설정된 그룹에서 시간 구획은 서로 다른 알파벳으로 설정되어야 합니다.
7. 요일별 시간배정 그룹	⚠ 배정된 요일별 시간	0	요일별 시간배정 그룹을 확인합니다. 이동수업과 고정 수업의 배분을 확인해 주세요.

시간표 진행 현황 알림

해당 메뉴를 클릭하면 완료되지 않은 단계에서는 '⚠'이 표시되므로 작업을 완료할 수 있도록 안내하고 있다.

이상의 작업이 모두 완료되면 학급 시간표, 실습실(특별실) 시간표, 교사 시간표, 학생 시간표, 이동 수업 출석부, 전체 교사 시간배정 및 시간표, 시수 현황 등을 조회하고 출력할 수 있다.

　교육부 시간표 프로그램이 처음 나왔을 때만 해도 고교학점제가 이제 막 도입되던 시기였기 때문에 각 학교의 필요 사항들을 골고루 수렴하여 반영하기에는 다소 부족함이 있었다. 하지만 프로그램이 계속 업그레이드되어 현재는 외부의 사설 프로그램과 견주어도 부족함이 없을 만큼 크게 기능이 개선되었다. 특히 교사들의 피드백을 계속 받아서 이를 프로그램을 개발에 반영했기 때문에 실제 각 학교에서 이루어지는 수강 신청 과정에 따라 필요 사항 및 요구 사항이 잘 반영되어 있다. 또한 추후 나이스와 연동될 예정이므로 고교학점제를 이제 도입하려는 학교라면 굳이 사설 프로그램을 알아보려고 애쓰기보다는 교육부 프로그램을 활용한 시간표 작성을 추천한다.

시간표 작성 실제 2.
일반 데이터 처리 프로그램을 활용한 방안

교육부 프로그램을 활용하는 방법에 이어 살펴볼 시간표 작성법은 엑셀 등 접근성 높은 일반 데이터 처리 프로그램을 활용한 수작업 작성 방식이다. 이는 학교 여건상 외부 프로그램이나 교육부 프로그램으로 시간표 작성이 어려운 경우에 고려해볼 수 있다. 서두에서 잠깐 언급한 바 있지만, 2018년 처음 갈매고에서 고교학점제에 따라 학생들의 과목 선택을 받고 나서 가장 큰 난항을 겪은 것이 바로 시간표 작성이다. 학생들의 선택권을 최대한 보장하기 위해 선택 영역 간의 구분을 없애고, 택1이나 택2의 방식이 아닌 단위 수합이 30단위가 되도록 학생들이 자유롭게 과목을 선택해서 조합하도록 했다. 그러다 보니 선택할 수 있는 경우의 수가 너무 다양하게 나왔다. 그래서 외부 업체가 개발한 수강 신청 프로그램은 사용할 수 없게 되었다. 게다가 그때만 해도 교육부 시간표 프로그램은 아직 개발 단계였기 때문에 어쩔 수 없이 수작업으로 학교 시간표를 작성하는 방법을 배워 이를 토대로 갈매고에 가장 맞는 방식으로 적용할 수밖에 없었다. 당시에는 고교학점제가 처음 도입되어 프로그램을 개발 중이었기 때문에 더더욱 어려움이 컸다.

이때 자체적인 방법을 사용하여 수작업으로 시간표를 작성해온 학교로는 도봉고가 있다. 도봉고는 각 시간표 영역에 따라 과목을 개설해 학생들에게 제시하고, 학생들이 직접 각 시간표 영역에서 수강하고자 하는 과목을 선택하게 하는 방식으로 시간표를 작성했다. 그리고 과목을 모두 한 학기당 3단위로 단위 수를 통일하여 시간표 작성 및 학생들의 선택 과정에서 오는 어려움을 줄였다. 갈매고는 이런 도봉고의 시스템을 적극적으로 도입하여 시간표를 작성하되, 본교의 편제표와 상황에 맞게 다른 방식을 적용하여 운영했다. 갈매고의 시간표 작성 과정은 다음의 그림과 같다.

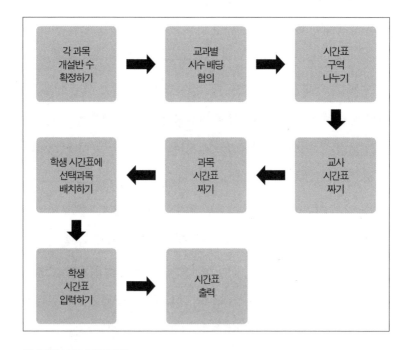

갈매고의 시간표 작성 과정
도봉고의 수작업 시간표 작성법을 참고하되 갈매고의 편제표와 상황에 맞게 다른 방식을 적용하여 운영했다.

갈매고는 학생의 선택과 시간표 작성에 중점을 두어 반 배치와 학생 선택과목을 연결하지 않는 방향으로 학급을 편성하기로 했다. 학생의 이동을 줄이는 것과 과목 선택권 확대를 놓고 함께 고민한 끝에 선택권 확대에 무게를 두기로 판단한 것이다. 또한 향후 고교학점제가 더욱 확대되면 어차피 학생 이동은 피할 수 없다고도 판단했다. 그래서 학급은 선택과목에 따라 편성되지 않으며, 학급별로 함께 듣는 과목도 없다. 매시간 이동 수업을 하고, 대신 학급 시간은 매주 1시간씩 편성된 자치 시간을 활용해서 운영하도록 했다. 선택과목에 따라 반 편성을 하고, 특정 시간만 이동 수업을 하도록 시간표를 짜면 불필요한 다교과 지도나 학생 선택에 제약이 생기는 등의 문제 상황이 생기기 쉽다. 따라서 이를 방지하기 위해 아예 전 시간 이동 수업의 방법을 선택한 것이다.

과목별 개설반 수 확정하기

각 과목의 개설반 수는 수강 신청 인원 및 교사의 수에 따라 결정된다. 학생의 수강 신청이 확정되면 학교 교육과정위원회에서 각 과목 개설반 수를 1차 확정한다. 만약 이때 각 반의 최대 인원과 최소 인원 기준을 미리 정해두어야 혼란을 예방할 수 있다. 예컨대 교과에 따라서는 교과의 시수를 줄이기 위해 학생들의 수강 신청 요구가 있음에도 불구하고 폐강을 시키는 상황이 발생하거나, 교과의 시수를 늘리기 위해 반의 인원수를 줄여 개설반 수를 늘리는 상황도 일어날 수 있다. 따라서 학교 교육과정위원회에서 이런 교과들의 상황을 객관적으로 판단하여 공평한 기준을 설정해서 가능한 한 반을 개설하도록 조절해주는 노력이 필요하다.

갈매고는 교육과정 규정에 따라 10명 이상이 신청하면 그 과목은 개설을 허가하고 있다. 반대로 너무 많은 인원이 신청한 과목도 있다. 한 반에서 수업할 수 없을 정도로 많은 인원이 신청하여 여러 반으로 나눠야 할 때는 한 학급당 인원을 기준으로 하여 24명에서 최대 30명으로 한다. 이런 기준을 모두가 함께 공유하고 이에 따라 개설반 수를 정하되, 각 교과협의회에서 수합된 의견을 학교 교육과정위원회에서 논의하여 결정하는 절차를 거치고 있다. 이러한 논의는 매우 중요하다. 만약 논의과정을 거치지 않으면 특별실 사용 여부, 실습 위주 수업 운영, 블록 시간 필요 등의 다양한 교과의 상황을 공유할 수 없기 때문에 교과 간 신경전이나 불필요한 갈등이 번번이 초래될 수 있기 때문이다.

교과별 시수 배당 협의하기

개설반 수가 확정되면 각 교과협의회에서 **시수 배당표**를 작성한다. 시수 배당표는 교과교사들이 담당하는 과목과 수업시수를 정해서 기록한 표이다. 교사 수와 각 과목의 단위 수, 수업방식 등을 고려하여 적절한 시수 배당표를 2개 안 정도 작성해서 교육과정부에 제출한다. 1안으로 시간표가 안 나오면 2안으로 시간표를 작성한다.

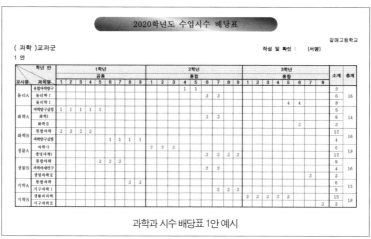

과학과 시수 배당표 1안 예시

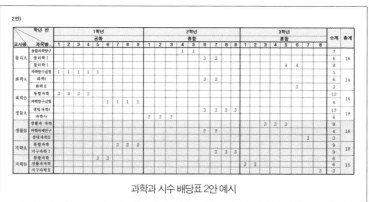

과학과 시수 배당표 2안 예시

갈매고의 과학과 시수 배당표 1안과 2안 예시

교사 수와 각 과목의 단위 수, 수업방식 등을 고려하여 적절한 시수 배당표를 1~2개 안 정도까지 작성해서 교육과정부에 제출한다.

또 시간표 작성의 편의를 위하여 2·3학년의 경우 과목을 쪼개서 나눠 들어가는 방식은 지양하도록 가이드라인을 제시한다.

기존에는 2월에 시수 배당표를 짰기 때문에 담임과 비담임을 미리 알고, 그에 따라 시수를 나누기도 했다. 하지만 고교학점제를 시행하게 되면 담임을 배정하기 전에 시수 배당표를 먼저 제출해야 하는 상황이 생기기도 한다. 그런 경우에는 담임을 맡은 교사에게 적은 시수를 주고, 비담임에게 더 많은 시수를 주는 식의 배당 자체가 불가능하다. 따라서 담임, 비담임 업무에 따른 구분 없이 시수를 나누게 된다. 참고로 업무 재구조화에 대한 논의과정에서 이런 부분에 대해서도 함께 논의가 이루어지면 좋다. 기존의 담임 업무 중심의 업무 구조로는 고교학점제를 원활하게 운영하기 어렵다는 것이 연구학교 운영 결과를 통해 공통적으로 보고되고 있다는 점도 참고할 필요가 있다.

시간표 구역 나누기

'시간표 구역 나누기'는 일주일의 시간을 구역으로 나누어 각 과목을 각 시간 구역에 배치할 수 있게 만드는 기초 작업이다. 창의적 체험활동을 언제 어떻게 배치할 것인지, 학급별로 필요한 자치 활동 시간이 있는지 등을 고려하여 구역을 나눈다. 오른쪽 그림은 (127쪽 참조) 갈매고에서 2020학년도 시간표를 짤 때, 구역을 나눈 것이다. 갈매고는 수요일 7교시의 학급자치 시간에 창의적 체험활동 1시간을 넣고, 또 금요일 6~7교시에 창의적 체험활동 2시간을 넣었다. 이 시간에는 동아리 활동 혹은 자율, 진로, 봉사 등의 다양한 활동이 이루어진다. 특히 창의적 체험활동 중 1시간은 '진로' 창

타임테이블					
	월	화	수	목	금
1교시	j1	k1	g1	c1	f1
2교시	j2	k2	g2	c2	f2
3교시	a1	d3	a3	g3	b3
4교시	a2	d2	c3	e1	h3
5교시	f3	b1	i3	e2	e3
6교시	d1	h1	j3	i1	창체
7교시	b2	h2	학급자치	i2	창체

갈매고 2020학년도 시간표 구역
일주일 시간표를 'a~k'의 구역으로 나누었다. 이 시간 안에 교과 및 진로 수업이 이루어진다.
그리고 각 구역은 운영 시간, 즉 단위에 따라 1~3까지 번호가 붙어있다.

의적 체험활동을 정시제로 운영하여, 다른 교과 수업처럼 일과 시
간표 안에서 운영하고 있다.

또한 이 그림에서 보면, 일주일 시간표가 'a~k'의 구역으로 나뉘
어 있다. 각 구역마다 교과 수업과 창의적 체험활동이 이루어진
다. 그리고 각 구역은 운영되는 시간(단위 수)에 따라 1~3까지 번
호가 붙어있다. 'a 구역'의 경우 일주일에 3시간 수업(3단위 수업)
이 배치되는데, 'a1'인 첫 시간은 월요일 3교시, 'a2'인 두 번째 시
간은 월요일 4교시, 'a3'인 세 번째 시간은 수요일 3교시에 운영되
는 것이다. 그리고 'a구역'에 배치된 수업들은 모두 같은 시간에
동시에 수업을 진행한다. 여기에 해당하는 수업들은 나이스 상에
도 '고전읽기a', '영미문학읽기a' 식으로 교과와 교실을 분류해서
입력한다. 또한 그림을 보면 대부분 두 시간씩 붙여서 2+1시간 혹

은 2시간 블록 수업으로 운영되고 있음을 알 수 있다. 이는 학생의 이동을 최소화하여 이동 피로도를 줄이기 위함이다.

다만 이 시간 구역은 고정된 것이 아니라, 교사 시간표가 나오면 교사의 공강 시간 배치를 효율적으로 하면서 유연하게 바꿀 수 있다. 예를 들어 그림처럼 배치하여 월요일 1, 2, 3, 4, 5교시 연속으로 수업을 해야 하는 교사가 다수 발생한다면 a1, a2 블록을 월요일 3~4교시에서 6~7교시로 보내는 등으로 이동할 수 있다.

교사 시간표 짜기

이 단계에서는 시간표 구역과 교과별 시수 배당표를 기반으로 교사의 수업을 배치하는 작업이다. 오른쪽 그림(129쪽 참조)은 각 교사가 어떤 과목 수업을 어느 구역에서 할지 파일에 표시한 것이다. 배치할 때는 교사의 공강 시간과 학년 걸침 등을 고려한다.

이 작업을 위한 기본 틀은 도봉고의 시간표 작업 파일에서 가져왔다. 앞서 소개한 시간표 구역 그림(127쪽 참조)을 기본으로 놓고, 교과의 시수 배당표 및 특별실 사용을 고려하여 배치한다. 또한 작업 중간에 교사의 시간표가 오류 없이 배치된 것인지 점검이 필요하다. 특히 2·3학년 과목을 다 가르쳐야 하는 교사의 경우 같은 시간 구역에 그 과목들이 중복 배치되지 않도록 살피면서 교사 시간표를 짜야 한다. 이 작업을 잘해 놓아야, 이후 과목 시간표 배치도 효율적으로 구성할 수 있다.

교사코드	교사명	교실코드	담당교실	a1	a2	a3	b1	b2	b3	c1	c2	c3	d1
101	국어1												
102	국어2												
103	국어3			2고전	2고전	2고전							
104	국어4			2문학	2문학	2문학	2문학	2문학	2문학	2문학	2문학	2문학	2문학
105	국어5												
106	국어6						3화작	3화작	3화작				3화작
107	국어7			3화작	3화작	3화작				3교육학	3교육학		
108	국어8												
201	수학1												
202	수학2												
203	수학3			2수학1	2수학1	2수학1			2수학bd	2수학1	2수학1	2수학1	2수학1
204	수학4									2수학1fc			
205	수학5						2수학1	2수학1	2수학1	2기하	2기하	2기하	
206	수학6			3확통	3확통	3확통	3확통	3확통	3확통	3확통	3확통	3확통	3확통
207	수학7			3미적분	3미적분	3미적분							
301	영어1												
302	영어2												
303	영어3												2영어1

갈매고 2020 학년도 교사 시간표 배치 파일 일부

교사 시간표는 교과별 시수 배당표 및 특별실 사용 등을 고려하여 배치한다. 또한 작업 중간에 오류 없이 배치된 것인지 점검이 필요하다. 이를 통해 과목 시간표도 효율적으로 구성할 수 있다.

과목 시간표 짜기

앞선 교사 시간표와 시간표 구역을 바탕으로 전체 과목을 배치하는 작업이다. 교사 시간표가 잘 구성되면, 시간표 구역에 과목을 배치해서 넣는 것은 그리 어렵지 않을 것이다. 그런데 간혹 시간표를 구성하다 보면 소수 학생이 신청한 과목 중에서 정작 신청한 학생들이 들을 수 없는 시간표 구역에 과목이 배치되는 경우가 있다. 예컨대 수강해야 하는 과목의 수업 시간이 서로 겹치는 식이다. 그런 경우에는 교사 시간표뿐만 아니라 과목 시간표도 함께 수정해야 한다. 이런 일을 예방하기 위해 보통 신청 학생 수가 많은 과목은 모든 시간표 구역에 골고루 배치한다. 또 같은 선택 영역에 속하여 한 학생이 동시에 선택할 가능성이 없는 과목들은 같은 시간 구역에 배치하도록 한다.

　과목 배치가 잘되지 않으면 학생이 수강 신청 과목을 입력하거나 학생 선택과목을 배치할 때 오류가 발생해서 자칫 전체 수정을 해야 하는 최악의 상황이 생길 수도 있다. 따라서 교사 시간표와 비교하면서 신중하게 짜야 한다.

　또 이 단계에서 학생들의 공강을 몇 시간으로 할지도 결정된다. 공강 시간은 학생들의 선택권과 개설된 과목에 따라 결정되는데, 선택권이 많고 개설된 과목이 많을수록 공강도 늘어나게 된다. 만약 공강이 없으면 과목 배치에 한계가 생기기 때문에 어쩔 수 없이 학생이 선택을 포기하고 수강 신청을 정정해야 하는 상황도 생길 수 있다. 학생의 성장을 위해 학생의 선택권을 보장하는 것이 고교학점제의 목적인 점을 고려한다면, 공강 시간을 무조건 없애 학생 선택권을 제한하기보다는, 공강 시간을 어떻게 잘 활용할 수 있는지에 관한 다양한 방안을 마련하고, 필요하다면 공강을 넣어서 학생의 선택권을 보장하는 것이 좋다고 본다.

　오른쪽 그림은(131쪽 참조) 갈매고에서 2학년 과목을 배치한 표의 일부를 제시한 것이다. 갈매고의 경우 과목마다 학기당 단위 수가 1~4단위까지 워낙 다양하여 복잡하게 과목이 배치되는 편이다. a구역에는 보통 3단위 수업이 배치되어 있는데 오른쪽 그림에 의하면 이 시간대에는 '문학', '고전읽기', '수학Ⅰ', '영어Ⅰ', '영미문학읽기', '사회문화', '물리학Ⅰ' 등의 과목이 배치되어 있다. 그중 '수학Ⅰ'은 4

과목코드	과목명	a1	a2	a3	b1	b2	b3	c1	c2	c3	d1	d2	d3	e1	e2	e3	f1		i1	i2	i3	j1
31	문학	a1	a2	a3	b1	b2	b3	c1	c2	c3	d1	d2	d3	e1	e2	e3	f1		i1	i2	i3	
32	고전읽기	a1	a2	a3																		
33	문예창작입문																					
34	수학1A	a1	a2	a3	b1	b2	b3	c1	c2	c3				ae			f1A			bi		
35	수학1B						bd	fc8			d1	d2	d3	e1	e2	e3	f1B			hi		
36	기하							c1	c2	c3				e1	e2	e3						j1
37	영어1A	a1	a2	a3	b1	b2	b3	c1	c2	c3	d1	d2	d3	e1	e2	e3	f1					
38	영어1B										d1	d2	d3									
39	영미문학읽기	a1	a2	a3																		
40	세계사										d1	d2	d3				f1					
41	동아시아사				b1	b2													i1	i2		j1
42	윤리와사상																f1		i1	i2	i3	j1
43	한국지리				b1	b2	b3	c1	c2	c3	d1	d2	d3									
44	국토순례																					
45	사회문화	a1	a2	a3	b1	b2	b3	c1	c2	c3	d1	d2	d3	e1	e2	e3						
46	사회문제탐구																		i1	i2	i3	
47	물리학1	a1	a2	a3				c1	c2	c3												
48	생명과학1																f1		i1	i2	i3	
49	화학1																f1					
50	지구과학1				b1	b2	b3				d1	d2	d3									j1

갈매고 2020학년도 과목 시간표 배치(일부)

갈매고의 경우 과목마다 단위 수가 1~4단위까지 워낙 다양하다 보니 과목이 다소 복잡하게 배치되는 편이다. 하지만 이는 단위학교마다 달라질 수 있다는 점을 감안한다.

단위 수업이다. 따라서 3단위 시간 구역과 1단위 시간 구역을 묶어서 배치해야 한다. 위의 배치표를 보면 'a구역(3시간)과 e1(1시간)' 구역에 배치했다. 앞선 시간표 구역으로 본다면 '수학 I A ae'[5] 수업은 월요일 3, 4교시와 수요일 3교시 그리고 목요일 4교시에 진행한다. 한편 같은 4단위인 '수학 I B bd' 수업은 'b3(1시간)구역+ d1, 2, 3(3시간) 구역'으로 배치되어 마찬가지로 주당 4시간씩 운영되는 식이다.

---

5. 같은 과목을 A, B로 구분한 것은 동 시간대에 다른 교사가 들어가는 것을 표시하기 위함.

학생 시간표에 선택과목 배치하기

각 시간 구역 a~k에 개설된 과목 중에서 학생의 신청에 따라 과목을 선택하고, 이를 학생 시간표에 배치하는 단계이다. 학생별 시간표를 만드는 실질적 단계라고 볼 수 있다. 즉 김○○이라는 학생이 a시간 구역에서는 어떤 과목을 수강할지, b시간 구역에서는 어떤 과목을 수강할지 구체적으로 과목을 선택해 배치하는 단계이다. 즉 모든 학생의 시간표에는 'a~k 구역'까지 과목이 다 선택되어 표시되어야 한다. 이렇게 학생 시간표에 과목을 배치하는 작업은 두 가지 방식으로 진행할 수 있다. 바로 교사가 과목을 배치하는 방식과 학생이 직접 배치하는 방식이다.

▶ 교사가 학생 대신 과목을 배치하는 방식

갈매고의 경우에는 시간표 담당 교사가 2·3학년 학생의 과목을 직접 배치하고 있다. 즉 학생들은 과목만 선택하고, 시간표 배치는 교사가 하는 것이다. 워낙 단위 수가 다양하고 과목 시간표가 복잡하기 때문에 학생들이 직접 표시해가며 선택하기에 어려움이 있다 보니 이러한 방식으로 운영하고 있다. 이 방법의 장점은 아무래도 담당 교사가 각 과목반의 인원수를 조절해 가면서 학생을 직접 배치할 수 있고, 같은 반 수업을 들으면 곤란한 학생들을 분리해서 따로 배치할 수 있다는 점이다. 또한 작업 중간에 생긴 오류, 예컨대 과목 시간 배치가 잘못되는 바람에 학생이 신청한 과목을 들을 수 없게 된 경우 등에 대해서도 즉각적인 대처가 가능하다. 단점은 역시 담당 교사의 노력과 시간이 그만큼 많이 들어간다는 점이다.

▶ 학생이 직접 과목을 배치하는 방식

도봉고의 경우는 학생이 직접 각 구역에서 과목을 선택하게 했다.[6] 학생들이 직접 선택하면 담임교사가 데이터 파일에 수집한 수강 신청 정보를 입력한 후에 담당자에게 보낸다. 담당자가 파일을 모으면 각 과목당 신청 인원수가 나오게 되는데, 이후에는 한 반당 적정 인원수를 고려하여 담당 교사가 직접 조정한다. 예컨대 학교폭력과 같은 사유로 같은 반에서 수업을 들으면 안 되는 학생끼리 같은 반 수업을 신청한 경우, 시간표 담당 교사가 조정하고 학생이 옮긴다. 또한 관리가 힘든 학생들이 유독 많이 몰린 수업 반이라면 이들을 같은 수업 다른 반으로 흩어놓는 작업도 담당 교사가 수행한다.

다만 이렇게 특정 학생이 자신의 수강 신청과 다른 반으로 옮겨야 하는 경우, 어쩔 수 없이 담당 교사가 학생을 설득해야 하는 어려움이 있다. 게다가 기왕이면 친한 친구와 같이 수업을 들으려 하는 것이 인지상정이다. 그래서 일부러 친한 친구들과 비슷하게

---

6. 2018년 기준

시간표를 맞춰 짠 것인데, 수강 신청 인원 조정 및 기타 이유로 본인이 신청한 시간대가 아닌 다른 시간대의 과목을 들으라고 하면 꽤 강하게 반발할 수 있다. 예컨대 문학 a반에서 문학 b반으로 이동해야 한다고 하면 "왜 하필 저예요?" 하며 쉽게 수긍하지 않기도 한다. 이런 학생들을 달래서 시간표를 조정해야 하는 교사는 당연히 어려움을 겪을 수밖에 없다. 비록 이런 어려움이 있기는 하지만, 장점도 있다. 학생들이 직접 자신의 시간표를 짜니 학생 스스로 자신의 과목 선택이나 진로에 관한 고민이 깊어지는 계기가 마련되고, 또 처음부터 끝까지 교사가 직접 배치하는 것보다는 훨씬 품이 덜 들어간다는 점이다.

학생 시간표 입력하기

각 학생이 선택한 과목 배치가 끝나고 파일에 학생 데이터를 입력하는 과정이다. 데이터를 입력하는 파일은 2018년 도봉고에서 받은 엑셀파일을 기반으로 했다. 과목에 따라 과목 코드 번호를 부여하고 학생이 신청한 내용을 담임교사가 입력하면 교육과정부에서 이를 수합한다. 과목 코드는 시간표 담당자가 원하는 대로 정하면 된다. 파일에 수식이 연결되었기 때문에 학생이 신청한 과목의 코드를 입력하면 신청한 과목명이 바로 옆에 뜬다.

오른쪽 그림(135쪽 참조)은 갈매고의 수강 신청 내용 입력 파일의 일부이다. 그림에서도 볼 수 있지만, '운동과 건강'과 '세계시민'

학년	반	번호	이름	시간구획	과목코드	과목명
1	01	01		a1	54	운동과 건강+세계시민
1	1	1		a2	54	운동과 건강+세계시민
1	1	1		a3	54	운동과 건강+세계시민
1	1	1		b1	50	지구과학1
1	1	1		b2	50	지구과학1
1	1	1		b3	50	지구과학1
1	1	1		c1	34	수학1A
1	1	1		c2	34	수학1A
1	1	1		c3	34	수학1A
1	1	1		d1	31	문학
1	1	1		d2	31	문학
1	1	1		d3	31	문학
1	1	1		e1	45	사회문화
1	1	1		e2	45	사회문화
1	1	1		e3	45	사회문화
1	1	1		f1	42	윤리와사상
1	1	1		f2	42	윤리와사상
1	1	1		f3	42	윤리와사상
1	1	1		g1	60	중국어1
1	1	1		g2	60	중국어1
1	1	1		g3		
1	1	1		h1	37	영어1A
1	1	1		h2	37	영어1A
1	1	1		h3	37	영어1A

갈매고 학생 수강 신청 내용 입력 파일 예시

과목 배치가 끝나면 파일에 학생들의 수강 신청 데이터를 수식이 연결된 데이터 파일에 입력한다. 과목별 코드를 부여해야 하는데 이건 시간표 담당자가 원하는 대로 작성하면 된다. 전 학생이 필수로 수강하는 학교 지정과목은 2과목을 묶어서 하나의 코드로 잡기도 한다.

의 과목코드가 하나로 묶여 있다. 사실 이 두 과목은 갈매고의 학교 지정과목으로 모든 학생이 필수로 수강해야 한다. 그래서 시간표 담당자가 이 두 과목을 묶어 한꺼번에 54번으로 과목 코드를 부여한 것이다. '운동과 건강'은 한 학기 2단위 수업이고, '세계시민'은 한 학기 1단위 수업이라 함께 묶으면 3단위로 운영하는 시간 구역(블록)에 쉽게 넣을 수 있기 때문이다.

시간표 담당자가 개설된 모든 과목의 코드를 부여한 후에는 학생이 각 구역에 수강 신청한 과목을 입력한다. 예를 들면 1학년 1반 1번 학생의 경우 b구역의 '지구과학 I' 과목을 신청했고, 이 과목은 3단위 수업이다. 그래서 b 구역에 해당되는 b1, b2, b3에 '지구과학 I'의 과목코드인 50번을 입력한다. 앞서도 언급했지만, 갈매고는 과목별 단위 수가 1~4단위까지 다양하기 때문에 구역을 a1, a2, a3 식으로 세분화한 것이다. 하지만 이 파일을 제공해준 도봉고의 경우는 과목별 단위 수를 통일했기 때문에 구역을 a, b, c로만 나누었다. 만약 과목별 단위 수가 모두 같은 경우라면 도봉고처럼 a, b, c로만 구역을 나누면 된다.

시간표 담당자가 직접 학생을 배치하는 경우에는 담당자가 학생을 배치한 후 파일을 작성한다. 그러나 학생이 직접 각 구역에서 과목을 선택하는 경우에는 학생의 수강 신청서를 바탕으로 담임교사가 작성해서 시간표 담당자에게 보내준다.

시간표 담당자는 담임교사가 보내준 파일 혹은 자신이 작성한 파일을 모아서 '과목 선택 데이터 처리 파일'에 값을 입력한다. 파일의 입력값이 정확하면, 그대로 값을 복사해서 모든 반의 데이터를 넣어주기만 하면 된다. 이 과정이 끝나면 각 과목, 각 반의 학생 수가 산출된다.

과목코드	과목명	구획	a1	a2	a3	b1	b2	b3	c1	c2	c3	d1	d2	d3	e1	e2	e3	f1	f2	f3	g1	g2	g3	h1	h2	h3	i1	i2	i3	j1	j2	j3	k1	k2
31	문학	i1	31	31		26	26	26	27	27	27	28	28	28	29	29	29	27	27	27	21	21	21	29	29	29	21	21	21					
32	고전읽기		19	19	19																													
33	문예창작입문																																14	14
34	수학1A	a1	30	30	30	24	24	24	28	28	28				30				23		31	31	31			23		24					28	31
35	수학1B								25	25		25	25	25	31	31	31	25	25		22	22	22		22									31
36	기하								26	26	26				28	28	28										20	20	20					
37	영어1A	b1	31	31	31	24	24	24	27	27	27	25	25	25	30	30	30	27	27	27	21	21	21	28	28	28								
38	영어1B											26	26	26																				
⋮																																		
50	지구과학1					25	25	25				24	24	24													24	24	24					
51	과학과제연구																								21	21	18	18						
52	과학사	e2	23	23											30	30																	15	15
53	융합과학탐구																									16								19
54	노동과 건강+세계시민	d1	31	31	31	26	26	26	27	27	27	27	27	27	29	29	29	26	26	26	22	22	22	28	28	28	23	23	23					
55	체육전공실기기초	k1																															25	25
56	음악연주																							24	24									
57	미술창작																							17	17									
58	일본어1							27								27					35	35		35	35									
59	일본문화					34	34																			24		24						
60	중국어1	g1																			23	23			27	27							19	19
61	중국문화	h1																						17			31	31	17					
62	공학일반	j1																						29	29	19				27	27	19	32	32
63	식물과 영양																										24	24					15	15
64	정보	h2								28	28					28	28							24	24		27	27						

과목별 수업반의 학생 수가 산출된 갈매고의 과목 선택 데이터

한 학생의 수강 신청 데이터가 처리된 파일의 내용 일부이다. 이 자료는 도봉고의 데이터 처리 파일을 활용한 것이다. 음영이 표시된 부분이 해당 학생이 선택한 수업반의 인원이고, 나머지 수업반의 수강 신청 인원수도 확인할 수 있다.

위의 그림은 갈매고의 어느 1학년 학생의 데이터가 처리된 파일 예시이다. 현재 각 반의 수강 신청 인원수가 표시되어 있다. 31번 코드인 '문학' 과목은 a구역부터 i구역까지 배치되어 있다. a 구역은 현재 31명, b 구역은 현재 26명, c 구역은 현재 27명이 수강 신청했다. 그리고 가상의 학생인 1학년 2반 5번은 음영으로 표시된 '문학i'반을 수강 신청했다. 그런데 위 그림에서 보면 알 수 있듯이 현재 다른 반에 비해 문학 g반과 i반은 인원수가 21명으로 상대적으로 적다. 또한 2단위인 '과학사'(52번 코드) 과목의 경우 e반은 30

명이고, k반은 15명으로 2배의 인원수 차이가 생긴다. 그런 경우 시간표 담당 교사가 각 반의 인원이 골고루 배정될 수 있도록 인원을 조절하여 학생을 이동시킨다.[7]

시간표 담당자가 직접 학생의 시간표를 배치한 경우에는 한 반씩 데이터를 입력하면서 수강 학생 수를 조절하면 된다. 그렇게 하면 작업 속도는 다소 느려질 수 있으나, 나중에 수강 학생 수를 한꺼번에 조절하는 번거로움은 한결 줄어든다. 학생이 직접 시간표를 짠 경우에는 담당자가 담임교사에게 입력 파일을 받아 모든 데이터를 입력한 후에 수강 학생 수를 조정한다.

수업반을 이동시킬 때에는 학생이 선택한 과목의 수강을 보장하는 것이 전제이다. 따라서 무조건 수업반의 인원수를 균등하게 맞추는 것보다는 옮긴 구역('과학사'를 예로 들면 인원이 많은 e반에서 수강인원이 적은 k반으로 옮겨야 할 때)에 학생이 기존에 신청한 과목이 있는지 살펴야 한다. 왜냐하면 혹시 그 구역에 있는 다른 과목을 신청했을 수도 있기 때문이다. 이 학생의 경우도 이미 K구역에는 '체육전공실기기초'(55번 코드) 과목이 선택되어 있으므로 '과학사' 수업반을 k반으로 옮길 수 없다. 이처럼 수업반을 조정할 때는 인원수보다는 **학생의 수강권**을 보장할 수 있는지 등이 우선적으로 고려되어 조정해야 한다.

---

7. 앞서도 잠깐 언급한 것처럼 수업반을 이동시킬 때 이에 반발하는 학생도 있다.

학생 시간표 출력하기

학생별 수강 신청과 과목 배치가 완료되면 실질적인 시간표 작업은 모두 끝난 것이다. 이후에는 완료된 데이터를 시간표로 출력하는 작업만 남는다. 학생의 시간표에는 과목과 함께 이동해야 하는 교과교실도 표시해야 하므로, 각 과목의 수업이 이루어지는 교과교실을 먼저 배치한다. 그리고 교과교실 배치가 완료되면 과목과 함께 수업 교실을 데이터에 입력한다. 입력할 내용으로는 수강반

과목코드	과목명	시간구획	분반	수강반명칭	교사명	표시교실명
31	문학	a		2-문학A1		204호 국어교실
31	문학	a		2-문학A2		204호 국어교실
31	문학	a		2-문학A3		204호 국어교실
31	문학	b		2-문학B1		204호 국어교실
31	문학	b		2-문학B2		204호 국어교실
31	문학	b		2-문학B3		204호 국어교실
31	문학	c		2-문학C1		204호 국어교실
31	문학	c		2-문학C2		204호 국어교실
31	문학	c		2-문학C3		204호 국어교실
31	문학	d		2-문학D1		204호 국어교실
31	문학	d		2-문학D2		204호 국어교실
31	문학	d		2-문학D3		204호 국어교실
31	문학	e		2-문학E1		204호 국어교실
31	문학	e		2-문학E2		204호 국어교실
31	문학	e		2-문학E3		204호 국어교실
31	문학	f		2-문학F1		204호 국어교실
31	문학	f		2-문학F2		204호 국어교실
31	문학	f		2-문학F3		204호 국어교실
31	문학	g		2-문학G1		204호 국어교실
31	문학	g		2-문학G2		204호 국어교실
31	문학	g		2-문학G3		204호 국어교실
31	문학	h		2-문학H1		204호 국어교실
31	문학	h		2-문학H2		204호 국어교실
31	문학	h		2-문학H3		204호 국어교실

수업과 교과교실 데이터 입력 예시

과목 배치가 끝나면 사실상 시간표 작업은 마무리 단계이다. 다만 시간표에 과목에 따른 교과교실도 함께 표시해주어야 한다. 먼저 배치해둔 과목별 교과교실을 데이터에 입력한다.

과목 코드, 과목명, 시간 구획, 분반 여부, 수강반 명칭, 교실명이 있다. 이렇게 데이터를 입력해 놓으면, 학생이 수강 신청한 데이터를 넣으면 앞선 139쪽의 그림과 같이 과목과 교실이 바로 연동되어 나타나게 된다.

▸ 파일에 수강 신청 값을 복사하고 데이터 정리하기

기본 데이터 작업을 한 후 기존에 작성한 데이터 파일에서 학생들의 수강 신청한 값을 복사해서 파일에 붙여넣으면 아래의 그림과 같이 시간표 출력을 위한 원본 파일이 만들어진다. 이 파일 역시 도봉고에서 시간표 작업을 할 때 사용하는 파일을 활용해서 작성한 것임을 밝힌다. 다만 앞서도 언급한 것처럼 갈매고는 도봉고와 달리 과목별 단위 수가 다양하기 때문에 각 구역을 시간 단위

신학번	신학년	신반	신번호	이름	a1 과목	a1 교실	a2 과목	a2 교실	a3 과목	a3 교실	b1 과목	b1 교실
21A02	2	1	2		운동과 건강	314호 체육관	운동과 건강	314호 체육관	세계시민	304호 역사교실	지구과학1	405호 과학교실
26A01	2	6	1		물리학1	406호 과학교실	물리학1	406호 과학교실	물리학1	406호 과학교실	수학1A	304호 수학교실
26A02	2	6	2		문학	204호 국어교실	문학	204호 국어교실	문학	204호 국어교실	영어1A	403호 영어교실
22A02	2	2	2		사회문화	220호 사회교실	사회문화	220호 사회교실	사회문화	220호 사회교실	문학	304호 국어교실
22A03	2	2	3		과학사	405호 과학교실	과학사	405호 과학교실	#N/A	#N/A		
27B21	2	16	1		고전	201호 국어교실	고전	201호 국어교실	고전	201호 국어교실	일본문화	202호 중부어교실
28A02	2	8	2		고전	201호 국어교실	고전	201호 국어교실	고전	201호 국어교실	일본문화	202호 중부어교실
24A05	2	4	5		영어1A	403호 영어교실	영어1A	403호 영어교실	영어1A	403호 영어교실	문학	204호 국어교실
25A03	2	5	3		사회문화	220호 사회교실	사회문화	220호 사회교실	사회문화	220호 사회교실	일본문화	202호 중부어교실
22A05	2	2	5		과학사	405호 과학교실	과학사	405호 과학교실	#N/A	#N/A		
26A08	2	6	8		운동과 건강	314호 체육관	운동과 건강	314호 체육관	세계시민	304호 역사교실	한국지리	306호 지리교실
28A05	2	8	5		문학	204호 국어교실	문학	204호 국어교실	문학	204호 국어교실	일본문화	202호 중부어교실
24B27	2	13	7		운동과 건강	314호 체육관	운동과 건강	314호 체육관	세계시민	304호 역사교실	문학	304호 국어교실
27B02	2	7	2		과학사	405호 과학교실	과학사	405호 과학교실	#N/A	#N/A	일본문화	202호 중부어교실
23A08	2	3	8		영어1A	403호 영어교실	영어1A	403호 영어교실	영어1A	403호 영어교실	일본문화	202호 중부어교실

학생 시간표 데이터 처리를 위한 원본 파일 일부 예시
학생별로 선택한 과목과 교과교실이 표시된 파일이다. 군데군데 보이는 '#N/A'는 시간표상 공강 시간을 의미한다.

로 쪼개어서 배치했다. 즉 a 구역을 a1, a2, a3로 표시하는 식이다. 학생들에게 시간표를 배부하는 2월에는 과목 담당 교사가 아직 정해지지 않은 경우가 많다는 것을 고려해 담당 교사는 빼고 교실만 시간표에 나타나도록 파일을 수정했다. 왼쪽 그림에서(140쪽 참조) '#N/A'가 표시된 구역은 데이터가 없다는 의미, 즉 수강 신청 내역이 없다는 뜻이므로, 그 학생의 시간표상에서 공강 시간에 해당한다. 이 데이터를 그대로 복사한 후 값 붙여넣기를 해서 메일머지가 가능한 데이터 파일로 만든다. 이때에는 시간표로 출력될 한글파일에 맞춰 데이터를 정리한다. 즉 공강은 빈칸으로 남기고 학생의 학번만 필요한 경우에는 그것만 표시되도록 셀을 조정한다. 이는 각 학교에서 필요한 내용으로 구성해서 제시하면 된다. 만약 공강 시간에 어떤 장소에서 학생이 시간을 보낼지 공강 운영 계획이 확정되었다면 그것도 반영해서 시간표에 넣으면 좋다. 이 데이터는 필터 기능을 사용하면 각 수업의 출석부 및 공강 시간 출석부를 만드는 것에도 활용할 수 있다.

▶ 데이터 파일의 메일머지 저장 및 시간표 출력

다음의 그림(142쪽 상 참조)과 같이 메일머지에 사용될 데이터 파일이 완성되면 메일머지가 가능한 형식으로 저장한다. 그리고 한글프로그램에서 출력될 시간표 형식을 만든다. 한글파일은 메일머지가 될 수 있도록 작성한다. 처음에 작성했던 타임테이블을 그

신학	신반	신번	a1	a1-1	a2	a2-1	a3	a3-1	b1	b1-1	b2	b2-1
2	1A	1	수학1A	421호 수학교실	수학1A	421호 수학교실	수학1A	421호 수학교실	사회문화	220호 사회교실	사회문화	220호 사회교실
2	1A	2	운동과 건강	314호 체육관	운동과 건강	314호 체육관	세계시민	304호 역사교실	지구과학1	405호 과학교실	지구과학1	405호 과학교실
2	1A	3	운동과 건강	314호 체육관	운동과 건강	314호 체육관	세계시민	304호 역사교실	한국지리	306호 지리교실	한국지리	306호 지리교실
2	1A	4	문학	204호 국어교실	문학	204호 국어교실	문학	204호 국어교실	전문학습공간자기주도	304호 역사교실	전문학습공간자기주도	304호 역사교실
2	1A	5	수학1A	421호 수학교실	수학1A	421호 수학교실	수학1A	421호 수학교실	문학	204호 국어교실	문학	204호 국어교실
2	1A	6	물리학1	409호 물리교실	물리학1	409호 물리교실	물리학1	409호 물리교실	지구과학1	405호 과학교실	지구과학1	405호 과학교실
2	1A	7	영어1A	403호 영어교실	영어1A	403호 영어교실	영어1A	403호 영어교실	일본문화	303호 일본어교실	일본문화	303호 일본어교실
2	1A	8	과학사	413호 화학생물실	과학사	413호 화학생물실			수학1A	316호 수학교실	수학1A	316호 수학교실
2	1A	9	물리학1	409호 물리교실	물리학1	409호 물리교실	물리학1	409호 물리교실	한국지리	306호 지리교실	한국지리	306호 지리교실
2	1A	10	물리학1	409호 물리교실	물리학1	409호 물리교실	물리학1	409호 물리교실	영어1A	403호 영어교실	영어1A	403호 영어교실
2	1A	11	사회문화	220호 사회교실	사회문화	220호 사회교실	사회문화	220호 사회교실	일본문화	303호 일본어교실	일본문화	303호 일본어교실
2	1A	12	운동과 건강	314호 체육관	운동과 건강	314호 체육관	세계시민	304호 역사교실	지구과학1	405호 과학교실	지구과학1	405호 과학교실
2	1A	13	수학1A	421호 수학교실	수학1A	421호 수학교실	수학1A	421호 수학교실	문학	204호 국어교실	문학	204호 국어교실
2	1B	1	고전	201호 국어교실	고전	201호 국어교실	고전	201호 국어교실	운동과 건강	314호 체육관	운동과 건강	314호 체육관
2	1B	2	영어1A	403호 영어교실	영어1A	403호 영어교실	영어1A	403호 영어교실	지구과학1	405호 과학교실	지구과학1	405호 과학교실
2	1B	3	물리학1	409호 물리교실	물리학1	409호 물리교실	물리학1	409호 물리교실	운동과 건강	314호 체육관	운동과 건강	314호 체육관
2	1B	4	사회문화	220호 사회교실	사회문화	220호 사회교실	사회문화	220호 사회교실	운동과 건강	314호 체육관	운동과 건강	314호 체육관
2	1B	5	사회문화	220호 사회교실	사회문화	220호 사회교실	사회문화	220호 사회교실	일본문화	303호 일본어교실	일본문화	303호 일본어교실
2	1B	6	고전	201호 국어교실	고전	201호 국어교실	고전	201호 국어교실	문학	204호 국어교실	문학	204호 국어교실
2	1B	7	운동과 건강	314호 체육관	운동과 건강	314호 체육관	세계시민	304호 역사교실	문학	204호 국어교실	문학	204호 국어교실

메일머지에 사용될 학생 수강 신청 데이터 파일 일부

공강 시간은 빈칸으로 남겨두고, 학생의 학번만 남기는 등 셀들을 정리하여 한글 메일머지를 이용해 시간표로 출력할 수 있게 데이터를 정리한다.

대로 적용해서 만들면 된다. 아래 그림 중 오른쪽 그림에서 교시마다 '-1'이 들어간 2번째 칸은 교과교실이 입력될 곳이다.

타임테이블	월	화	수	목	금
1교시	j1	k1	g1	c1	f1
2교시	j2	k2	g2	c2	f2
3교시	a1	d3	a3	g3	b3
4교시	a2	d2	c3	e1	h3
5교시	f3	b1	i3	e2	e3
6교시	d1	h1	j3	i1	청체
7교시	k2	h2	학급자치	i2	청체

교시	월	화	수	목	금
1교시	{{g1}}	{{k1}}	{{g1}}	{{c1}}	{{f1}}
	{{g1-1}}	{{k1-1}}	{{g1-1}}	{{c1-1}}	{{f1-1}}
2교시	{{g2}}	{{k2}}	{{g2}}	{{c2}}	{{f2}}
	{{g2-1}}	{{k2-1}}	{{g2-1}}	{{c2-1}}	{{f2-1}}
3교시	{{a1}}	{{d3}}	{{a3}}	{{g3}}	{{b3}}
	{{a1-1}}	{{d3-1}}	{{a3-1}}	{{g3-1}}	{{b3-1}}
4교시	{{a2}}	{{d2}}	{{c3}}	{{e1}}	{{h3}}
	{{a2-1}}	{{d2-1}}	{{c3-1}}	{{e1-1}}	{{h3-1}}
5교시 6교시 7교시			⋮		

처음에 작성한 타임테이블 / 메일머지가 적용될 한글파일

타임테이블(시간구역배치)과 메일머지가 적용될 한글파일 예시

이제 한글 메일머지가 적용될 수 있도록 엑셀파일을 저장하면 된다. 처음 작성된 시간구역배치(좌)와 비교해보니 학생별 시간표가 완료된 것을 알 수 있다. 각 교시의 '-1'이 들어간 2번째 칸에 교과교실이 표시된다.

이렇게 메일머지가 적용되고 나면 전교생 학생 시간표 파일이 완성된다. 아래의 그림은 드디어 완성된 학생 시간표이다. 이 그림에서 보면 조금 전에 설명한 것처럼 시간표에는 각 시간 구역에 신청한 과목과 해당 수업이 이루어지는 교과교실이 함께 표시되

2020학년도 학생 개별 시간표

신학년: 3 신반: 1 신번호: 7 이름: 홍길동

교시	월	화	수	목	금
1교시	창작활동(음악)	음악감상과비평	정보처리와관리	교육학	영어2
	510호 음악교실	510호 음악교실	307호 컴퓨터교실	202호 국어교실	404호 영어교실
2교시	창작활동(음악)	음악감상과비평	철학	교육학	영어2
	510호 음악교실	510호 음악교실	206호 윤리교실	202호 국어교실	404호 영어교실
3교시	언어와 매체	정치와 법	언어와 매체	텃밭가꾸기	스포츠생활
	202호 국어교실	219호 사회교실	202호 국어교실	510호 음악교실	314호 체육관
4교시	언어와 매체	정치와 법		동아시아사	생활과과학
	202호 국어교실	219호 사회교실		305호 역사교실	406호 과학교실
5교시	영어2	중국어회화1	확률과 통계	동아시아사	동아시아사
	404호 영어교실	303호 중국어교실	317호 수학교실	305호 역사교실	305호 역사교실
6교시	정치와 법	생활과 과학	창체진로B	확률과 통계	창체
	219호 사회교실	406호 과학교실	202호 국어교실	317호 수학교실	
7교시	중국어회화1	생활과 과학	학급자치	확률과 통계	창체
	303호 중국어교실	406호 과학교실		317호 수학교실	

완성된 학생 개인별 시간표
학생별로 완성된 시간표에는 각 시간 구역에 신청한 과목과 수업이 이루어지는 교과교실이 함께 표시된다. 이 시간표에 기재된 이름, 학년과 반, 번호는 실제 학번이 아니라 임의로 변경한 것임을 밝힌다.

어 있다. 시간표에서 비어 있는 칸은 공강 시간을 의미한다. 학생들은 이 시간표에 따라 각 수업이 이루어지는 교과교실로 이동하면서 수업에 참여한다.

고교학점제 연구학교를 처음 시작하면서 기존의 학교와는 많은 점에서 달라질 것이라고 예상하며 마음의 준비를 했다. 하지만 막상 다양한 과목의 개설을 중심으로 한 변화 속에서 크고 작은 난관을 겪어야 했다. 특히 가장 낯설고 큰 벽으로 느껴졌던 것은 뭐니 뭐니 해도 시간표 작업이었다.

외부업체 프로그램을 사용해서 시간표를 만들 수 없다는 사실을 알게 되었을 때, 최악의 경우 2월에 모든 학생의 수강 신청을 다시 받을 각오까지 했다. 그런 절박한 마음으로 다른 학교의 여러 사례들을 탐색했는데, 다행히도 이미 개방형 교육과정 및 자유수강제를 운영 중인 학교들이 있어 큰 도움을 받을 수 있었다. 생각보다 많은 학교에서 다양한 과목을 개설하고, 학생의 선택에 따라 이동 수업을 하면서 고교학점제를 잘 운영하고 있었다. 그리고 그런 선구적 학교들이 있어준 덕분에 갈매고도 위기에서 벗어나 돌파구를 찾을 수 있었다고 생각한다.

다만 이제는 어느 특정한 학교의 방식을 그대로 도입해서 시간표를 작성하기는 어려워졌다. 왜냐하면 이미 각 학교가 학교별 특색에 맞게 저마다 다른 과목을 개설하고, 그만큼 다양한 선택 방식을 사용하고 있기 때문이다. 따라서 시간표 작성에 있어 어떤 하나의 방식이 정답이라고 말할 수는 없다. 다만, 단위학교의 교육과정에 맞는, 아울러 학생의 과목 선택권을 존중하고 보장하면서도 효율적인 방법으로 시간표를 작성할 수 있도록 다양한 사례를 접하고 응용해보려는 노력은 필요하다고 본다. 물론 교육부 프로그램이든 외부 프로그램이든 더 나은 프로그램이 개발되어 모든 고등학교의 편제에 따른 시간표 작업이 가능해져야 한다. 더 이상 시간표 작업의 어려움을 이유로 학생 선택권에 제약을 주어서는 안 된다. 또한 특정 교사의 업무 과중으로 이어져서도 안 될 것이다.

과목 선택권을 확대하여
자발적 수업 참여를 높이고
학력 격차를 해소하다

학교유형	일반고	설립	2017년
지역	서울/수도권	지방광역시	농산어촌

학급 수			교원 수	학생 수 (2022년 3월 기준)		
총 27개 학급			총 59명 남 13명 여 46명	총 637명		
1학년	2학년	3학년	교원 1인당 학생 수	1학년	2학년	3학년
9	9	9	12.2명	217명	216명	204명

학생 맞춤형 교육과정 운영을 통해
학생 간 격차 해소를 도모하다

이 장에서는 앞서 3장에서 학생 맞춤형 시간표 작성과 관련해서 소개했던 갈매고등학교(이하 갈매고)의 교육과정 편성 및 운영 사례에 관해 계속해서 살펴보려고 한다.

갈매고는 경기도 구리시 갈매동에 형성된 신도시에 위치한 학교이다. 2017년에 개교했으며, 2020년 2월에 첫 졸업생을 배출했다. 1·2·3학년 각 9개 학급으로 총 27개의 행정 학급이 있으며, 교장과 교감을 제외한 교사 수는 59명(연구학교 추가 인원 1명 포함)이다.

갈매고가 있는 구리·남양주 지역은 고교 비평준화 지역으로 이곳 학생들은 중학교 내신성적 순에 따라 원하는 고등학교를 지망해서 진학하는데, 신설된 학교일수록 학생의 선호도가 낮은 편이다. 아무래도 교육 기반을 마련하는 데 오랜 시간이 걸리기 때문일 것이다. 나아가 입시 결과를 비롯해 학교에 대한 누적된 데이터가 없는 것도 선호도가 낮은 주요 이유이다.

높은 학력 격차와 생활지도에 따른 피로감, 어떻게 해소할 것인가?

개교한 지 얼마 되지 않아 신설 학교에 속하는 갈매고 역시 지역 학생들의 선호도가 낮은 편이었다. 게다가 구리시에서 보면 위치상으로도 주 도심에서 많이 떨어진 외곽에 있는 탓에 교통도 썩 좋

지 않은 편이다. 또한 구리시 갈매동의 중학생 수가 적다 보니 갈
매동 전체에서 갈매고에 올 수 있는 학생 수는 5~6개 학급 정도를
채울 수 있는 데 불과했다. 그런데 신입생은 9개 학급을 모집하다
보니 최소 3~4개 학급은 인근 지역이 아닌 관내 다른 지역에서 모
집된 학생들로 구성되어 원거리 통학생이 많은 편이다. 특히 이
런 학생 중에는 중학교 내신 성적이 낮아서 인근 학교에 가지 못
해 어쩔 수 없이 갈매고로 온 경우도 있다. 반대로 대입에서 유리
하도록 높은 내신을 기대하고 온 학생들도 다수 있어 학생들 간의
학력 격차도 상당히 큰 편이다.

학생들의 수업 참여도와 학교생활 성실도를 높여라

이런 복잡한 여건이 뒤섞인 상황 속에서 수업을 진행하려니 개교
때부터 어려움이 많았다. 학력이 낮은 학생들은 자존감과 학습동
기도 비교적 낮은 편이었고, 그저 출석 일수나 채워서 고등학교
졸업장만 따겠다는 데 목표를 두고 슬렁슬렁 학교생활을 했다. 한
편 학력이 높은 학생들은 수업에 관심이 없고 수업을 방해하기 일
쑤인 학생들로 인해 받게 되는 스트레스로 힘들어했다. 이처럼 중
위권이 없이 학생들의 학력 수준이 양극단으로 나뉘다 보니 교사
들은 수업을 대체 어디에 맞춰 진행해야 할지 혼란스러워했고, 학
생들의 생활지도만으로도 피로도가 높게 쌓이는 형편이었다.

갈매고의 초대 교장이었던 김주영 교장은 이런 어려움을 극복

하기 위해 2017년에 교직원들에게 혁신학교와 고교학점제 연구학교 운영을 제안했다. 학생중심 교육활동과 교육과정을 운영하여 학생들의 수업 참여도 및 학교생활 성실도를 높여보고자 한 것이다. 당시에 교직원들 투표 결과 혁신학교 찬성은 저조한 반면, 고교학점제 연구학교에 대한 찬성은 높아 2018년부터 고교학점제 연구학교를 우선 시작했다. 그런데 막상 고교학점제 연구학교를 운영하면서 수업 개선과 교사 학습공동체가 중요하다는 인식이 높아져 2019년부터는 혁신학교도 같이 운영하고 있으며, 다양한 융합 수업을 기반으로 한 **레인보우 메이커 학교**[1]도 운영하고 있다. 추진하는 사업이 많아 교사들의 노력과 헌신이 많이 들어가는 것도 사실이지만, 교육과정 다양화와 함께 학생들에게 유의미한 교육활동을 다양하게 제공하려는 학교의 노력으로 보인다.

실제 갈매고는 혁신학교, 레인보우 메이커 학교가 고교학점제와 함께 어우러져 학생들의 진로 탐색 및 수업 참여 역량을 높이는 데 많은 도움을 주고 있다. 혁신학교의 교육가치를 담아 민주시민, 세계시민 역량 강화 교육을 하는 한편, 레인보우 메이커 학교 활동을 통해 사용자 주도로 메이커 공간을 만들고, 관련 수업 및 동아리를 개설해서 운영하고 있다. 또한 혁신학교 운영을 하

---

1. 학생들이 미래사회에 필요한 의사소통이나 공학기술, 문제해결 등의 다양한 역량을 키울 수 있도록 학교 안에 자유로운 상상과 창작 활동이 가능한 '메이커 공간'을 구축해놓은 학교를 말한다.

| 표 4-1 | 갈매고등학교 특성 SWOT분석

· 열정과 역량을 갖춘 교원 · 다양한 학생중심 프로그램 운영 · 혁신학교/고교학점제 연구학교/레인보우메이커학교의 병행 운영 · 현대적이고 깨끗한 학교시설	S 강점	W 약점	· 짧은 학교역사로 학교 인지도 낮음 · 자존감과 학습동기가 낮은 학생 · 여러 중점사업으로 교사의 업무 과중 · 학부모의 사회·경제·문화적 편차 큼 · 구리 지역에서 통학하기에 교통이 좋지 않음
· 성장 가능성이 큰 학생 · 교육활동에 대한 학교 의존도 높음 · 교육에 관심이 많은 구리혁신교육지구 · 인근 전철역으로 남양주 지역에서의 학교 접근성 편리	O 기회	T 위협	· 학업중단위기 학생 비율 높음 · 원거리 통학생이 많음 · 많은 학생 사안으로 교사 피로도 증가 · 학부모의 교육 지원 저조

면서 교사 전문적 학습공동체가 활성화되었고, 배움중심 수업나눔 활동이 꾸준하게 이루어지고 있다. 이런 다양한 노력이 이루어지는 가운데 학교에 대한 학생과 학부모의 긍정적 인식도 점점 더 높아지고 있으며, 갈매동 지역의 고등학생 수도 차츰 늘어나고 있어 학생 모집의 어려움은 차츰 줄어들 것으로 보인다. 갈매고의 상황을 분석한 내용은 표 4-1, 4-2[2]와 같다.

---

2. 2020학년도 갈매고등학교 고교학점제 연구학교 운영보고서 4쪽

| 표 4-2 | 갈매고등학교 분석 전략

S - O 전략 (강점에서 기회 획득)	• 학생의 선택권 확보를 통한 학생 맞춤 선택형 교육과정 운영 • 지역사회연계 체험활동 프로그램 다양화
S - T 전략 (강점에서 위협 제거)	• 요구하는 학부모가 아니라 동행자로서의 학부모 위상 정립 • 자신의 권리에 따른 책임과 의무를 이해하고 실천할 수 있는 학생 맞춤형 책임교육 프로그램 운영
W - O 전략 (약점 보완으로 기회 활용)	• 학생 스스로 성찰하고 진로를 설계하는 성장 프로그램 운영 • 재원 확보를 통한 첨단 교육환경 구축
W - T 전략 (약점 보완으로 위협 제거)	• 기본에 충실하고, 서로를 존중하며, 과정이 즐거운 교육활동 운영 • 전문적 학습공동체 운영으로 교원의 전문성 강화 • 업무조직 재구조화를 통한 업무 효율성 확보 및 교사 업무 경감

고교학점제 운영을 위한 학교 업무조직을 재편하다

갈매고는 고교학점제에 맞춰 학교 시스템 전반을 개선하기 위해 여러 가지 노력을 기울였다. 하지만 그중 좀처럼 이견을 좁히지 못하여 많은 갈등을 보이는 영역이 바로 업무조직 편성이다.

학년부중심 체제, 그대로 유지할 것인가?

일반고등학교는 대부분 학년부를 중심으로 업무조직 체제가 편성되어 있다. 즉 1·2·3학년 담임들을 중심으로 한 학년부를 구성하고, 담임을 제외한 비담임을 중심으로 행정부서를 조직하는 식이다. 우리나라 고등학교는 오랜 시간 대입을 중심으로 학사일정이 돌아가고, 중점 업무는 당연히 대입 성과를 내기 위한 진학지도와 방과 후 수업, 야간자율학습 등이었다. 이러한 구조 속에서는 아무래도 학생들을 관리하는 데 용이한 학년부 체제가 가장 효율적이기 때문에 많은 학교들이 학년부를 중심으로 조직을 편성했던 것이다.

하지만 고교학점제는 이러한 운영방식과 맞지 않는다. 왜냐하면 개별 학생에 대한 진로지도, 교육과정 설계와 교과 개설, 학생들의 과목 선택 및 과목 이수지도 등과 같이 **교육과정**과 **교과**가 중심이 되는 교육 시스템이기 때문이다. 그러다 보니 교육과정과 수업, 평가와 관련된 부서에 업무가 많이 몰릴 수밖에 없다. 아울러 교육과정위원회와 교과협의회의 역할이 한층 더 중요해졌다.

갈매고는 2018년 혁신학교 운영 TF팀에서 업무조직 개편을 고민하면서 교과중심 업무 체제를 제안했다. 하지만 학교의 상황상 여전히 학생들에 대한 생활지도 업무가 과중한 편이고, 학년부는 모여 있어야 한다는 내부 의견이 워낙 많아서 학년부 체제는 현행 그대로 유지하기로 했다. 다만 교과 관련 부서를 2개 더 추가로 신설하는 것으로 일단락되었다.

업무 재구조화를 포함한 학교 시스템 전반의 변화 필요성

2019년에 본격적으로 선택형 이동 수업이 진행되자, 기존 시스템으로 운영하는 데 한계가 있음을 절감하게 되었다. 즉 학교 시스템 전반의 변화 필요성을 깨닫고, 효율적으로 운영하기 위한 업무 재구조화 방안을 새롭게 모색하게 된 것이다. 실제로 학생들이 계속 이동 수업을 하고, 학급별로 수업을 듣지 않기 때문에 학급의 구속력이 떨어지면서, 기존의 학급 관리 방식에 어려움이 생겼다. 또한 특정 부서의 업무가 가중되어 기존의 1~2명의 비담임만으로는 부서 운영이 어려워졌다. 방과 후 수업, 야간 자기주도학습이 줄어든 상황에서 학년부의 역할과 담임의 역할에 대한 재정의가

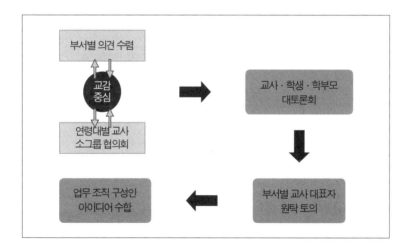

갈매고 업무 재구조화 의견 수렴 과정
선택형 이동 수업 진행과 함께 새로운 학교 시스템으로 변화해야 한다는 데 공감하고, 여러 방법으로 교사들의 의견을 수렴해 시스템을 변화해 나갔다.

필요하다는 의견이 나왔고, 교육과정중심의 업무 재구조화란 어떤 것이냐는 의문도 자발적으로 제기되었다. 이런 상황 속에서 학교가 무엇에 중점으로 두고 교육활동을 해야 하는지에 관한 견해 차이가 있어 여러 방법으로 교사들의 의견을 수렴하기로 했다.

의견 수렴의 방법은 153쪽의 그림처럼 교감을 중심으로 한 소규모 의견 수렴 회의, 교사·학생·학부모 대토론회, 조직 구성을 위한 교사 그룹별 대표자 대토론회, 업무 재구조화 방안 아이디어 수집의 네 단계로 진행되었다. 소규모 의견 수렴 회의는 1차는 부서별, 2차는 연령대별 협의회를 통해 교사마다 두 번씩 참여했으며 회의는 교감이 주재했다. 이 과정이 이루어지는 동안 혁신교육부를 중심으로 학생, 학부모, 교사의 대토론회가 진행되어 학생, 학부모의 의견도 수렴했다. 학생과 학부모의 의견은 대부분 업무 재구조화에 관한 내용보다는 학교의 교육 프로그램, 생활지도, 면학 분위기 조정 관련 요구가 많아서 이를 구체적인 업무 재배치에 반영하기로 했다. 다음은 교사 대토론회 때 2020년의 업무 방향에 관한 논의과정에서 나온 교사들의 의견 중 일부이다.

- 담임제도에 대한 정비 필요. 담임의 역할 개념 정의 필요
- 담임이 하는 생활지도에 대한 개념을 다르게 정의해야 함. 담임의
  수업을 듣지 않는 상황에서 담임의 역할이 제한적임
- 멘토 담임제, 소인수 담임제 도입이 중요함

- 출결 체크를 앱을 통해 학부모에게 전달하는 방법(LMS시스템 필요)

- 교과교실 담당자가 교실 관리를 하고 청결 부분까지 책임지는 것이
  필요함(현재 담임교사가 아이들을 데리고 청소시키기엔 무리가 많다)

- 수강 신청 프로그램 사용이 가능하길 바람

- 배움터지킴이, 학교 공익 등 인력 지원 필요

- 생활지도보다 교과지도중심으로 교사의 역할 강화 필요 [3]

구성원 간의 논의를 통해 정한 업무 재구조화의 방향

세 번째 원탁 토의 시간에 교감은 회의 때 나온 내용을 정리하여 발제했다. 원탁 토의는 부서별로 1~2명의 대표교사가 참여했으며, 협의회에 나온 내용을 바탕으로 조직의 구성 방향에 대해 협의했다. 부서별 대표자 원탁 토의를 통해서 정한 업무 재구조화의 방향은 다음과 같다.

- 소인수 담임제를 실시하고, 소인수 담임제는 2학년에서 운영함

- 2학년 담임을 제외한 1, 3학년은 기존의 학년부를 그대로 유지함

- 2학년 담임과 비담임으로 행정부서를 조직함

- 행정부서는 기존의 틀을 유지하되 부서의 명칭과 업무의 재배치
  는 아이디어를 공모하고 기획 회의에서 조정함

---

3. 2020학년도 갈매고등학교 고교학점제 연구학교 운영보고서 60쪽

소인수 담임제에 대한 아이디어를 처음 낸 것은 김주영 교장이었고, 이후 3학년부에서 행정업무 경감의 방안으로 제시했다. 그리고 이에 대해서 구체적으로 알아본 것은 혁신교육부였다. 경기도에서는 중학교에서 복수 담임제를 운영한 적이 있고, 현재 분반 담임제를 일부 학교에서 운영하는 사례도 있어서 분반 담임의 가산점과 수당 지급이 정책적으로 가능하다는 것을 알게 되었다. 하지만 문제는 비담임 수가 줄어드는 것에 대한 교사 간 합의와 필요성에 대한 공유였다. 사실 토론회에서 부정적인 의견과 우려도 상당했지만, 결국 고교학점제 운영을 위해 우선 시도해보는 쪽으로 결정이 났다. 그리고 담임에 대해서 기존의 학급행정이나 학급관리에 집중하는 역할이 아닌, 교육과정 이수 조언자이자 가이던스로 역할을 재정의한 것이다.

이동 수업이 많은 2·3학년이 모두 생활지도의 어려움을 겪고 있었으나, 특히 3학년은 학년부 체제가 꼭 필요하다고 하여, 2학년에서 소인수 담임제를 운영하기로 했다. 그리고 담임교사의 역할이 변화한 것에 따라 '멘토 담임제'로 명명했다. '멘토 담임제' 운영에 따른 학급 구성은 오른쪽 그림과(157쪽 참조) 같다.

이후 원탁 토의 내용을 전체 교사에게 공유하고, 이에 따른 업무 재구조화 방안을 받았다. 이는 교사 개별적으로 아이디어를 제출하는 형식으로 했으며, 제출된 아이디어를 바탕으로 기획 회의에서 논의해 부서의 이름과 역할, 업무, 인원을 확정했다.

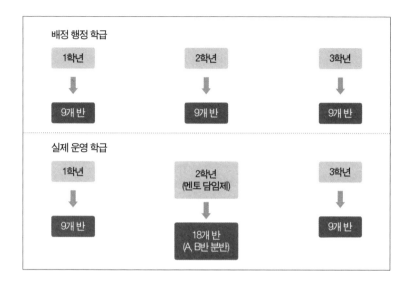

갈매고의 2020학년도 학급 구성

우려의 의견도 적지 않았으나, 토론회를 거쳐 고교학점제의 원활한 운영을 위해 2학년에서는 소인수 담임제를 운영하기로 결정하였다.

기획 회의에서 논의하는 과정에는 가능하면 교사들이 제출한 아이디어를 최대한 수용하되, 학교의 주요 사업과 교육 방향을 중심에 놓고 업무를 재구조화했다. 2020년에는 갈매고가 고교학점제 연구학교, 혁신학교, 레인보우 메이커스쿨, 유네스코 학교를 운영했기 때문에 이 네 가지 주요 사업을 중심에 놓고 업무를 재편성하였다. 또한 본격적으로 책임교육을 시행하기 위한 '연구부'의 역할 강화, 수업 개선 연구를 위한 '혁신교육부'의 역할 강화, 고교학점제 운영을 위한 '교육과정부'와 '교과 관련 부서'의 협력적 업무 구조 강화가 필요하다고 보았다.

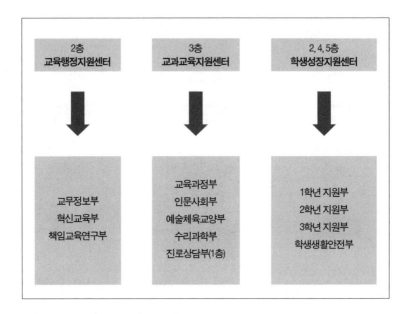

2020학년도 갈매고의 조직 구성

논의를 통해 고교학점제 운영을 위한 '교육과정부'와 '교과 관련 부서"의 협력적 업무 구조 강화가 필요하다는 결론에 이르러 새로운 조직을 구성하게 되었다.

그렇게 논의해서 정해진 조직 구성은 위의 그림과 같다.[4] 위의 그림을 보면 3개의 중심 센터를 기반으로 부서를 묶었다. 이렇게 조직한 이유는 부서별로 업무 협력이 한층 원활해지도록 돕기 위함이다. 따라서 센터에 소속된 부서는 인접한 곳에 배치하기로 했다. 다만 학생성장지원센터의 경우에는 생활지도가 각 층에서 이루어질 수 있도록 층별로 배치했다.

---

4. 2020학년도 갈매고등학교 고교학점제 연구학교 운영보고서 61쪽

담임의 역할을 재정의한 멘토 담임제

고교학점제 연구학교 중에는 교과중심 또는 교육과정중심으로 업무를 혁신적으로 재배치한 곳들이 많다. 그에 비해 갈매고의 조직 편성은 얼핏 일반고와 큰 차이가 없게 보인다. 이는 갈매고가 학생 생활지도에 대한 부담이 많다 보니 학년부 체제를 선뜻 내려놓을 수 없었던 나름의 특수한 상황과 연결되어 있다. 하지만 조금씩 학교의 방향에 맞게 조직 편성을 바꿔가려고 노력하고 있으며, 민주적인 절차를 통해 교육공동체의 의견을 수렴해가고 있다는 점에서 의미가 있다. 또한 고교학점제 운영을 위해 '멘토 담임제'를 도입함으로써 교육과정 및 학생 생활 상담자, 조언자로서 담임의 역할을 재정의하고, 상담활동이 원활히 이루어질 수 있도록 학급당 인원수를 줄이는 시스템을 도입했다는 것은 크게 주목할 만하다. 갈매고에서 2020년 '멘토 담임제'를 운영하고, 이에 대해 제출한 보고서의 내용에 따르면 '멘토 담임제'를 통해 학생 상담활동이 활발하게 이루어졌으며, 질적 향상 또한 이루어졌다는 평가이다. 다만 느닷없는 코로나19 팬데믹 속에서 운영에 여러모로 어려움을 겪었고, 도입 의도만큼 상담이 자주 이루어지지는 못했다. 하지만 그런 점을 감안해도 학생과 학부모의 반응은 긍정적이었다는 것을 다음의 표 4-3[5]을 통해 확인할 수 있다.

---

5. 2020학년도 갈매고등학교 고교학점제 연구학교 운영보고서 64, 68쪽

| 표 4-3 | 갈매고등학교 고교학점제 운영 평가 응답 중 '멘토 담임제'에 대한 문항과 답변

※ **질문:** 지금 갈매고등학교에서는 2학년을 대상으로 멘토 담임제를 운영하고 있습니다. 소인수 학급 운영이 학생의 상담 및 진로지도에 도움을 준다고 생각합니까? (2학년)

	2학년 학생	2학년 학부모
전혀 그렇지 않다	5.3%	3.1%
그렇지 않다	8.4%	12.5%
보통이다	33.7%	15.6%
그렇다	24.2%	34.4%
매우 그렇다	28.4%	34.4%

그러나 현재의 교원 수급 방식으로는 멘토 담임제를 제대로 운영하기에 어려움이 많았다. 무엇보다 교사 수가 부족하다 보니 멘토 담임교사를 확보하기가 힘들었다. 반대로 육아, 건강 등 다양한 문제로 비담임을 희망하는 교사들에게 줄 비담임교사의 자릿수는 부족한 실정이었다. 그러다 보니 부장교사가 담임을 겸임해야 하는 상황까지 발생했다. 그런 어려운 상황 속에서 '소인수 담임 업무+행정업무', '한 학급 온전한 인원수 담임 업무', '비담임 업무'를 비교하여 어떤 자리가 더 힘든 자리인지를 두고 미묘한 갈등이 벌어지기도 했다. 이런 갈등이나 어려움 없이 상담과 교과에 집중하는 교사의 역할을 강화하기 위해서는 교사 수급 방식이 학급중심이 아닌, **교과중심**으로 바뀌거나 학급당 인원수를 줄여서 학생 상담이 효율적으로 이루어질 수 있도록 바뀔 필요가 있다.

멘토 담임제를 운영하는 데 있어 또 다른 어려움은 현재의 나이스 시스템이 배정된 행정 학급을 중심으로 되어 있어 A, B로 분반된 반이 나이스에서 따로 운영될 수 없고, 출결 관리 및 창의적 체험 활동 기록 등이 같이 이루어져 불편함이 발생한다는 것이다. 향후 단위학교에서 학급을 자율적으로 배치해서 운영할 수 있도록 나이스 시스템 또한 개선이 필요한 사항이다.

학교 상황과 특성을 반영한 교육과정 편성 운영의 방향성은?

2018년 고교학점제 연구학교를 시작한 이후, 갈매고의 교육과정 편성 운영에 있어 중점을 둔 것은 첫째, 학교의 교육목표를 담은 교육과정 편성, 둘째, 학생의 선택권 보장, 셋째, 학생 구성원의 특징을 고려한 과목 개설이었다.

학교의 비전과 교육목표를 담은 교육과정 편성

갈매고의 **비전**이 '인간 존엄 교육을 실현하는 학교 공동체'이고, **교육목표**는 '협력적 배움으로 자기주도성과 공동체성 함양'이다. 이런 비전과 교육목표는 경기도의 혁신학교 철학을 반영한 것인데, 이러한 철학을 다음의 표 4-4와 같이 교육과정과 수업에 담아

내고자 노력했다. '민주시민, 세계시민'을 길러내는 것을 목표로 삼고, 이와 관련된 과목은 모든 학생들이 배우는 지정과목으로 정하여 학생들의 민주시민 역량을 길러내는 교육과정을 운영한다. 아울러 '정보 처리와 관리'라는 과목을 3학년 지정과목으로 정하여 4차 산업혁명 시기에 맞춰, 컴퓨터와 관련된 기본 정보처리 능력을 모든 학생이 기를 수 있도록 한 것이다.

| 표 4-4 | 학교 비전과 교육목표를 담은 과목 개설 및 학교 사업

학교 비전 교육목표	① 학교 비전: 인간 존엄 교육을 실현하는 학교 공동체 ② 교육목표: 협력적 배움으로 자기주도성과 공동체성 함양	
관련 과목 개설	* 학교 비전에 따른 지정과목 - 1학년: 민주시민 - 2학년: 세계시민 - 3학년: 철학	* 4차 산업혁명 대비 역량 강화 과목 개설 - 정보 처리와 관리 - 인공지능과 미래사회
관련 학교 사업	- 혁신학교 - 레인보우 메이커 학교	
운영 주관 부서	- 인문사회부 - 수리과학부 - 혁신교육부	
운영 방법	- SDG's 17가지 지속가능한 발전을 기반으로 한 교육과정 및 수업 내용 구성 - 메이커 교육과 관련된 수업 개설 및 수업 운영으로 학생들의 역량 강화	

학생 선택권을 최대한 보장한다

다음으로 교육과정 편성 시 **학생 선택권**을 최대한 보장하는 방안이다. 이를 위해 2018년에는 교과 간 영역을 없애고 단위 수 합으로 학생들이 선택하도록 했다. 하지만 아쉽게도 이에 대한 학생, 학부모의 평가는 그리 긍정적이지 않았다. 아래의 표 4-5는 2019년 5월, 교육과정 편성을 수정하기 전에 했던 설문조사 결과이다. 기대와 달리 이러한 개방형 선택에 부정적인 의견이 많았던 이유는 학생이 선택하기에 너무 어렵고, 교사마다 생각과 관점이 달라 상담의 내용이 일정하지 않기 때문이었다. 다음에 소개한 교사 인터뷰에서도 드러나듯 교사들 역시 학생의 과목 선택이 항상 합리적인 것은 아니니, 학생의 선택을 보장하되 선택에 도움이 되도록 진로에 따른 가이드라인은 필요하다고 말한다.

| 표 4-5 | 개방형 선택에 따른 설문조사 결과(2019년 5월 실시)

※ **질문**: 가정통신문의 안을 비교했을 때 어느 안을 더 선호하십니까?
 - 1안: 학생 진로에 따른 영역이 주어지는 과목 선택 방법(부분 개방형)
 - 2안: 기존의 전체 개방형 과목 선택 방법

	1안	2안
2018학년 입학생	75%	25%
2018학년 입학생 학부모	68.7%	31.3%
2019학년 입학생	81.3%	18.8%
2019학년 입학생 학부모	68.4%	31.6%

실제 학생들에게 완전 개방해서 선택하게 하니, 선택에 어려움이 많았어요. 학생들의 진로도 계속 바뀌고, 교사마다 생각이 달라 상담 내용이 달라졌거든요. 그리고 친구와 얘기해보고, 계속 왔다갔다 하면서 바꾸는 경우가 많았어요. 아직은 학생들이 모든 것을 조합해서 짜기에는 어려움이 많습니다. 특히 저희 학교처럼 학생들 간에 학력 격차가 큰 학교에서는요. 학생들이 진로에 따라 진지하게만 선택하는 것은 아니거든요.

- 갈매고 3학년 교사

수업에 들어가니, 예체능쪽으로 진학을 희망하는 학생이 과학 II 과목을 들으러 온 것이었어요. 물론 학생이 심화된 과정을 배우고 싶어서 온 것이라면 환영합니다. 하지만 그 학생의 과목 선택 이유는 황당했어요. 어차피 내신에도 안 들어가니 버리려고 선택했다는 거예요. 게다가 그런 학생이 꽤 많았어요. 학생들의 선택이 다 합리적이라고 믿는 것은 너무 낙관적인 이야기입니다. 아직 어린 학생들인 만큼 진로에 따른 가이드라인이 필요해요. 학생 선택과 교사 상담에 도움이 되도록 말이죠.

- 갈매고 과학 교사

갈매고는 실제로 설문조사 결과를 토대로 2019년부터는 교육과정 편제를 바꾸었다. 즉 학생들의 진로와 흥미가 교육과정 편제에 반영되도록 한 것이다. 한발 더 나아가 학생의 **선택하지 않을 권리**도 보장하기 위한 옵션을 추가했다. 즉 '단위 수가 같다면 선택을 하지 않고, 다른 영역의 과목을 선택할 수 있음'을 옵션으로 넣은 것이다. 다만 모든 선택과목을 다 바꿀 수 있는 것은 아니다. 선택을 포기하고 바꿀 수 있는 과목은 1개 과목으로 제한했다. 이처럼 과목 수를 '한 과목'으로 제한한 이유는 학생의 선택을 보장하면서도, 교육과정 편제표가 무의미하게 구성되는 것을 방지하기 위함이다. 즉 진로와 연계도 없고, 단순히 흥미에 따라 이 과목 저 과목 무의미한 과목 선택이 이루어지는 것을 막기 위함이다.

학생 구성원의 특성을 고려하여 과목을 개설하다

세 번째 특징인 **학생 구성원의 특성**을 고려한 과목 개설은 학생의 다양성을 인정하고, 이를 교육과정에 반영하는 것에 목적이 있다. 앞서도 언급했지만, 갈매고는 학교 여건상 학생 간 학력 격차가 심한 편이다. 그런 만큼 구성원의 특성도 다양하고, 요구 사항도 그만큼 제각각이다. 아래의 표 4-6[6]을 보면 한 학년당 9개 반으

| 표 4-6 | 갈매고의 개설 과목 수

학년	1학년	2학년		3학년		합계
과목(수)	학교 지정	학교 지정	학생 선택	학교 지정	학생 선택	
개설 과목 수	12	7	29	4	42	94

로 총 27개 학급 규모의 학교지만, 개설과목 수는 총 94개에 이른다. 게다가 이 모든 과목이 일과 중에 운영되고 있다. 학교에서 학생들의 특성을 반영해서 다양한 과목을 개설하려고 얼마나 노력했는지를 짐작할 수 있다.

교육과정에 학생들의 요구 사항을 적극 반영하다

갈매고는 학생이 과목을 선택하기 전에 교육과정 편제를 수정한다. 이는 학생, 교사, 학부모의 의견을 반영하여 이전 편제표를 평가하고, 평가한 내용을 실제 교육과정에 반영하기 위함이다. 수정 전에 먼저 전년도 편제표를 바탕으로 학생 가수요 조사를 실시한다. 해마다 학생의 성향과 특성이 달라지고, 자연히 개설과목에 대한 선호도도 달라지기 때문이다. 그리고 가수요 조사와 함께 학생들이 추가로 개설을 희망하는 과목 신청을 받는다. 이때 국가 교육과정에서 고시된 과목들을 홈페이지에 올려 정보를 제공한다. 설문조사에 따라 학생들이 추가 개설을 요구한 과목은 오른쪽의 표 4-7과 같다.

  갈매고의 과목 개설 최소 인원은 '갈매고등학교 교육과정 규정'

---

6. 2020학년도 갈매고등학교 고교학점제 연구학교 운영보고서 21쪽

에 따라 10명이다. 아래 표의 설문 결과 중 유사한 과목들을 합친다고 해도 최소 인원인 10명이 되지 않기 때문에, 아쉽게도 학생들의 요구에 따라 추가 개설된 과목은 없었다. 그러나 2학기에는 지역 교육청 순회 교사가 올 수 있다는 공문을 받고, 추가 희망 조사를 받아서 '스페인어 I'과 '연극'은 추가 개설하였다.

이러한 가수요 조사 결과를 교육과정위원회에서 공유하고 평가

| 표 4-7 | 2020학년도 학생의 추가 개설 요구 과목 설문조사 결과

과목명	개설 희망 인원	과목명	개설 희망 인원	과목명	개설 희망 인원
심화영어 독해	1명	체육	5명(2학년)	실용무용	1명
러시아어	1명	축구	1명	패션디자인 실기와 이론	2명
프랑스어	3명	뮤지컬	1명	매체미술	1명
전공기초 프랑스어	1명	힙합	1명	입체 조형	2명
독일어	1명	실용음악	1명	코딩	1명
일본어 문화	1명	호흡발성 (음악)	3명	정보과학	1명
일본어 독해와 작문	1명	사진 영상편집, 제작	3명	컴퓨터 언어 기초 및 응용	1명
전공기초 일본어	2명	연극	1명	요리	4명
스페인어	1명	뮤지컬	1명	미용	1명
고급화학	4명	연기 시나리오	1명	심리학	1명
국제법	1명	춤	1명	인체학	1명

선택영역	교과영역	교과(군)	과목	기준단위	선택 단위	1학년 1학기	1학년 2학기	2학년 1학기	2학년 2학기	3학년 1학기	3학년 2학기
교과 영역 간 선택 과목 (전공선택)	기초	국어	고전 읽기	5	택1(6)			3	3		
	기초	국어	문예 창작 입문	5				3	3		
	기초	영어	영미 문학 읽기	5				3	3		
	체육 예술	음악	음악 연주	5				3	3		
	체육 예술	미술	미술 창작	5				3	3		
	체육 예술	예술	연극	5				3	3		
	탐구	사회	사회문제 탐구	5				3	3		
	탐구	과학	과학과제 연구	5				3	3		
	생활·교양	기술·가정	공학 일반	5				3	3		

입학생 편제표 2학년 전공선택 영역

교과 영역	교과(군)		과목	기준단위	운영단위				1학년 1학기	1학년 2학기	2학년 1학기	2학년 2학기	3학년 1학기	3학년 2학기
					공통	일반	진로	전문						
교과영역간 선택과목(전공)	기초	국어	현대문학 감상	5	택1 (4-6)								3	3
	기초	영어	영어권 문화	5									3	3
	체육·예술	예술	음악 전공 실기	5									3	3
	체육·예술	예술	미술 전공 실기	5									3	3
	체육·예술	체육	체육 전공 실기 기초	5									3	3
	탐구	과학	물리학 실험	5									2	2
	탐구	과학	화학 실험	5									2	2
	탐구	과학	생명과학 실험	5									2	2
	탐구	과학	지구과학 실험	5									2	2
	탐구	사회	지역 이해	5									3	3
	생활·교양	정보	프로그래밍	5									2	2

입학생 편제표 3학년 전공선택 영역

2021학년도 갈매고 2학년(상)과 3학년(하)의 전공선택 영역

'전공선택' 영역은 '교과영역 간 선택'으로 다양한 교과 영역이 배치되어 있다. '전문교과 Ⅰ, Ⅱ' 의 과목은 일반고에 편성될 경우 '진로선택' 과목으로 분류한다. 이 영역에서 학생은 자신의 진로와 흥미에 따라 1개 과목을 선택한다.

하면, 교과협의회를 통해 개설 과목을 점검하는 과정을 거친다. 그리고 학생들의 선호에 따라 차년도에 개설할 과목과 개설하지 않을 과목을 정한다.

갈매고의 편제는 **진로에 따라 선택을 할 수 있도록 영역을 나눈** 것이 특징적이다. 이 또한 학생들의 설문조사 결과를 반영한 것이다. 위의 그림에서 '전공 선택' 영역은 '교과 영역 간 선택'으로 다양한 교과 영역이 배치되어 있다. 여기엔 일반고 '진로 선택'과목과 '전문교과 Ⅰ · Ⅱ' 과목이 있는데, '전문교과 Ⅰ · Ⅱ'의 과목은 일반고에 편성될 경우 '진로 선택'과목으로 분류한다. 이 영역에서 학생은 자신의 진로와 흥미에 따라 1개 과목을 선택한다. 3학년 전공 선택을 보면, 택1 밑에 '4-6'으로 단위 수가 표시된 것을 볼 수 있다. 이는 개설된 과목의 단위가 한 학기당 2 혹은 3단위로 다양하기 때문에 택1을 했을 때, 이수한 단위가 저렇게 달라질 수 있음을 표시한 것이다. '탐구 교과' 간 선택은 다른 일반고와 크게 다르지 않다. 사회과와 과학과 과목을 합쳐서 3개 과목 선택 방식으로 운영한다.

다른 특징적인 선택 영역은 '융합선택'이다. 이 영역 역시 다양한 교과 영역이 모여 있다. '전공 선택' 영역과 다른 점은 자신의 흥미와 적성을 좀 더 편안하게 탐색하거나 '전공 선택'과 연계하여 교과를 확장할 수 있는 과목들을 개설했다는 것이다.

170쪽 그림의 위쪽은 2학년 '융합선택'영역이다. 과목들의 면면을 살펴보면 학생들의 희망에 따라 '기하', '스페인어Ⅰ', '일본어Ⅰ', '중국어Ⅰ', '정보', '식품과 영양' 같이 진로를 더 확장해서 배울 과목과 교양 수준으로 배우는 '국토순례', '호모 스토리텔리쿠스', '창작활동', '인문학의 창을 통해 본 미술', '인문학적 감성과 역사이해' 같은 과목이 개설되어 있다. 같은 쪽 그림의 아래는 3학년 '융합선택' 영역으로 좀 더 많은 과목이 개설되었다. '문화로 보는 한국사'는 갈매고에서 개설 신청한 과목이다. 1차 승인 허가까

교과 영역	교과(군)		과목	기준단위	운영단위				1학년		2학년		3학년	
					공통	일반	진로	전문	1학기	2학기	1학기	2학기	1학기	2학기
교과 영역간 선택	기초	수학	기하	5	택2(8)						2	2		
	생활교양	기술·가정/제2외국어/한문/교양	일본어 I	5							2	2		
			스페인어 I	5							2	2		
			중국어 I	5							2	2		
			정보	5							2	2		
			식품과 영양	5							2	2		
			국토순례	5							2	2		
			호모 스토리텔리쿠스	5							2	2		
			창작활동	5							2	2		
			인문학의 창을 통해 본 미술	5							2	2		
			인문학적 감성과 역사 이해	5							2	2		

입학생 편제표 2학년 '융합선택' 영역

교과 영역	교과(군)		과목	기준단위	운영단위				1학년		2학년		3학년	
					공통	일반	진로	전문	1학기	2학기	1학기	2학기	1학기	2학기
교과영역간 선택과목(융합)	기초	영어	관광 영어	5	택1~택2 (4-8) 1) '관광영어', '경제수학' 동시 선택 불가								2	2
		수학	경제 수학	5									2	2
	탐구	사회	문화로 보는 한국사	5									2	2
	생활·교양	기술·가정/제2외국어/한문/교양	일본어 회화 I	5									2	2
			스페인어 회화 I	5									2	2
			중국어 회화 I	5									2	2
			인간 발달	5									2	2
			인공지능과 미래사회	5									2	2
			지식 재산 일반	5									2	2
			고등학교 사회적 경제	5									2	2
			텃밭 가꾸기	5									2	2
			보건	5									2	2
			교육학	5									2	2

입학생 편제표 3학년 '융합선택' 영역

2021학년도 갈매고 2학년(상)과 3학년(하)의 융합선택 영역

'융합선택'영역은 학생들의 희망에 따라 자신의 진로를 더 확장해서 배울 과목과 교양 수준으로 배우는 과목들을 중심으로 개설되어 있다. 단, 3학년 융합선택영역(2020.11)에서 '문화로 보는 한국사'는 '역사과제연구'로 변경되었다.

지 받았으나 교과협의회를 통해 '역사과제 연구'로 최종 과목명이 바뀌었다. 우선 학생 수준에 맞는 교재 개발이 어려웠고, '역사과제 연구'가 학생 주도의 프로젝트형 수업에 좀 더 부합하기 때문이다. 실제 학교운영위원회의 학부모 위원들도 변경된 과목을 더 환영하는 모습을 보였다. 또 '고등학교 사회적 경제'는 사회적 협동조합 동아리 '갈매쿱'과 연계해서 운영하는 과목이다. 갈매고는 협동조합으로 학교 매점을 운영하고 있고 관련 동아리가 활성화되어 있는데, 이를 교과와 연결하고자 하는 학생과 교과교사의 요구에 따라 개설한 과목이다. 이 밖에도 '인공지능과 미래사회', '지식재산 일반'은 '레인보우 메이커 스쿨' 운영과 연계해서 개설한 과목이며, '텃밭 가꾸기'는 농작물과 식물을 직접 다양한 방식으로 재배하면서 친환경과 생명존중 교육을 주요 커리큘럼으로 운영된다. 이 과목들은 모두 학생들에게 인기가 높다.

갈매고는 이렇게 교과 심화 과목과 함께 교양 수준의 과목들도 다양하게 개설함으로써 학생의 선택권을 넓히고, 여러 학생의 진로와 흥미를 교육과정 안에 골고루 담아내기 위해 노력하고 있다.

책임교육을 위한
수업 및 프로그램을 운영하다

갈매고의 책임교육은 크게 두 가지 방향으로 진행된다. 하나는 수업 시간에 이루어지는 책임교육, 다른 하나는 방과 후에 이루어지는 책임교육이다. 모두 목표는 교과목의 미이수를 예방하고 학생이 **최소 성취수준**에 도달할 수 있도록 학습을 지원하는 데 있다.

수업 시간에 이루어지는 책임교육

미이수되는 학생의 이수 기준은 학업 성취율 40% 미만이다. 갈매고는 1학기 중간고사, 1학기 기말고사를 기준으로 대상자를 선발했다. 혹은 교과 교사의 의견을 받아 수행평가를 백지로 낸다거나 수업 시간에 참여하지 않는 학생을 추가 대상자로 선발했다. 교과에서 학습지원 대상자를 정해서 추천하는 양식과 기재 방법은 다음의 그림과 같다.

< 학습지원 대상 알림 >

교과목	생명과학1	교과 교사		제출일	2020.4.20

학변		홍길동	관찰 기간(2020.3.3.~4.15.)

- 지속적인 학습 방해 5회 (사적인 대화, 핸드폰 사용, 화장실 이용, 화장하기 등)
- 교과서 및 학습 유인물을 준비하지 않거나 분실함
- 학습에 대한 흥미와 관심이 없음
- 수업에 미참여하거나 필기를 하지 않음
- 모둠 활동에서 역할을 맡지 않거나 미참여함
- 수행평가에 미참여하여 백지를 제출함
- 수업 시작 후 5분 후에 들어옴(7회)
- 수업 시간에 엎드려 수면(4회)
- 수업에 참여하지 않고 다른 생각을 하며 의욕이 없음

교과 상담 결과(2020.4.16.)

- 학생의 기초 학습능력이 현저히 떨어져 기초 학습에 필요한 학습지원이 필요함
- 특별한 진로 희망이 없어 진로 교사와 상담이 필요함
- 정서적으로 자존감이 떨어져 있는 상태이며 부모로부터 구체적인 학습지원이나 상담이 거의 없는 상황으로 위클래스 상담 교사의 지원이 필요한 상황임

학습지원 대상자 알림 예시
모든 교과에서 학습지원 대상자를 정하고 추천한다. 1학기 중간고사와 1학기 기말고사를 기준으로 선발했다. 이 예시에서 학생 이름은 개인정보 보호를 위해 가공한 것임을 밝힌다.

이 학생들이 수업 시간 지도, 혹은 방과후 프로그램을 통해서 과목을 이수하는 기준을 정한 것이 **최소 성취수준**인데, 한국교육과정평가원에서 개발된 과목은 주로 공통과목에 한정되어 있다. 따라서 갈매고는 개설되는 모든 과목에 대해서 최소 성취수준을 정하고, 이에 따른 수업 시간별 지도 방안을 마련했다. 예컨대 174쪽의 그림은 '윤리와 사상' 과목의 최소 성취수준 진술 및 수행 활동이다. 한국교육과정평가원에서 영역에 따라 세분화한 진술문을 만든 틀을 가져왔고, 이를 교사가 작성하기 간략하게 바꾸었다. 또 그 아래는 '통합사회' 과목의 구체적인 수업 운영 방안이다. 수행 활동에 따라 수업 시간에 어떻게 지도하고, 피드백을 할 것인지 간략한 계획이 세워져 있다.

과목 수업 시간 내내 엎드려 자거나 학업에서 낮은 성취를 보이는 학생들을 어떻게 지도해서 이끌어줄지에 대해서 구체적인 성취기준을 만들고, 그에 따른 수업 방안을 만들었다는 점에서 의미가 있다. 하지만 실제로 수업에서 구현하는 데는 어려움이 많았다. 우선 성취기준 자체가 너무 높게 설정된 과목이 많았고, 장기화된 코로나19 속 온라인 상황에서 학생들을 개별적으로 챙기면서 수업을 진행한다는 것이 어려웠다. 하지만 장기적으로 학생의 최소 성취수준을 보장하는 것이 기타 프로그램보다는 수업을 통해서 해결해야 한다는 것을 고려할 때 꾸준히 고민하고 진행해야 할 사항으로 보인다.

4) 윤리와 사상

영역	최소학업성취 진술	수행 활동
동양윤리사상 /한국윤리사상 /서양윤리사상 /사회사상	도덕적 삶에서 한국 및 동·서양의 윤리 사상과 사회사상이 하는 역할에 대한 실제적인 사례들을 탐구하고, 윤리사상과 사회사상의 기본적인 관계를 제시할 수 있다. 기초적인 수준에서 사상의 중심 내용을 이해하고 도덕적 삶을 살기 위해 노력하는 자세를 기를 수 있다.	교사의 도움을 받아 동양 윤리 사상의 흐름을 파악하고 동양 윤리 사상을 현대사회에 적용하여 인간의 행복과 연결해서 제시함.
		교사의 도움을 받아 한국 윤리 사상의 중심 내용을 파악하여 자신의 가치관에 대한 글을 씀.
		교사의 도움을 받아 서양 윤리 사상의 흐름을 파악하고 토론을 통해 도덕적 삶에 대해 성찰함
		동료와의 대화를 통해 개인과 공동체의 관계에 대해 파악하고 개인선과 공동선의 조화를 위한 대안을 제시함

'윤리와 사상' 최소 성취수준 진술

영역	수행활동	수업방안	수행 과제
인간, 사회, 환경과 행복	과제 수행을 통해 시간적, 공간적, 사회적, 윤리적 관점을 구분하며, 행복한 삶을 위한 조건을 말할 수 있다	1) 사례를 통한 시간적, 공간적, 사회적, 윤리적 관점 구분 학습지 활동 2) 행복한 삶을 위한 조건을 그림으로 표현	1) 제시된 사례를 관점별로 분류하기 2) 예시를 바탕으로 비주얼 씽킹으로 표현하기
자연환경과 인간	자연환경이 인간의 생활에 미치는 영향에 관한 사례와 자연에 대한 인간의 관점을 제시하고, 환경문제 해결을 위한 노력을 설명할 수 있다.	1) 생활 양식에 영향을 미친 자연환경 찾아 고르기 학습지 활동 2) 자연관의 차이를 찾는 OX퀴즈 활동 3) 환경문제 해결을 위한 나의 실천 방안 발표하기	1) 자연환경과 연관된 생활 모습 선으로 연결하기 2) 자연관 OX 퀴즈 과제 풀기 3) 환경문제 해결을 위한 나의 실천 목록 작성하기
생활공간과 사회	산업화와 도시화, 교통·통신의 발달과 정보화로 인해 생활공간과 생활양식에 변화가 나타나고 있음을 말할 수 있다. 이와 관련지어 자신이 거주하는 지역에도 공간 변화로 인해 문제점이 발생하고 있음을 인식할 수 있다.	1) 지역의 과거와 현재 모습이 담긴 이미지 자료를 이용하여 변화상 작성 학습지 활동 2) 교통통신 발달 및 정보화로 인한 생활의 변화를 웹에서 찾아 정리하는 학습지 활동 3) 자신의 거주지 변화 특징을 학습지에 작성	1) 제시된 사진 자료의 과거와 현재 모습 비교 분석 2) 웹에서 교통통신 발달 및 정보화로 인한 생활의 변화 담긴 사진 자료 찾아 모아 정리하기 3) 자신의 거주지 변화 특징 제시하기

'통합사회' 수업 운영 방안

과목별 최소 성취수준 진술과 이에 따른 구체적 지도 방안

최소 성취수준에 미달한 학생들에 대해서 수업 시간 중에 어떤 지도가 이루어져야 하는지에 관한 가이드라인을 과목별로 만들어두고, 이를 수업 시간 중에 적용하고 있다. 이러한 학업 부진 학생에 대한 지도는 별도의 프로그램에 의지하기보다는 가능하면 수업 시간에 이루어질 수 있는 방법을 꾸준히 고민하고 있다.

방과 후에 이루어지는 책임교육

두 번째로 **방과 후에 이루어지는 책임교육** 프로그램의 중점은 '대상 학생 맞춤'으로 진행된다는 점이다. 대상자가 파악되면 학생과 협의해서 학생이 원하는 프로그램과 커리큘럼으로 수업을 진행한다. 프로그램도 한층 다양화하여 학생이 프로그램을 통해서 자신이 좋아하는 것을 찾고, 학교생활의 동기를 얻을 수 있도록 기획했다. 예컨대 표 4-8은 프로그램의 유형에 따라 예시로 만든 프로그램 안이다. 다만 이는 예시일 뿐이고, 실제로는 학생이 과목이나 영역만 정하면 교과 교사와 의논해서 커리큘럼을 구성하도록 했다.

| 표 4-8 | 갈매고 학습지원 프로그램(안)

유형	프로그램(안)	담당교사
일반지원 A (기초교과중심)	기초국어, 기초영어, 기초수학	교과 교사 외부 강사
일반지원 B (진로탐색프로젝트형 중심)	독서, 과학실험, 사회탐구, 미술, 음악, 체육, 공학 등	교과 교사 외부 강사
일반지원 C (대안교과중심)	목공, 패션, 천연재료를 활용한 생활용품 만들기 등	외부 강사 내부 역량 교사
특수지원 D (상담중심)	진로상담 전문상담	상담교사 외부 전문가

	< 학습지원 프로그램 안내 >					3. 학습지원 일정	

<table>
<tr><td colspan="6" align="center">< 학습지원 프로그램 안내 ></td></tr>
<tr><td>학번</td><td></td><td>이름</td><td></td><td>기간</td><td>4.27.~5.27.</td></tr>
</table>

1. 학습지원 방법

○ 멘토링(학생)　●멘토링(교사)　○ 외부 강사

○ 방과 후(개인)　○ 방과 후(그룹)

2. 학습지원 내용

☐ 국어 영역　☐ 수학 영역　☐ 영어 영역

☑ 과학 영역　☐ 사회 영역　☐ 예술.체육 영역

☑ 기초 학습　☐ 상담 지원　☐ 정서 치료

3. 학습지원 일정

시수	학습 내용
1	◆ 관심 있는 과학 주제 찾기
2	◆ 주제에 관련된 정보 찾아서 정리하기
3	◆ 찾은 정보에서 관련된 과학 용어 정리하고 말하기
4	◆ 실험도구 사용법과 이름 알기
5	◆ 현미경 사용하기
6	◆ 교과서 사용하는 방법 알기
7	◆ 내가 모르는 내용을 정리하는 방법 배우기
8	◆ 과학 키트 만들기 1
9	◆ 과학 키트 만들기 2
10	◆ 과학 카드 뉴스 만들기 1
11	◆ 과학 카드 뉴스 만들기 2
12	◆ 내가 만든 과학 이야기 만들기 1
13	◆ 내가 만든 과학 이야기 만들기 2
14	◆ 과학이 싫은 학생에게 들려주는 TIP 만들기1
15	◆ 과학이 싫은 학생에게 들려주는 TIP 만들기2

학습지원 프로그램 신청서　　　　　　학습지원 프로그램 일정

학습지원 프로그램 신청서(좌)와 일정 예시(우)

방과 후 학습지원 프로그램의 중점은 '대상 학생 맞춤'으로 진행된다는 점이다.

| 표 4-9 | 2020학년도 갈매고 1학년 국어 책임교육 프로그램 참가 학생 특성

학생	1학기 기말고사 성적	특성
홍길동(1학년)	25점	· 성적을 올리고 싶은 마음이 있음 · 게임을 좋아함 · 온라인 국어 수업은 거의 듣지 않음 · 수행평가는 어느 정도 참여함 · 밝고 예의 바르며 프로그램에 성실하게 참여함 · 프로그램 과제를 잘 해냄
홍길순(1학년)	24.5점	· 유튜브 보기로 시간을 거의 보냄 · 온라인 수업은 출결만 참여 · 교과서 필기를 거의 하지 않음 · 수행평가는 어느 정도 참여 · 밝고 프로그램에 성실하게 참여함 · 프로그램 과제를 잘 해냄

왼쪽의 표 4-9는 2020학년도 1학년 국어 책임교육 프로그램에 참여한 학생의 특징을 적은 것이다(학생의 이름은 가명으로 처리). 이 학생을 맡은 수업 교사는 프로그램을 진행하기 위해 우선 학생들과 상담을 진행했다. 학생들과 협의 후, 이 학생들이 원하는 것은 '성적 향상'이라는 것을 알았다. 성적 향상을 위해 부족한 부분이 무엇인지 파악해서, 중학교 때 놓친 교과 내용을 다시 점검하고, 수업 시간에 이루어지는 필기 및 수업 내용 등도 점검해서 수업에 적극적으로 참여하도록 교육과정을 구성했다. 코로나19 상황으로 수업은 온라인으로 진행할 때도 있었으며, 주로 중학교 교육과정을 복습하고, 교과서 수업 내용을 점검하며, 필기를 검사하고, 질문을 받는 방식으로 진행했다. 이 프로그램에 참여한 학생들의 경우 적극적으로 수업에 참여하고, 실력을 키우고 싶다는 욕구가 있었기 때문에 수업 진행에 큰 어려움은 없었다.

178쪽의 표 4-10은 책임교육 프로그램 이후 학생들의 성적 변화와 평가 내용을 정리한 것이다(학생의 이름은 가명 처리함)이다. 1·2학기 점수만 비교해도 2학기 기말고사에서 큰 폭으로 성적이 향상했다는 것을 알 수 있다.

다만 앞서도 언급한 것처럼 해당 프로그램에 참여한 학생들은 워낙 적극적으로 임하기도 했고, 실력을 키우고 싶다는 욕구 또한 강했다. 이러한 점이 표 4-10에 나타난 것과 같은 긍정적인 결과에 미친 영향이 크다고 하겠다. 반면 개중에는 학생들이 한 명

| 표 4-10 | 국어 책임교육 프로그램 참여 학생의 성적 향상 결과와 평가

학생	1학기 기말고사 성적	2학기 기말고사 성적	학생 평가
홍길동 (1학년)	25점	56점	· 2학년 때 또 이런 기회가 있다면 참여하고 싶다. · 선생님과 친해져서 좋았다. · 인원이 적어서 개별지도를 받을 수 있었다. · 내용을 쉽게 가르쳐 주셔서 이해가 잘 됐다.
홍길순 (1학년)	24.5점	48점	· 선생님과 치킨 먹은 게 제일 기억에 남는다. · 과제를 내주시고 꼼꼼하게 점검해 주셔서 안 할 수가 없었다. · 인원이 2명이니 공부를 안 할 수가 없다. · 모르는 것은 편하게 물어볼 수 있었다.

도 오지 않아서 폐강되거나, 학생의 참여 의욕이 떨어져서 중간에 중단된 프로그램도 있었다. 미이수가 예상되는 학생들의 상당수는 학업에 대한 의욕이 매우 낮기 때문에 일과 중에도 학교에 있기 어려워한다. 그러니 방과 후까지 남아서 프로그램에 참여시킨다는 것이 현실적으로 매우 어려운 일이다. 그만큼 학생의 자발적 의지와 학습동기가 없다면 불가능하다. 이 어려움은 2025년 미이수 제도가 도입되기 전까지는 계속 이어질 것으로 보이지만, 미이수 제도가 본격적으로 도입된다면 학생의 참여도는 저절로 높아질 것으로 기대된다.

시간표 편성 및 공강 시간, 어떻게 운영할 것인가?

갈매고의 시간표 편성 방법은 이미 3장에서 자세히 설명한 바 있다. 이에 이곳에서는 일과 운영에 대한 설명과 공강 시간 운영에 관한 내용을 중심으로 덧붙이고자 한다.

시간표의 편성과 운영

먼저 갈매고의 일과 운영방식을 정리하면 다음과 같다.

① 하루 7시간, 월요일에서 금요일까지 5일 총 35시간 안에 운영

② 일주일 수업: 교과수업 30시간+창의적 체험활동 4시간+공강 1시간=35시간

③ 수업은 대부분 블록 수업으로 운영: 2단위는 2시간 연강, 3단위는 2시간 연강+1시간

④ 창의적 체험활동 4시간(일주일 단위): 진로 창의적 체험활동 1시간+ 학급자치(자율) 1시간+ 동아리, 봉사, 자율(택1) 2시간

⑤ 동아리, 봉사, 자율 창의적 체험활동이 운영되는 2시간은 '금요일'에 배정

⑥ 한 달에 한 번씩 금요일 '6, 7교시'는 교사 연수 및 전문적 학습공동체 운영 시간으로 배정

갈매고의 2·3학년 일주일 단위 시간표는 총 35시간으로 운영된다. 여기에는 학생마다 1시간 정도의 공강 시간이 포함된 것이다. 즉 35시간 중 정규교육과정으로 인정되는 시간은 34시간이며, 주당 이수 시간은 교과 수업 30시간과 창의적 체험활동 4시간이다. 교과 수업 시간은 주로 블록 수업으로 운영되고 있다. 2단위 수업은 2시간 연강으로, 3단위 수업은 2시간 연강에 1시간은 따로 배치된다. 이렇게 배치한 이유는 학생의 이동을 최소화하기 위한 조치이다.

과거와 달리 과목 시간표는 학생이 신청한 과목에 따라 학생마다 다르게 짜인다. 고교학점제에서는 학생의 진로에 따라 과목 선택이 이루어진다. 따라서 대부분의 학교가 진로 수업을 중요하게 여기고, 매주 진로 수업을 편성한다. 갈매고도 창의적 체험활동 중 진로활동을 정규수업처럼 편성하여 정시제 창의적 체험활동 수업으로 운영하고 있다. 즉 모든 학생의 시간표에 과목 수업처럼 '진로' 수업이 일주일에 1시간씩 편성되도록 배치한 것이다. 2021학년에는 1학년 진로는 '교육과정부장', 2학년 진로는 '진로상담부장', 3학년 진로는 '진로 담당 교과 교사'가 담당했다. 1·2학년에서는 과목 선택이 이루어지기 때문에 **진로학업설계**를 주요 과제로 보고, '교육과정부장'과 '진로상담부장'이 담당하게 하였다. 3학년 진로는 수업시수가 부족한 교사를 배치했다. 하지만 수업의 질을 담보하기 위해 진로상담부장이 워크북을 제작하고, 수업 시간에 이를 활용하도록 안내하고 있다.

이 외에 특이한 점은 **학급자치**를 매주 편성하고 있다는 점이다. 2019년에 처음으로 고교학점제에 따라 학생들이 교과수업 시간에 이동하도록 하고 학급을 운영할 때, 담임교사와 만날 시간, 학급 친구들끼리 만날 시간이 부족하다는 의견이 나왔다. 그러면서 고교학점제에서 담임교사의 역할이 무엇인가에 대한 논쟁이 있었다. 여전히 학급을 중심으로 학교가 운영되고, 담임교사의 학급 관리 책임이 막중한 만큼 학생과의 접점이 필요하다는 의견에 따라 2020학년부터 '학급자치' 시간을 매주 편성해서 운영한다.

진로와 학급자치로 창의적 체험활동이 매주 2시간씩 우선 배치되고, 나머지 2시간은 금요일 6, 7교시에 운영된다. 이 시간은 주로 동아리 활동이나 학교 교육계획에 의한 자율활동, 봉사활동 등으로 편성되는데 매주 운영되는 것은 아니다. 한 달에 한 번씩 학생들을 일찍 귀가시키고, 그 시간에 교사들을 위한 전문적 학습공동체나 교사 연수를 진행해서 교사의 전문성 향상을 위한 시간으로 할애하여 운영하고 있다.

자기주도학습과 휴식을 위한 공강 운영 방안

고교학점제가 도입되면 시간표상에서 공강 발생을 무조건 회피할 순 없다. 왜냐하면 공강의 발생은 학생의 선택권 확대에 따라 나타난 결과이기 때문이다. 다양한 과목을 개설하여 학생의 선택권을 확대하고, 개설된 과목의 운영단위도 다양하게 보장하려면 과목 배치가 폭넓게 이루어져야 한다. 7시간씩 5일로 구성된 35시간 안에, 그렇게 개설된 모든 교과와 반을 배치하려다 보면 공강이 발생할 수밖에 없다.

▶ 공강 시간대를 몰아 과목 배치 및 시수 확보

갈매고에서 2019년 고교학점제를 처음 본격적으로 운영할 때는 한 학생당 공강이 3시간씩 발생했다. 개방형 선택 영역에서 단위 수 합으로 과목 선택 조합을 하다 보니, 210명 남짓한 학생의 시간표 가짓수가 185개 정도 나오게 되었다. 처음에는 8교시까지 운영하거나 야간 수업을 해야 하는 상황까지도 각오했다. 다행히 다양한 과목 배치를 시도한 끝에 7교시 5일 안에 모든 과목은 들어가게 하되, 공강은 학생당 3시간 정도 발생하는 선에서 시간표를 구성할 수 있었다.

학생들의 선택이 몰리는 시간대와 그렇지 않은 시간대가 구분되어 학생들의 공강이 많이 발생하는 시간을 6, 7교시 쪽으로 몰았다. 그리고 수업이 일찍 끝나는 학생은 일찍 귀가할 수 있게 했다. 아직 공강 지도 프로그램과 공간이 제대로 구축되지 않은 상태에서 학생들을 무작정 학교에 붙잡아 두는 것은 학생과 교사 모두에게 부담만 안겨줄 것이라는 판단 때문이었다. 대학처럼 수업이 일찍 끝나면 일찍 집에 갈 수는 있지만, 반대로 수업이 늦게 시

| 표 4-11 | 2020학년도 공강 프로그램 및 운영 장소

프로그램	장소
휴식	2층 유유자적실
자기주도 학습	3층 이해득실
독서 활동	3층 갈빛채움(도서관)
개인별 프로젝트 활동	4층 학습실

작한다고 해서 등교 시간을 늦추진 않았다. 한편에서는 하교와 똑같이 시간표에 맞춰 등교할 수 있게 해야 한다는 의견도 일부 있었다. 하지만 학생의 생활습관과 리듬을 불규칙하게 만들 수 있다는 의견이 훨씬 대다수였기 때문에 등교 시간은 그대로 유지한 것이다. 어쨌든 학생마다 하교 시간이 달라지다 보니 7교시가 끝난 후 종례하는 것은 불가능했고, 담임교사들은 점심시간에 종례와 청소지도를 했다.

일주일의 35시간 중 '교과수업 30시간+창의적 체험활동 2시간+공강 3시간'이 돌아가니, 시수가 부족한 과목과 창의적 체험활동이 생겼다. 190일의 수업일수만으로는 17주를 채우기 어려운 상황이 생겨서 수업일수를 늘리고, 보강 수업을 잡거나 기말고사 후

학교생활기록부 작업을 위해 여유 있게 잡았던 수업 일정을 7교시까지 꽉 채워 시수를 확보했다.

▶ 선호도 조사를 통한 선택군 정리와 공간의 혁신

2020년에는 가수요 조사를 통해 선호하는 과목에 따라 선택군을 정리했다. 즉 학생 대다수가 선택하는 과목은 필수로 넣거나 묶어서 택1로 넣었다. 그렇게 했더니 시간표가 다소 정리되어 학생당 공강이 1시간 정도로 크게 줄었다. 그리고 학생들이 공강 시간을 잘 활용할 수 있도록 각 층에 용도에 따라 공강 시간에 머물 만한 공간을 구축했다. 우선 학생들이 자신의 시간표를 확인하고 공강 시간을 확인하면 표 4-11(183쪽 참조)에 제시된 프로그램 중 희망하는 프로그램을 신청한다. 프로그램은 휴식, 자기주도학습, 독서, 개인별 프로젝트 학습으로 구분된다. 그리고 프로그램에 따라 학생들은 공강 시간에 해당 실로 이동해서 시간을 보낸다.

각 실은 용도에 맞게 시설을 구축했다. 2층 휴식 공간을 2층 홈베이스로 활용해서 소파와 테이블을 마련했으며, 학생들이 간이 공연을 할 수 있는 무대도 설치했다. 3층 이해득실에는 개인 공부가 가능하도록 칸막이로 구분된 책상들을 배치했다. 4층 학습실은 정보학습실로 바뀌었는데, 2021년에는 다른 학습 공간(OPEN LAP)에서 학생들이 시간을 보낼 수 있게 조성했다. 모든 공간에는 무선 와이파이를 설치해서 학생들이 인터넷을 자유롭게 사용하는 데 어려움이 없도록 배려하였다.

각 실은 특성에 맞게 규칙을 정해서 이 규칙에 따라 운영되며 전 교사의 수업 공강 시간을 파악해 감독표를 짜고 감독교사를 배치한다. 이는 학년부 담당자가 담당하며 한 달에 1번에서 2번 정도 돌아오게 했다. 학년부 담당자의 주된 역할은 학생 안전지도로, 출석 확인하고 무단 이탈자가 없는지 확인하는 것이다. 만약 학생이 무단으로 이탈한 경우에는 횟수에 따라 선도위원회에 올라가고 징계를 받게 했다. 아무리 학생 자유시간이라고는 해도 학생이 학교에 머무는 한, 그 정도 최소한의 장치를 마련해야 안전 사고에 대비할 수 있기 때문이다.

2020년에는 2019년에 비해 공강 프로그램과 감독 시스템이 체계적으로 마련되어 운영의 불편함이 한결 줄어들었다. 무엇보다 학생이 공강 시간에 머물러 있을 공간도 마련되어 프로그램을 더욱 효율적으로 운영할 수 있었다. 하지만 여전히 학생들의 다양한 요구(공강 시간에 운동 및 취미활동을 하길 원함)를 들어주기엔 인프라가 부족한 편이다. 학생들이 머물 공간도 부족하고, 옆에서 학생 안전 지도를 담당할 인력도 부족한 상황이다. 교사들이 수업과 학생 상담도 하면서 감독 지도까지 하기에는 업무가 과중하기 때문이다. 따라서 공강이 학생들의 다양한 선택에 따라 필수적으로 생기는 상황이라면 이를 내실 있게 운영할 수 있도록 물적·인적 지원이 우선적으로 이루어져야 할 것이다.

교과교실을 기반으로
학교 공간을 바꿔가다

고교학점제를 내실 있게 운영하려면 공간이 뒷받침되어야 한다. 갈매고는 교과교실을 기반으로 다양한 수업 공간, 학생 휴게 공간, 공강 시간에 이용할 공간 등을 조성하였다. 학교 공간을 조성할 때는 학생이 주인이 되어야 하며, 공간도 교육이 될 수 있어야 한다는 교육철학을 공유하고 학생과 함께 학교 공간을 구성했다.

우선 표 4-12처럼 각 교과마다 '교과교실 ZONE'을 만들고 각 교과교실을 배치했다. 학생들의 이동 피로도를 줄이기 위해 이동 동

| 표 4-12 | 갈매고의 교과교실 배치도

층	배치 내용	
5층	1학년 교실, 예체능 교과 ZONE	
4층	수학과 교실ZONE, 과학과 교실 ZONE, 영어과 교실 ZONE, 다교과실(2학년 교실)	
3층	외국어과 교실 ZONE, 사회과 교실 ZONE, 수학과 교실 ZONE, 도서관(2, 3학년 교실)	
2층	국어과 교실ZONE, 사회과 교실ZONE, 다교과실(3학년 교실)	
1층	교육지원 공간	진로-보건 활동실, 기술가정교과실ZONE

선을 최소화하고자 근접한 두 개 층의 교실을 활용하여 같은 교과의 교실로 배치하고, 이동 시 혼란을 줄이기 위해 1층 교실은 1○○호, 2층 교실은 2○○호, 3층 교실은 3○○호 등의 방식으로 교실에 호수를 매겼다. 그리고 교과교실 배치도 개설된 교과 과목 수와 학생의 이동 효율성에 따라 매년 바꾸고 있다.

갈매고는 매시간 이동 수업을 하기 때문에 학생들을 위한 사물함 배치 및 휴식 공간을 확보해야 했다. 이에 홈베이스에 사물함

직접 가구 만들기

가구와 조명을 고르는 학생들

지니프로젝트 진행 모습
지니 프로그램을 진행해 공강 시간에 학생들이 사용할 공간은 학생들이 직접 주인이 되어 구축하도록 하였다.

사물함이 배치된 홈베이스 / 복도 휴게 공간 / 상상 카페 / 2층 유유자적실 / 3층 무명유실 / 3층 이해득실

갈매고 휴게 공간 및 공강 시간 활용 공간

학교 공간을 학생들이 직접 디자인하고, 가구와 물품을 골랐다. 그리고 각 공간의 용도와 활용 방안에 대해서도 직접 구상했다.

을 배치하고, 복도 및 유휴 공간을 활용하여 쉬는 시간에 학생들이 이용할 수 있는 휴게 공간을 마련했다. 공강 시간에는 학생들이 원하는 장소에서 원하는 활동을 하면서 보낼 수 있도록 '공강 교실'을 구축하여 공강 시간 활용도를 높이기도 했다.

공강 시간에 사용할 공간은 사용자 참여 설계로 하여 학생들이 직접 주인이 되어 구축할 수 있게 했다. '지니 프로젝트'라는 이름으로 참여할 학생을 모집하여 학생들이 직접 공간을 디자인하고, 가구와 물품을 골랐다. 그리고 각 공간의 용도와 활용 방안에 대해서도 직접 구상했다. '지니 프로젝트'가 진행되는 동안 학생들은 각 공간에 맞게 직접 가구와 조명을 고르고 가구를 만드는 등의 다양한 활동을 진행했으며(187쪽 사진 참조), 이러한 프로젝트는 실제 구축된 공강 교실 및 휴게 공간에 반영되었다.

고교학점제에서는 다양한 교과가 개설되는 만큼 다양한 형태의 수업이 이루어진다. 갈매고는 이러한 다양한 수업을 지원하기 위해 학습 환경도 다양하게 구축하고자 노력하고 있다. 대표적으로 각 공간을 조성할 때는 학생이 주인이 되도록 **사용자 참여 설계** 방식으로 진행했다. 특히 각 층에 마련되어 있는 '메이커 공간'은 학생들이 직접 참여하여 기획하고 아이디어를 제시하여 만들어진 공간이다.

사용자 참여 설계 시에는 우선 희망하는 학생을 먼저 모집하는 방식으로 진행했다. 그리고 학생들을 대상으로 워크숍을 실시했다. 이는 공간에 대한 기본 개념과 철학이 있어야 제대로 된 공간

아이디어 내기   아이디어로 직접 설계하기

아이디어 발표하기   아이디어 시뮬레이션하기

4층 IDEA FACTORY   4층 미디로그

사용자 참여 설계로 'MAKER' 공간 만들기

다양한 과목이 개설되면서 다양한 형태의 수업이 이루어지는 만큼 이러한 수업들이 이루어질
수 있는 환경을 구축하기 위해 노력하고 있다.

을 조성할 수 있기 때문이다. 워크숍에서 공간과 학교가 어떻게 연결되는지, 다양한 활동이 이루어지는 공간에는 어떤 것들이 있는지 등의 예시를 보여주고 학생들이 원하는 공간의 모습을 찾아오게 했다. 학생들은 자신이 원하는 학교 공간과 비슷한 곳을 찾아서 발표하고, 아이디어를 얻어 학교 공간을 설계했다. 그리고 이에 따라 설계도를 그리고, 다양한 도구를 활용해서 모형 구조물을 만들어 발표했다. 발표된 의견들을 수렴하여 최종적으로 어떤 공간으로 만들지 결정한 다음 건축 설계사가 설계 자료를 만들어 왔다. 이를 보고 학생과 교사가 함께 자료를 보며 의견을 주고받으며 수정하는 과정을 거쳐 공간의 모습이 최종 결정되었다.

이렇게 조성된 공간에 'MAKER' 공간으로 이름을 붙인 것이다. 1층의 '목공실', 2층의 '문화 · 예술 휴게 공간', 3층의 '유네스코실', 4층의 'IDEA FACTORY', '맵시 MAKER', '살림 MAKER', '미디로그' 교실 모두 'MAKER' 공간으로 분류하고, 이곳에서 학생들이 상상력을 확장하고, 성장할 수 있는 활동을 할 수 있도록 공간의 성격을 규정했다. 이 공간들은 공강 및 쉬는 시간을 위한 공간, 방과 후에 학생들의 휴식 공간, 프로젝트 학습 공간, 동아리활동 공간 등으로 다양하게 활용할 수 있으며, 이곳에서 다양한 제작활동과 관련된 수업도 이루어질 수 있다.

과목을 개설하기 전에 좋은 공간을 미리 완벽하게 구축해놓으면 좋겠지만, 현실적으로 그렇지 못한 경우도 많다. 갈매고에서

텃밭 가꾸기 수업이 이루어지는 텃밭 공간   텃밭 가꾸기 수업 장면
'도담도담터'   (실내)

텃밭 가꾸기 수업 장면   천연재료를 활용한 수업이 이루어지는
(실외)   '살림MAKER실'

텃밭 가꾸기 수업 공간과 '살림MAKER' 공간
'텃밭 가꾸기'는 매년 수업이 진행될수록 공간도 함께 정리되면서 현재 잘 가꿔진 상태로 운영 중이다. 이후 커리큘럼도 더 발전해 '살림 MAKER' 공간에서 천연재료로 농약, 선크림, 모기퇴치제 만들기 등도 커리큘럼으로 활용되었다.

운영하는 '텃밭 가꾸기' 수업 공간이 그 예이다. 처음에는 소소하게 텃밭용 화분을 사용해서 수업을 진행할 계획으로 과목을 개설했는데, 예상보다 신청자 수가 많아서 부랴부랴 화단을 활용해서 실제로 텃밭 공간을 조성하기도 했다. 비록 수업 초반에는 급조된 공간이었지만, 매년 수업이 진행될수록 텃밭 공간이 점점 정리되어 현재는 잘 가꿔진 상태에서 운영되고 있다. 공간뿐만 아니라 커리큘럼도 한층 발전했다. 예컨대 '살림 MAKER' 공간에서 천연 농약 만들기, 천연 선크림 만들기, 천연 모기퇴치제 등을 직접 만드는 수업도 텃밭 가꾸기 커리큘럼으로 활용되었다. '살림 MAKER'에서 진행되는 천연재료를 활용한 물품 만들기 수업은 미이수 대상자를 위한 대안교육 프로그램, 학부모 대상 교육 프로그램, 교사 대상 프로그램 등이 다양하게 진행된다.

고교학점제는 모든 학생이 교육과정에서 주도적인 역할을 수행한다. 성적 우수자로 이루어진 소수 주연만 돋보이는 역할을 하고 나머지 다수의 들러리로 구성된 교육과정이 아닌 학생 각자가 자신이 설계한 교육과정의 주인공이 되는 제도이다. 이와 발맞춰 갈매고는 공간혁신에 있어서도 학생중심을 실현하기 위해 꾸준히 노력해왔다. 학생이 공간의 주인이 되는 것, 공간이 배움의 현장이 되는 것, 공간이 공유와 협력의 현장이 되는 것 등을 방향으로 삼고 학생이 직접 참여해서 공간을 조성하도록 한 것이다. 그리고 이런 공간을 만들기 위해 '레인보우 메이커학교' 같은 사업을 도입하기도 했지만, 무엇보다 학기 중간에도 여러 차례의 협의를 통해 불필요한 예산 사용이 생기지 않도록 점검하고, 가능한 예산은 학교 공간을 조성하는 데 주로 사용했다.

여전히 교실 수도 부족하고, 풍족한 예산을 투입하지 못해 교육공동체 구성원 모두의 바람을 다 충족하기에는 많이 부족하다. 하지만 학생이 주도적인 역할을 해서 학교 공간을 조성하고, 협의의 과정으로 학교 예산을 조절해 가며 공간을 조성했다는 점에서 갈매고의 사례는 의미가 있다.

교사의 역할 변화에 따른 역량 강화 지원 방안은?

끝으로 살펴볼 것이 바로 교사의 역량 강화를 위한 방안이다. 고교학점제가 도입되면서 교사의 역할 변화가 불가피해졌다. 즉 이전보다 교과 수업 전문성이 훨씬 더 강조되고, 학급관리자로서의 역량보다는 교육과정 설계자, 조언자로서의 역량이 한층 더 요구된다. 이런 변화에 따라 갈매고는 교사들을 위한 '교육과정 매니저 과정' 연수와 '교사 학습공동체'를 운영하고 있다.

교육과정 매니저 과정

'교육과정 매니저 과정'은 교사의 교육과정 문해력 향상 및 학업설계지도 역량을 강화하기 위한 연수이다. 학생을 단순히 지도·관리하는 차원이 아닌 진로설계와 과목 선택을 위한 상담, 안내 정보 제공 등의 역할 수행을 위한 교사의 역량 제고에 목적을 두고 있다. 연수는 온라인 원격수업 주간을 활용하여 학년별로 진행하였으며, 강의형과 모둠별 토의 및 실습(워크샵/시뮬레이션)의 방법을 적절하게 활용했다. 고교-대학 연계 교육의 가장 활발한 논점(대학이나 진로와 연관하여 고등학교에서 어떤 과목을 이수할 필요가 있는가?)에 초점을 맞추되, 고등학교에서 대학의 전공 관련 과목을 선택 이수하는 것이 대학입시에 유리하기 때문이 아니라 추후 대

| 표 4-13 | 2020학년도에 진행된 연수의 일정과 내용

	시기	대상	연수 내용
1차시	3월	전 교사	고교학점제 및 2015 개정 교육과정에 대한 이해 연수
2차시	5월	전 교사	갈매고등학교 책임교육의 이해 연수
3차시	6월	1, 2학년 담임교사	갈매고등학교 교육과정의 이해 연수
4차시	6월	1, 2학년 담임교사	학생 선택 시뮬레이션 워크숍
5차시	7월	전 교사	고교학점제와 대입의 이해 연수

학에서의 학업 수행에 긍정적인 영향을 준다는 점을 강조하여 연수 내용을 계획했다. 2020학년도에 진행된 연수의 일정과 내용은 위의 표 4-13과 같다. 이 표에서 4차시에 진행된 '학생 선택 시뮬레이션' 워크숍은 실행학습으로 진행되었다. 각 반의 담임교사가 반에서 성적 상·중·하이면서 진로가 다양한 학생을 3명 정도 추려서 학생 데이터를 가져오고, 학생의 입장에서 과목 선택을 직접 해보는 방식이다.

실제 과목 선택을 해보면서 어떤 점이 어려운지, 어떤 설명이 들어가면 좋은지, 학생에게 어떤 조언과 안내가 필요한지 등을 다각도로 검토한다. 그리고 이를 반영하여 교육과정 선택 안내 자료를 수정하고, 학생의 진로와 성적에 따른 선택과목 데이터를 만들었다. 그리고 이를 학년부 내에서 공유하여 상담자료로 활용하였다.

교사 전문적 학습공동체

'교사 전문적 학습공동체'는 수업 및 평가 역량 강화를 위한 교사 연구 학습공동체로 경기도교육청에서는 모든 학교에서 대다수 교사가 참여해서 활동하도록 독려하고 있다. 연구 활동 시간은 직무 연수로 인정이 되며, 각 학습공동체의 커리큘럼에 따라 60시간, 30시간, 15시간 등으로 다양하게 운영된다. 경기도의 경우 많은 학교

교육과정 매니저 과정 연수 모습
교사의 교육과정 리터러시 향상 및 학업 설계 지도 역량을 강화하기 위한 연수이다.

에서 모든 교사가 전문적 학습공동체에 참여하도록 주관부서가 연수 프로그램을 운영하는 경우가 많다. 하지만 갈매고의 경우 2020년부터 교사들이 자율적으로 학습공동체를 구성해서 운영하게 했다. 이는 고교학점제가 개별 학생의 다양성을 존중하는 교육과정인 만큼, 교사를 대상으로 한 연수도 자율성과 다양성에 기반을 두어야 한다는 의견에 따른 것이다. 물론 그렇게 되었을 때 일부 적극적인 교사만 참여하지 않을까 하는 우려가 있었지만, 경기도의

| 표 4-14 | 2021학년도 갈매고의 전문적 학습공동체 운영 현황

순	전문적 학습공동체명	구성 단위	인원
1	갈매교정	주제	5
2	행복한 배움, 따뜻한 교육공동체 시즌2 - 교사는 무엇으로 사는가	주제	8
3	지속가능 환경을 위한 메이킹	주제	4
4	동창회(동반성장 창체프로그램 연구회)	주제	8
5	AI교과 융합 메이커	주제	6
6	인문학을 통한 학생 생활교육	주제	11
7	사제동행 성찰 프로그램 개발	주제	5
8	진로교육 전문적 학습공동체	주제	10
계	학교 안 전문적 학습공동체 수 (8)개		총 신청인원 (57)명

경우 이미 전문적 학습공동체 문화가 형성되어 있어서 교사 대부분이 참여할 것이라는 기대도 있었다. 학습공동체에서 실제 운영된주제는 표 4-14(197쪽 참조)에서 정리한 바와 같으며, 우려와 달리 전 교사가 자발적으로 참여했다.

학교 안에서 '전문적 학습공동체'가 활성화되려면 일과 중에 운영할 수 있는 시간을 마련해주어야 한다. 그래야 교사들이 방과 후에 시간을 따로 투자해야 하는 부담 없이 학습공동체에 좀 더 적극적으로 참여할 수 있기 때문이다. 2019년의 경우에는 한 학생당 공강이 3시간씩 발생하면서 일과 중에는 전문적 학습공동체나

25	7		26	4	5교시: 자치 전문적학습공동체
2	7		3	4	5교시: 자치 6,7,8교시: 동아리
9	7		10	4	5교시: 자치
16	7		17	4	5교시: 봉사 6,7,8교시: 동아리
23	7		24	4	6,7,8교시: 2학년 동아리
30	2	2차 지필고사 (전문적학습공동체)	31	2	2차 지필고사 (전문적학습공동체)

학사 운영 계획에 전문적 학습공동체 운영 반영

전문적 학습공동체 연구 공간 교사협의회실 구축

갈매고 전문적 학습공동체 운영 시간 예시 및 교사 협의회실 모습
'전문적 학습공동체'가 활성화되려면 일과 중에 운영해야 교사들이 방과 후에 시간을 따로 투자해야 하는 부담 없이 학습공동체에 참여할 수 있다.

교사 연수를 진행할 시간을 확보하지 못했다. 하지만 2020년부터는 공강이 1시간으로 일괄 줄면서 학사운영 계획에 전문적 학습공동체 운영 시간을 확보할 수 있었다. 1~2달에 한 번 정도 금요일 6, 7교시를 비우고 시험 기간을 활용해서 전문적 학습공동체나 교사협의회를 진행했다. 또한 교사협의회실을 새로 구축하여 일반 협의뿐만 아니라 전문적 학습공동체 연구 공간으로도 활용할 수 있게 하는 등 학교 차원에서도 전문적 학습공동체 운영을 지원하기 위해 최대한 노력했다.

| 표 4-15 | 1학기 교사별 수업 공개 운영 계획 내용 일부

수업 공개 계획									
연번	교사명	교과(학급)	참관교사	공개일자	교시	수업주제(핵심내용)	수업 구성 및 흐름	수업의 주안점	관심학생(선택)
1	○ ○ ○	통합사회(1-◇)	전학공구성원	2020/07/16	2	집중 탐구한 환경 문제에 대한 현황과 해결방안(실천방안)을 제시하고 해당 환경 문제를 알리는 퍼포먼스 기획하기	1. 다양한 환경 문제 중 관심 있는 환경 문제 선택 2. 선택한 환경 문제의 원인, 현황, 해결 방안(실천계획)을 탐구하고 해당 환경 문제를 알리는 퍼포먼스 기획 및 연출 3. 제시된 서식에 맞춰 보고서 작성	1. 학생들이 어떤 부분에서 흥미를 가지는가? 2. 학생들은 어떻게 배움을 구성하는가? 3. 학생들은 언제 배움에서 멀어지는가?	○ ○ ○

전문적 학습공동체가 주로 수업 개선을 위한 공동 연구를 진행했기 때문에, 수업 공개 및 나눔회를 위한 수업 친구 모둠은 전문적 학습공동체를 중심으로 편성했다. 수업 공개 및 나눔회는 1학기와 2학기, 두 차례 운영했다. 그리고 수업 나눔회의 내용을 바탕으로 교과 간 수업 사례 나눔을 실시했다. 이후 갤러리 워크 방식을 이용하여 타 교과와 사례를 나눈 후 수업 개선 방안 모색하는 워크숍을 진행했다. 이는 한 학기에 한 번씩 운영하기로 계획했는데 1학기에는 오프라인으로 진행하고, 2학기에는 코로나19 상황이 심각해지면서 운영하지 못하였다. 표 4-15(199쪽 참조)는 2020학년도 1학기에 교사별 수업 공개 운영 계획 중 일부이며, 아래 그림은 실제 수업 사례 나눔

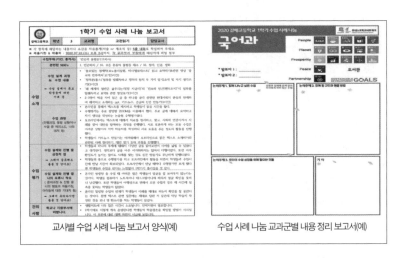

교사별 수업 사례 나눔 보고서 양식(예)　　수업 사례 나눔 교과군별 내용 정리 보고서(예)

1학기 수업 사례 나눔 보고서(좌) 및 교과별 수업 사례 공유 내용 정리 양식(우)
양식에서 볼 수 있는 것처럼 학습공동체에서는 주로 수업 개선을 위한 공동 연구를 진행했다. 2학기에는 갑자기 악화된 코로나19 상황의 여파로 인해 아쉽게도 1학기와 같이 운영하지 못하였다.

보고서에 작성된 내용과 교과별로 내용을 정리하는 양식이다.

갈매고는 전문적 학습공동체를 활성화하는 한편, 이와 연계한 주제통합 수업, 수업 공개, 수업 나눔회 등을 다양하게 진행함으로써 **수업의 개방성**을 높였다. 수업 사례 나눔은 외부의 수업 전문가가 아닌 본교 수업 교사들을 중심으로 이루어져 교과별, 교과 간 수업에 대해 갖고 있던 공통된 고민 지점을 찾아 공유하고, 해결 방안을 함께 모색하여 교육공동체의 문제를 공동 실천으로 해결하는 기회를 가질 수 있었다는 점에서 의미가 있다.

갈매고의 교원 역량 강화 지원 방안은 혁신학교 문화를 기반으로 한다. 경기도에서는 공동 연구 및 공동 실천을 기반으로 한 교사 학습공동체를 혁신학교 4대 과제 중 하나로 중요하게 설정하고 모든 학교에서 운영하도록 독려해왔다. 그리고 교사 학습공동체는 교육공동체가 동반 성장할 수 있는 토대가 된다는 점에서 앞으로 고교학점제에 시사하는 바가 크다.

완전 개방형 교육과정으로 운영하여 학생 선택권을 최대한 보장하다

| 학교유형 | 일반고 | | 설립 | 2005년 | |
| 지역 | 서울/수도권 | | 지방광역시 | | 농산어촌 |

학급 수			교원 수		학생 수 (2020년 7월 기준)		
총 33개 학급			총 98명 남 43명 여 55명		총 865명		
1학년	2학년	3학년	교원 1인당 학생 수		1학년	2학년	3학년
11	11	11	11.3명		293명	291명	281명

체계화된 맞춤형 진로학업설계를 실현하기 위한 교육과정을 운영하다

앞선 경기도 지역의 일반고 사례에 이어서 5장에서는 서울시 소재의 일반고인 불암고등학교(이하 불암고)의 교육과정 운영 및 편성 사례를 살펴보고자 한다. 불암고는 학년당 11학급 규모의 공립 남녀공학이다. 불암고가 위치한 지역은 서울시 노원구 중계동 인근으로 교육에 대한 열의가 매우 높은 지역이다 보니 학원이나 과외 등 사교육 시설도 매우 많은 편이다. 그중에서도 불암고가 자리하고 있는 중계동 은행사거리는 특히나 학원이 많기로 유명하고, 학부모의 높은 교육열 때문에 속칭 '강북 8학군'이라는 별칭으로 불리기도 한다. 공립학교인 불암고 주변에는 7개의 사립고가 있으며, 이들 사립고들 중에는 전통적으로 명문이라 불리는 학교들이 많다.

불암고의 교육과정 편성은 **완전 개방형 교육과정**을 기본 틀로 하고 있다. 다시 말해 학생들의 과목 선택권을 최대한 보장하는 차원에서 모든 선택과목은 영역의 제한 없이 학생들이 자유롭게 선택할 수 있도록 하고 있다.

2018년 입학생에 대한 선택 교육과정 편성 현황

학생들의 과목 선택 전에 먼저 학생들에게 과목별 주요 내용과 국가 교육과정에서 요구하는 교과별 필수이수단위에 대해 안내하였다. 이러한 교과별 자료를 참고하여 학생들이 과목을 선택할 수 있도록 안내한 것이다. 다만 이러한 자료는 어디까지나 참고일 뿐, 최종적인 과목 선택은 어디까지나 학생이 자유롭게 할 수 있도록 했다. 이를 위해 필수이수단위 확보를 명목으로 선택과목에서 특정 과목으로만 제한하지 않았다. 즉 어차피 특정 과목을 선택할 수밖에 없는 무늬만 선택 교육과정 운영이 되지 않도록 한 것이다.

| 표 5-1 | 2018년 입학생을 위한 교육과정 과목 편성표

구분	교과영역	교과(군)	과목유형	세부교과목	기준단위	운영단위	1학년 1학기	1학년 2학기	2학년 1학기	2학년 2학기	3학년 1학기	3학년 2학기	비고	이수단위	필수단위
학교지정	기초	국어	공통	국어	8	8	4	4						16	10
			일반	언어와 매체	5	4			4						
			일반	문학	5	4				4					
		수학	공통	수학	8	8	4	4						16	10
			일반	수학 I	5	4			4						
			일반	확률과 통계	5	4				4 (택1)					
			진로	실용 수학	5	4									
		영어	공통	영어	8	8	4	4						16	10
			일반	영어 I	5	4			4						
			일반	영어 II	5	4				4					
		한국사	공통	한국사	6	6	3	3						6	6
	탐구	사회	공통	통합사회	8	6	3	3						6	10
		과학	공통	통합과학	8	8	5	3						10	12
			공통	과학탐구실험	2	2		2							
	체육·예술	체육	일반	체육	5	6	1	1	2	2				10	10
			일반	운동과 건강	5	4					2	2			
		예술	일반	음악	5	3	3	(3)						6	10
			일반	미술	5	3	(3)	3							
	생활·교양	기술·가정	일반	기술·가정	5	3	3	(3)						10	16
		한문	일반	한문 I	5	3	(3)	3							
		교양	일반	논술	5	4			1	1	1	1			

구분	교과영역	교과(군)	과목유형	세 부 교과목	기준단위	운영단위	1학년		2학년		3학년		비고	이수단위	필수단위
							1학기	2학기	1학기	2학기	1학기	2학기			
2학년 선택	기초	국어	진로	고전 읽기	5	6									
		수학	일반	수학II	5	6									
		영어	진로	영미문학 읽기	5	6									
	탐구	사회	일반	세계사	5	6									
			일반	세계지리	5	6									
			일반	정치와 법	5	6									
			일반	경제	5	6									
			일반	생활과 윤리	5	6									
		과학	일반	물리학 I	5	6									
			일반	화학 I	5	6									
			일반	생명과학 I	5	6			15 (택5)	15 (택5)				30	
			일반	지구과학 I	5	6									
			진로	생활과 과학	5	6									
			진로	과학과제 연구	5	6									
	체육 · 예술	예술	진로	음악 감상과 비평	5	6									
			진로	미술 창작	5	6									
			진로	평면 조형	5	6									
			진로	입체 조형	5	6									
			진로	문학과 매체	5	6									
	생활 · 교양	기술 · 가정	일반	정보	5	6									
		제2 외국어/ 한문	일반	중국어 I	5	6									
			일반	일본어 I	5	6									

구분	교과영역	교과(군)	과목유형	세부교과목	기준단위	운영단위	1학년 1학기	1학년 2학기	2학년 1학기	2학년 2학기	3학년 1학기	3학년 2학기	비고	이수단위	필수단위
3학년 선택	기초	국어	일반	화법과 작문	5	6									
			일반	독서	5	6									
			진로	심화 국어	5	6									
		수학	일반	미적분	5	6									
			진로	기하	5	6									
			진로	경제 수학	5	6									
			진로	심화 수학 I	5	6									
			진로	고급 수학 I	5	6									
		영어	진로	심화 영어 독해 I	5	6									
			진로	진로 영어	5	6									
	탐구	사회	일반	동아시아사	5	6									
			일반	한국지리	5	6									
			일반	윤리와 사상	5	6									
			일반	사회·문화	5	6									
			진로	여행지리	5	6									
			진로	사회문제 탐구	5	6					27 (택9)	27 (택9)		54	
			진로	고전과 윤리	5	6									
		과학	진로	물리학 II	5	6									
			진로	화학 II	5	6									
			진로	생명과학 II	5	6									
			진로	지구과학 II	5	6									
			진로	과학사	5	6									
			진로	융합과학	5	6									
	체육·예술	예술	진로	미술 이론	5	6									
			진로	미술 전공 실기	5	6									
			진로	현대문학 감상	5	6									
	생활·교양	제2외국어/한문	진로	중국어 II	5	6									
			진로	일본어 II	5	6									
			진로	한문 II	5	6									
		교양	일반	환경	5	6									
			일반	실용 경제	5	6									
교과 이수단위 소계							30	30	30	30	30	30		180	94
창의적 체험활동					24	24	4	4	4	4	4	4		24	
학기별 총 이수단위							34	34	34	34	34	34		204	
학기당 과목수							7(2)	7(3)	8(2)	8(2)	8(3)	8(3)			
학년별 총 이수단위							68		68		68				

* 2,3학년 전체기간(2년)동안 사회/과학/예술 교과군, 생활·교양 교과영역에서 각각 최소 1과목 이상(모두 4과목 이상) 선택
* 2,3학년 전체기간(2년)동안 기초교과영역 6과목 이하 선택
* 2,3학년 전체기간(2년)동안 과목유형 진로과목 3과목 이상 선택

2학년에서는 학교 지정과목과 선택과목을 반반으로 운영하고 있으며, 3학년은 체육 교과인 '운동과 건강'과 교양 교과인 '논술' 두 과목을 지정과목으로 둔 것 외에는 완전 개방형으로 설계하였다. 이런 방식으로 편성된 2018년 입학생의 2·3학년 교육과정은 표 5-1과(204~206쪽 참조) 같다.

　표 5-1에서 정리한 2018학년도 입학생의 교육과정 편성표에 나타난 바와 같이 불암고 교육과정의 가장 큰 특성은 교과 영역의 칸막이를 깬 **선택과목의 완전 개방**이다. 예컨대 2·3학년 학년 선택과목을 살펴보자(205~206쪽 참조). 기초, 탐구, 체육·예술, 생활·교양의 각 영역 사이에 선택 제한이 없고, 각 선택과목의 단위 수도 6단위로 통일되어 있어 학생들이 자유롭게 과목 선택을 할 수 있는 구조임을 알 수 있다. 학생들은 2년간 선택교과 영역에서 각자 희망하는 14과목을 골라서 선택하면 된다. 이처럼 선택교과 영역을 모두 개방해 영역별 이수 제한을 두지 않은 교육과정 편성은 학생들의 선택을 거의 100% 받아줄 수 있는 장점이 있다.

2019년 입학생에 대한 선택 교육과정 편성 현황

2019년 입학생의 과목 편성은 2018년 입학생의 과목 편성을 기초로 하되 교과별 개설 과목을 일부 교체하고, 과목을 개설하는 학년 등을 일부 조정하였다. 이에 따른 과목 편성표는 다음의 표 5-2와(208~210쪽 참조) 같다.

| 표 5-2 | 2019년 입학생 선택 교육과정 과목 편성표

구분	교과영역	교과(군)	과목유형	세부교과목	기준단위	운영단위	1학년 1학기	1학년 2학기	2학년 1학기	2학년 2학기	3학년 1학기	3학년 2학기	비고	이수단위	필수단위
학교 지정	기초	국어	공통	국어	8	8	4	4							20	10
			일반	문학	5	6			3	3					
			일반	독서	5	6					3	3			
		수학	공통	수학	8	8	4	4						18	10
			일반	수학I	5	5			5						
			일반	수학II	5	5				5					
		영어	공통	영어	8	8	4	4						20	10
			일반	영어I	5	6			3	3					
			일반	영어II	5	6					3	3			
		한국사	공통	한국사	6	6	3	3						6	6
	탐구	사회	공통	통합사회	8	8	4	4						8	10
		과학	공통	통합과학	8	8	5	3						10	12
			공통	과학탐구실험	2	2		2							
	체육·예술	체육	일반	체육	5	4	2	2						10	10
			일반	운동과 건강	5	6			2	2	1	1			
		예술	일반	음악	5	3	1	(1)	2	(2)				10	10
			일반	미술	5	3	(1)	1	(2)	2					
			진로	음악 감상과 비평	5	2					1	1			
			진로	미술 창작	5	2					1	1			
	생활·교양	기술·가정	일반	기술·가정	5	3	3	(3)						6	16
		한문	일반	한문I	5	3	(3)	3							

구분	교과영역	교과(군)	과목유형	세부교과목	기준단위	운영단위	1학년 1학기	1학년 2학기	2학년 1학기	2학년 2학기	3학년 1학기	3학년 2학기	비고	이수단위	필수단위
2학년 선택	기초	국어	일반	언어와 매체	5	6									
			진로	고전 읽기	5	6									
		수학	진로	기하	5	6									
		영어	진로	영어권 문화	5	6									
	탐구	사회	일반	세계사	5	6									
			일반	세계지리	5	6									
			일반	정치와 법	5	6									
			일반	경제	5	6			15 (택5)	15 (택5)				30	
			일반	생활과 윤리	5	6									
		과학	일반	물리학Ⅰ	5	6									
			일반	화학Ⅰ	5	6									
			일반	생명과학Ⅰ	5	6									
			일반	지구과학Ⅰ	5	6									
	생활·교양	기술·가정	일반	정보	5	6									
		제2외국어/한문	일반	중국어Ⅰ	5	6									
			일반	일본어Ⅰ	5	6									

구분	교과영역	교과(군)	과목유형	세부교과목	기준단위	운영단위	1학년 1학기	1학년 2학기	2학년 1학기	2학년 2학기	3학년 1학기	3학년 2학기	비고	이수단위	필수단위
3학년 선택	기초	국어	일반	화법과 작문	5	6									
			진로	심화 국어	5	6									
		수학	일반	확률과 통계	5	6									
			일반	미적분	5	6									
			진로	경제 수학	5	6									
		영어 (전문)	진로	심화 영어 독해 I	5	6							전문 I		
	탐구	사회	일반	동아시아사	5	6					21 (택7)	21 (택7)		42	
			일반	한국지리	5	6									
			일반	윤리와 사상	5	6									
			일반	사회·문화	5	6									
			진로	여행지리	5	6									
			진로	사회문제 탐구	5	6									
			진로	고전과 윤리	5	6									
		과학	진로	물리학 II	5	6									
			진로	화학 II	5	6									
			진로	생명과학 II	5	6									
			진로	지구과학 II	5	6									
	생활·교양	제2외국어/ 한문	진로	중국어 II	5	6									
			진로	일본어 II	5	6									
			진로	한문 II	5	6									
		교양	일반	논술	5	6									
			일반	교육학	5	6									
교과 이수단위 소계							30	30	30	30	30	30		180	94
창의적 체험활동					24	24	4	4	4	4	4	4		24	
학기별 총 이수단위							34	34	34	34	34	34		204	
학기당 과목수							7(2)	7(3)	8(2) /5(5)	8(2) /5(5)	8(4) /2(10)	8(4) /2(10)			
학년별 총 이수단위							68		68		68				

* 2,3학년 전체기간(2년) 동안 사회/과학 교과군에서 각각 최소 1과목 이상(모두 2과목 이상) 선택
* 2,3학년 전체기간(2년) 동안 생활·교양 교과영역에서 최소 2과목 이상 선택
* 2,3학년 전체기간(2년) 동안 기초교과영역 4과목 이하 선택
* 2,3학년 전체기간(2년) 동안 과목유형 진로과목 1과목 이상 선택
* 수능 선택과목 : 화법과 작문/언어와 매체 중 택1, 확률과 통계/미적분/기하 중 택1, 사회·과학 계열 구분 없이 택2

2018학년도 입학생의 교육과정 편성과 비교해 2019학년도 입학생의 교육과정 편성이 변화된 가장 큰 이유 중 하나는 바로 수능 과목의 차이 때문이다. 교과협의회와 교육과정운영위원회의 협의를 통해 수능 필수과목은 교육과정에서도 필수과목으로 운영하고, 수능에서의 선택과목들은 교육과정에서도 마찬가지로 선택으로 운영하는 방식으로 교육과정을 조정하였다. 즉 대학수학능력시험의 변화에 따라 2019학년도 입학생의 교육과정에서는 '독서'가 필수과목으로 조정되었고, 기초교과의 수능 필수과목 운영의 균형을 맞추기 위해 '영어Ⅰ', '영어Ⅱ'를 2·3학년에 나누어 편성하였다. 한편 2018학년도에는 필수과목이던 '확률과 통계'는 수능 선택과목으로 변경됨에 따라 수학 과목에서도 함께 조정되었다.

또한 불암고는 2019 입학생의 교육과정 편성부터 과학탐구 교과에 속한 진로 선택과목을 일부 조정하였다. 예컨대 2018년 입학생에게 2학년 진로 선택과목으로 개설했던 '생활과 과학'이나 3학년 진로 선택과목인 '과학사' 등은 주로 인문계열 학과로 진학하려는 학생들만 선택하는 경향이 두드러졌다. 이런 상황이다 보니 비록 학교가 의도한 바는 아니지만, 과학 탐구 교과에 속한 몇몇 진로 선택과목이 문과와 이과를 나누는 기준이 되고 만 것이다. 하지만 단순히 문·이과 구분용 선택과목을 편성하는 것은 2015 개정 교육과정의 취지와 맞지 않다는 의견이 있었기 때문에 2019학년도 입학생 편성표에서 이런 진로 선택과목들은 배제하였다.

완전 개방형 선택 교육과정 이수 로드맵의 운영 결과는?

앞서 정리한 것과 같이 편성된 교과목에 대해 2018년 1학년 학생들의 2학년 개설 과목 수강 신청은 2018년 6월·9월·10월에, 3학년 과목 수강 신청은 2019년 7월에 진행하였다. 3학년 과목 수강 신청을 2019년 7월에 다시 받기는 했지만, 2018년 2학년 과목의 수강 신청을 받을 때 3학년 과목에 대한 수강 신청도 늘 함께 진행한 것이다.

이렇게 수강 신청을 함께 진행하는 이유는 2015 개정 교육과정의 특성상 학생들이 2학년 과목 신청을 할 때 3학년 신청까지를 염두에 두고 자신의 교육과정 이수 로드맵을 그려야 하기 때문이다. 따라서 2019년 1학년 학생들의 경우도 2019년 7월에 1차로 2학년 과목 수강 신청을 받을 때, 역시 3학년 과목 신청도 함께 진행하였다. 수강 신청은 학교 자체 개발 모바일 프로그램의 알림·신청 시스템을 통해 이루어졌다. 다만 2020학년도부터는 교육부 수강 신청 프로그램을 활용하여 수강 신청을 진행하고 있다.

입학생의 과목 신청 및 운영 (2018년 입학생 기준)

2018년과 2019년에 1학년을 대상으로 실시했던 2학년 선택과목에 대한 수강 신청 결과는 각각 오른쪽의 표 5-3, 표 5-4와(213쪽 참조)

| 표 5-3 | 2018년 입학생들의 2학년 선택과목

타임	학급수	배정과목수	분반과목수	고전읽기	수학II	세계사	세계지리	정치와법	경제	생활과윤리	물리학I	화학I	생명과학I	지구과학I	생활과과학	음악감상과비평	미술창작	평면조형	입체조형	문학과매체	정보	중국어I	일본어I
A	11	10	1		55	17		23		30		28	26		29	27					25		27
B	11	9	2		57	19	15			59	24		28		30		28						27
C	11	9	2		53			24		55		28	26	29			27		19				26
D	11	10	1		58				19	30	20		29		29			20		29		25	28
E	11	11	0	29	27			20		28		28	28		26	28				23		23	27
합계				29	250	36	15	67	19	202	44	84	137	29	114	55	55	20	19	52	25	48	135

*전체 학생 수: 286명
*음영 표시된 부분은 두 학급으로 분반하여 운영하는 과목임

| 표 5-4 | 2019년 입학생들의 2학년 선택과목

타임	학급수	배정과목수	분반과목수	고전읽기	기하+수학과제탐구	영어권문화	세계사	세계지리	정치와법	경제	생활과윤리	물리학I	화학I	생명과학I	지구과학I	정보	중국어I	일본어I
A	11	11	0	31		20		19			23	63	22		29	33	27	27
B	11	11	0	31		22		20	21			63	20		29	33	28	27
C	11	11	0	28	23	23			28		31	20	29		26	34	29	23
D	11	11	0		22	21	27		24		31		27	34	29		31	24
E	11	11	0	28	21			25	26		27		25	28	32	28	30	24
합계				286	29	250	36	15	67	19	202	44	84	137	29	114	55	55

같다. 교육과정 편성표에 있던 선택과목들 중에서 워낙 극소수 학생만 선택했던 '영미문학 읽기'와 '과학과제 연구' 2과목을 제외한 모든 과목이 개설되었고, 학생 개개인의 경우의 수로 보자면 전체 학생 286명이 5개 과목을 선택하는 과정에서 208가지의 선택 조합이 나왔다.

수학Ⅱ처럼 수능 공통과목인 경우에는 예상했던 대로 다수의 학생들이 선택하기는 했지만, 그렇다고 학생 전원이 다 선택한 것은 아니었다. 또한 입시와 관련하여 학생들의 선호도가 높은 '생활과 윤리' 과목도 신청자가 많이 나오기는 했지만, 이것을 무조건 입시와 평가에 유리한 과목으로의 쏠림현상이라고 단정 짓기는 어렵다. 왜냐하면 입시와 직접적인 연관이 적은 제2외국어 과목에 대한 학생들의 선택도 결코 적지 않았기 때문이다. 그리고 이전 교육과정 운영체제라면 개설이 어려웠을 15명이 선택한 '세계지리'도 개설되었다.

학생들의 수강 신청을 받기 전에는 특정 과목으로의 지나친 쏠림 현상에 대한 우려가 높았다. 하지만 실제 수강 신청을 받아보니 약간의 쏠림이 있기는 해도 예상보다 심하지는 않았다. 각 영역에서 학생들의 선택이 골고루 나와 다행히 교사 수급 등에도 큰 문제가 발생하지는 않았다. 또한 학생 선택을 반영하는 교육과정에서는 자신의 진로와 관련이 있는 과목을 반드시 이수하고자 하는 학생들의 신청을 대부분 수용할 수 있었다.

2학년의 실제 선택과목 운영 (2018년 입학생 기준)

불암고의 모든 선택과목은 동일하게 6단위 학년제로 개설된다. 학기당 3단위라 2+1의 블록 수업 시간표를 구성하여 수업 시간을 운영하였다. 시간표 운영과 관련해서 교내에서 수차례 논의가 이루어졌고, 2019학년도를 시작하기 전에 교사 전체 설문을 통해 선택과목 수업을 특정 교시에 고정 배치하는 안과 블록 수업은 유지하되 다양한 시간대에 골고루 분산하는 안 중에서 선호도를 파악했다. 이 조사 결과를 반영해 블록 수업은 유지하되 다양한 시간대에 골고루 분산하는 안을 선택하였다. 그런 과정을 거쳐 표 5-5와(216쪽 상 참조) 같은 형태의 시간표를 1학기에 운영하였는데, 실제 2학년 수업을 담당한 교사들 다수의 요구에 의해 2학기에는 블록 수업의 구성은 표 5-6과(216쪽 하 참조) 같이 변경했다.

시간표 변경을 요구한 이유는 1학기 시간표처럼 운영할 경우, 공통으로 수강하는 과목을 담당하는 교사와 선택과목 담당 교사의 일부가 3시간 연강 수업을 하게 되는 데 따른 부담이 적지 않았기 때문이다. 충분히 예상했던 상황이기는 했지만, 1학기에는 학생들의 이동을 최소화하는 데 맞추어 시간표를 구성한 것인데, 실제로 2학년 5개 과목을 선택하는 상황에서 학생들은 쉬는 시간마다 자기의 본 학급으로 돌아가서 휴식을 취하는 경우가 많았다. 시간표 운영에서도 굳이 3시간 연강을 하지 않아도 되는 방법을 찾아내서 2학기에는 표 5-6과 같이 조정한 것이다. 다만 일방적인

| 표 5-5 | 2018년 입학생들의 2학년 선택과목 1학기 시간표

교시	월	화	수	목	금
1			A		
2		D	B		
3	A	D			C
4	A	E		D	C
5	C		동아리	E	B
6			적응	E	
7					

| 표 5-6 | 2018년 입학생들의 2학년 선택과목 2학기 시간표

교시	월	화	수	목	금
1		C			B
2	A		A	D	
3		E	A	D	C
4		E			C
5	B		동아리	E	
6	B	D	적응		
7					

결정이 아니라 결정하기 전에 학생들에게 해당 부분과 관련한 평가 설문조사를 실시하여 변경 가능 확인 절차에 학생들의 의견도 포함시켜 논의하였다.

3학년 과목 신청 (2018년 입학생 기준)

다음의 표 5-7과(218쪽 참조) 표 5-8은(219쪽 참조) 불암고 2018학년도 입학생들이 1학년 때 선택했던 3학년 선택과목과 2학년 때 선택한 3학년 선택과목을 각각 정리한 것이다(단, 신청 시점에 따라 전체 신청 학생 수에 약간의 차이가 있을 수 있다). 전체적으로 미적분이나 기하 등의 수학 교과나 물리학II, 화학II 등과 같은 과학 교과를 선택하겠다고 했던 학생들 상당수가 국어, 영어, 사회 과목으로 이동한 양상을 보였다. 또한 '교육학' 같은 교양 교과의 선택 학생 수도 이전 선택보다 증가세가 뚜렷하게 나타났다.

먼저 수학, 과학 과목의 선택이 줄어든 결과는 해당 영역의 2학년 선택과목을 한 학기 동안 공부하고 평가까지 마친 학생들의 생각이 반영된 결과이다. 2018학년도 입학생들은 진로 선택과목도 모두 성적 처리 방식에서 **등급제**의 적용을 받았다.[1] 아마도 이런 부분이 학생들에게는 적지 않은 부담으로 작용했다고 보인다. 실제로 수강한 학생들 대부분의 학력이 우수한 그룹인 물리학 선택 반의 경우, 학생들은 자신의 예상보다 훨씬 낮은 등급을 받기도 했다. 그러자 물리학을 선택했던 학생 상당수가 물리학과 관련된 분야의 진로를 포기하고, 3학년에서 물리학II를 선택하지 않는 경우들이 나타났기 때문이다.

---

1. 하지만 2019 입학생들부터는 진로 선택과목의 경우, 성적 산출에서 등급은 내지 않는 성취평가제를 적용하였다.

| 표 5-7 | 1학년 때 선택한 3학년 선택과목 조사 결과(2018년 입학생)

학급 수	10	12	11	11	12	11	10	11	11	배정 (명)	미배정 (명)	합계 (명)
타임	A	B	C	D	E	F	G	H	I	2,619 (291)	0(0)	2,619 (291)
화법과작문	30	29	30	29	29	30	31	31	30	269	0	269
독서	31	31	31	30	25	31	31	31	31	272	0	272
심화국어	0	0	0	0	0	17	0	0	16	33	0	33
미적분	29	26	28	23	26	0	0	0	0	132	0	132
기하	0	0	0	0	0	0	0	31	30	61	0	61
경제수학	0	0	20	0	0	0	0	0	0	20	0	20
심화수학I	0	0	0	0	0	22	24	22	0	68	0	68
심화 영어독해I	30	27	29	28	26	0	30	0	29	199	0	199
진로영어	0	0	0	31	0	31	0	0	0	62	0	62
동아시아사	0	0	0	0	18	0	0	22	0	40	0	40
한국지리	0	17	0	0	0	18	0	0	0	35	0	35
윤리와사상	0	0	0	26	25	0	29	29	27	136	0	136
사회·문화	31	28	30	28	26	30	30	31	0	234	0	234
여행지리	26	19	24	0	0	0	0	0	0	69	0	69
사회문제 탐구	0	0	0	26	0	28	0	26	27	107	0	107
물리학II	26	0	0	0	0	0	0	0	0	26	0	26
화학II	0	24	24	0	24	0	0	0	0	72	0	72
생명과학II	27	0	0	0	0	27	27	0	0	81	0	81
지구과학II	0	12	0	0	0	0	0	0	0	12	0	12
과학사	0	0	0	0	0	0	31	0	26	57	0	57
융합과학	0	0	0	0	14	0	0	0	0	14	0	14
미술이론	0	0	18	18	0	0	0	0	0	36	0	36
미술전공 실기	0	0	0	0	0	0	0	22	0	22	0	22
현대문학 감상	30	24	27	24	25	29	29	0	0	188	0	188
중국어II	0	0	0	0	0	0	0	18	18	36	0	36
일본어II	31	0	30	28	0	0	0	0	0	89	0	89
환경	0	28	0	0	27	0	0	0	30	85	0	85
실용경제	0	0	0	0	0	28	29	28	0	85	0	85
교육학	0	26	0	0	26	0	0	0	27	79	0	79

| 표 5-8 | 2학년 때 선택한 3학년 선택과목 조사 결과(2018년 입학생)

학급 수	12	11	11	11	11	11	11	11	11	11	배정 (명)
타임	A	B	C	D	E	F	G	H	I	J	
회법과 작문		30	30	31	33	30	30	30	36	19	269
독서	17	30	30	29	30	30		30	38	30	264
심화 국어	21						22				43
미적분		26	27	26							79
기하							21		20		41
경제 수학					10						10
심화 수학 I	24					25		30		25	104
심화 영어 독해 I	27	24	27	21	29		29		31	23	211
진로 영어	21					21		24			66
동아시아사				28							28
한국지리						30				30	60
윤리와 사상		22			24				27		73
사회 · 문화	25	29	30	30		27	29	30		24	224
여행지리				27				27	28		82
사회문제 탐구	27		29			26				27	109
물리학II		18									18
화학II			17			16					33
생명과학II				20	19		23				62
지구과학II									8		8
과학사				21	29						50
융합과학			16								16
미술 이론	17							14			31
미술 전공 실기									21		21
현대문학 감상	26	27	27	24		26	28	28		27	213
중국어II									17		17
일본어II		28								29	57
환경	26			24	29	25	29		31		164
실용 경제		22	23		26			21			92
교육학	26			24		26	26			26	128
체육(남)			30	28	29			29	29		145
체육(여)	28	30				27	30			26	141

| 표 5-9 | 3학년 선택과목 조사 결과(2019학년 입학생)

타임	A	B	C	D	E	F	G	H	I	J	배정
화법과 작문		29	25		27	32	31	30	27	29	230
언어와 매체	32	31		32							95
심화 국어								32	31		63
확률과 통계	30		28	31	28	31	31			30	209
미적분		28							25	28	81
경제 수학			17								17
심화 영어 독해 I				20		23	23				66
동아시아사			32								32
한국지리					21	23	22				66
윤리와 사상	30	30	29								89
사회 · 문화	29	27	25		27	32	32	26		30	228
여행지리	27		24		26				27	27	131
사회문제 탐구	29	28		32		32	31	28		30	210
고전과 윤리				27							27
물리학II						19			17		36
화학II								18	19		37
생명과학II	23		21		21						65
지구과학II				26				20			46
공학 일반					26	30				30	86
중국어II									26		26
일본어II		29			28		30				87
한문II								23			23
논술	30	29		30		31	31		28	28	207
교육학			31	31	31			31	31		155
영어II	29	29	27	24	31	30	30	30	30	29	289
체육남	30	29	30	30	30						149
체육여						28	28	28	28	28	140

교양 영역의 과목을 선택하는 학생들의 증가도 이와 비슷한 맥락으로 분석할 수 있다. 평가를 실시하지 않는 교양과목은 학생들에게 학습 부담이 덜한 과목이다. 물론 개중에는 자신의 진로와 관련하여 도움이 될 만한 교양과목을 선택한 학생도 있을 것이다. 하지만 평가가 없는 교양과목의 이점이 학생들의 과목 선택에 중요한 요소로 작용한 측면을 부인할 수 없다. 이러한 경향으로 미루어볼 때, 평가 방식이 선택과목의 다양화, 소신 있는 선택에 중요한 영향을 미치고 있음을 알 수 있다. 왼쪽의 표 5-9는(220쪽 참조) 진로 선택과목에 등급을 내지 않는 성취평가제를 적용하게 된 2019년 입학생들의 3학년 선택과목 조사 결과이다.

선택 교육과정 다양화에 따른
교과 시수 증감과 교·강사 운영 현황은?

다음의 표 5-10은(222쪽 참조) 2018년부터 2021년까지 불암고에서 학생들의 과목 선택 결과에 따른 교원의 정원 변화를 정리한 것이다. 다양한 선택형 교육과정을 운영함으로써 각 교과 시수의 증감이 생기기는 했지만, 이 표에서 볼 수 있듯이 교과별 교사 정원의 차이가 전년도에 비해 크지 않다는 것을 알 수 있다. 따라서 사전에 우려했던 과목별 선택 쏠림 현상에 따른 교사 정원의 급격한 변화 관련 문제는 다행히 나타나지 않았다. 또 교육과정 다양화로 인한 교과의 강사 부분을 교육청에서 지원해줌에 따라 학생들은 자신이 원하는 과목이 소수 선택이더라도 수강할 수 있었다.

다만 표 5-10에서 2020년의 국어 교사 정원이 2인 증가한 것을

| 표 5-10 | 과목 선택에 따른 교원 정원 변화

구분	교과별 교사 정원			
학년도	2018	2019	2020	2021
국어	11	11	13	11
수학	10	11	9	9
영어	11	10	8	9
역사	4	4	3	3
윤리	2	2	3	3
사회	4	4	5	5
지리	3	3	3	3
과학	10	10	10	10
체육	4	4	5	4
음악	2	1	1	2
미술	2	2	1	2
기술가정	1	1	2 (정보 1명)	2 (정보 1명)
일본어	1	1	1	1
중국어	1	0	0	0
한문	1	1	1	1
진로	1	1	1	1
계	68	66	66	66

볼 수 있는데, 이는 교육과정 변경 과정에서 일시적으로 발생한 상황이었다. 2015 개정 교육과정에서 기초 영역의 범위가 국어, 수학, 영어, 한국사로 변경됨에 따라 국어, 수학, 영어 교과의 최대 시수는 기존 90단위에서 84단위로 감축되었다. 이 과정에서 영어, 수학 교사의 정원 조정이 이루어졌다. 또 윤리와 일반사회 영역은 학생들의 선택 인원이 증가하여 정원이 증가한 경우이다. 결과적으로 교과별로 1명 정도의 차이가 발생한 경우는 있었지만, 정원이 과거와 비교해 크게 달라진 경우는 없었다. 그리고 교과별 교사 정원의 1~2명 차이는 불암고와 같은 공립학교라면 어차피 매년 전체 교사의 20% 정도가 정기 전보로 인한 이동 때문에라도 발생하게 된다. 이러한 교사의 이동도 교육과정 편성에 함께 고려하였다.

▌학생 맞춤형
▌진로지도 및 과목 선택지도 현황은?

불암고는 학생들의 자유로운 과목 선택권을 행사할 수 있으려면 먼저 **학생 개별 맞춤형 진로지도**가 이루어져야 한다고 전제한다. 이를 통해 과목 선택이 형식적 수준에 그치지 않고, 실제 학교 교육과정 안에서 학생 스스로 자신의 미래를 주도적으로 설계할 수 있기 때문이다. 이는 모든 학생을 위한 책임교육의 실현이라는 고교학점제의 본래 목적을 달성하는 데 있어서도 매우 중요한 부분이다. 특히 불암고는 학사 일정에 진로지도를 포함해 상시적으로 운영하고 있다. 이에 관한 내용을 좀 더 살펴보면 다음과 같다.

학업설계이수지도팀의 구성

불암고는 학업설계이수지도를 위한 전담팀을 2원화 체계로 구성하였다. 우선 진로전담 교사를 중심으로 '진로지도기획분과'를 구성하였다. '진로지도기획분과'에는 진로부장, 상담부장, 진로진학부 기획이 참여하였다. 이 진로지도기획분과에서는 학생들을 위한 진로에 적합한 과목 선택 및 수강 신청 안내서 작성, 학업계획서 양식 개발, 1·2학년 진로진학 검사 및 진로진학 프로그램 실시, 진로상담 및 진로와 연계한 학업계획 수립지도, 진로 선택을 위한 학생·학부모 대상 연수 등을 맡았다.

또 하나의 조직으로는 1·2학년 학년 부장과 1·2학년 학년부 기획을 중심으로 진로선택지도를 담당하는 팀을 구성하였다. 이 팀에서는 학업계획서 작성, 표준 학습계열 선택, 수강 신청 상담 지도, 학생 대상 교육과정 연수 실시, 최소 성취수준 보장 책임지도, 맞춤형 학습관리 및 진로진학 상담지도, 개방형 선택 교육과정 운영 관련 생활지도 방안 수립 및 실천, 개방형 선택 교육과정 에서의 효율적인 학급 운영 방안, 개방형 선택 교육과정 운영 실태 분석 및 결과 환류 등을 맡았다.

진로지도와 과목 선택지도

불암고는 학업설계이수지도 전담팀 중심으로 학생들의 과목 선택을 지도하기 위한 연간계획을 수립하여 추진한다. 정규 진로지도 시간에 진로지도와 과목 선택지도가 이루어지는 것이다.

▶ 연간계획

불암고는 완전 개방형으로 운영하여 선택권을 최대한 보장하면서도 특정 과목에 대한 쏠림 현상 없이 골고루 개설되었다. 이는 선택과목에 대한 충분한 안내와 진로지도가 이루어진 덕분이다. 표 5-11은(226쪽 참조) 불암고의 진로지도 연간계획을 정리한 것이다. 불암고는 매주 금요일마다 연구학교 팀장 회의를 하는데, 이 회의의 참석 대상은 교장, 교감, 교무기획부장, 연구홍보부장, 진로진학부장, 1학년 부장, 2학년 부장이다. 진로지도 계획도 연구학교 팀장회의에서 각 부서의 일정 등을 고려하여 나온 결과이다.

▶ 정규 편성된 진로지도 시간

불암고 과목 선택지도의 큰 축을 담당하는 것은 바로 주당 한 시간씩 마련된 진로지도 시간이다. 즉 이벤트성, 일회성 진로지도가 아니라 상시적인 진로지도가 이루어지고 있다. 1학년은 진로전담 교사가 담당하고 있으며, 2·3학년은 진로 전문 강사를 채용하여 지도하고 있다. 2·3학년에 대해 진로 전문 강사를 채용한 이유는 진

| 표 5-11 | 불암고 선택과목 관련 지도 및 연수 계획

교사 · 학부모연수 계획 및 과목수강 신청 일정			선택과목 진로진도 일정	
월	활동 내용	대상	진로진학부	담임/ 교과 교사
4	교육과정 및 체크리스트 안내	전교사		
5	교육과정 및 체크리스트 상세 안내	1학년담임	학업계획서 가이드 양식 개발	
	교육과정 및 체크리스트 상세 안내	2학년담임		
	선택과목 관련 진로진학지도 연수 -외부 강사	희망교사		
6	선택과목 진로진학 연수(1학년)	1학년 학부모	1,2학년 진로 수업 선택과목 관련 진행 (학업계획서작성 등) (담임/교과상담연계))	담임 및 교과 교사 선택과목(진로) 관련 집중 상담 실시(진로수업과 연계)
	교과서 전시	학생		
	2015교육과정운영 워크숍	2학년교사		
	운영 관련 설문조사 실시	전교사		
7	1학기 기말고사			
	1,2학년 선택과목 조사 - 시간표, 고사, 분반도 함께 점검			
8	개학(2학기 시간표 일부 변경 예정)		최종수강 신청 관련 진로수업 최종수강 신청 관련 진로수업	최종수강 신청 상담(담임 및 교과 교사) 최종수강 신청 상담(담임 및 교과 교사)
9	진로상담(1:1맞춤형)의 날 운영 (1,2학년 중 신청 학생만)	신청학생		
	1,2학년 선택과목 최종 수강 신청 (교과서 신청 시기에 따라 조정) 교과서 주문 -이후 변경은 학교가 통제	학생		
10	2학기 중간고사 -연구학교 워크숍(현장연수) 실시			
11	-다음 학년도 시간표, 고사, 분반 등 교육과정 운영 제반 사항 최종 점검 -다음 학년도 교육과정 운영 확정			
12	-운영에 필요한 공강 시간 및 필요 시설 정리			
2	-개학 후 3일 이내 교사수급에 영향을 주지 않는 범위 내에서 선택과목 변경 허용 -반편성 및 교사별 수업 배치			

로지도를 한층 더 강화하기 위함이며, 2019년부터 도입되었다.

대체로 진로전담 교사는 학교당 한 명 정도 배치하다 보니 전담 교사 혼자 모든 진로 수업을 감당하기는 현실적으로 어렵다. 그래서 보통은 수업시수가 적은 교과의 교사들이 진로 수업을 나누어 진행하는 경우가 대부분이다. 하지만 시수가 적은 교사중심으로 진행할 경우 학생마다 꼭 맞는 전문적인 진로지도가 이루어지기 어렵다. 이러한 점을 보완하기 위해 불암고는 전 학년 진로 전문 교사나 강사가 맡아 진로 수업을 진행하였고, 1·2학년의 학생 선택과목 지도의 상당 부분이 바로 이 진로 시간에 이루어졌다. 학생들은 한 학기 진로 시간 내내 자신의 진로를 충분히 탐색하고, 선택과목에 대한 안내를 받으며, 자신의 선택에 대해 상담과 지도를 받을 수 있다. 특정 기간 단시간에 투입되는 이벤트성 진로지도가 아니라 한 학기 동안 꾸준히 이루어지는 과정에서 학생들이 자신의 진로에 대해 탐색할 시간을 충분히 갖는 것이다. 각 선택과목의 교과서를 미리 살펴보는 일도 진로 시간 내에 이루어진다.

▶ 자체 제작한 학업계획서 작성 가이드북

다음의 그림은(228쪽 참조) 2018년도부터 불암고에서 자체 제작하고 있는 학업계획서 작성 가이드북이다. 선택과목 수강 신청 안내(수강 신청 일정과 방법 등), 과목 선택 시 유의사항(수능 출제 과목, 서울대 교과이수 기준, 과목 종류별 평가 방법 등), 과목 편성표, 개설

불암고에서 자체 제작한 학업계획서 작성 가이드북

2018년부터 제작 중인 이 자료에서 선택과목 수강 신청 안내와 과목 신청 시 유의사항은 물론 대학 계열별 과목 선택 예시 등을 수록하여 학생들의 과목 선택에 실질적인 도움을 주고 있다.

과목 안내, 대학 계열별 과목 선택 예시 등을 자세히 실었다. 과목 선택 안내서의 '개설 과목 안내' 부분은 교육부·한국교육과정평가원(2018), 서울특별시교육연구정보원(2019) 등의 선택과목 안내서 내용을 학교 실정에 맞게 재구성하였다. 교육청 제공 선택과목 안내서가 2015 개정 교육과정의 모든 과목 또는 주요 과목들만 싣고 있는 점, 내용이 많고 어려운 점 등을 보완해 불암고에 실제 개설된 과목들만 추려서 교과별로 안내하는 내용으로 재구성하였다. 이 책은 진로 수업 시간에 기본 교재로 활용 중이다.

진로·진학 집중 상담 기간 운영 전 각종 연수 실시

불암고는 좀 더 체계적인 학생 맞춤형 진로학업설계가 이루어질 수 있도록 학사일정 안에 진로·진학 집중 상담 기간을 마련해두고 있다. 6월부터 담임교사와 교과교사를 중심으로 진로·진학 집중 상담 기간을 운영하고 있는 것이다. 하지만 그 전에 먼저 교사 사전 연수를 실시한다. 이 연수는 담임교사 그룹과 교과교사 그룹으로 각각 나뉘어서 이루어지고 있다. 교무기획부에서 진행하는 학교 교육과정에 대한 이해 공유 연수는 기본이고, 외부 강사를 초청하여 학생들에게 지도해야 하는 부분의 구체적인 내용까지 정보를 제공하는 연수도 함께 실시한다. 이와 동시에 3월에 실시한 진로 및 직업 검사 결과에 대한 교사 연수도 병행한다.

또한 7월 1차 선택 전에 학부모연수도 최소 1회 이상 실시하는데 학교의 교육과정을 소개하고, 선택과목을 안내하는 부분 외에도 해당 학년에 맞는 진로, 진학, 입시, 학업 부문 전반에 관한 내용을 아우른다. 여기에 학부모들에게 2015 개정 교육과정의 취지를 안내하는 내용도 함께 포함시켰다. 이 연수에는 학부모뿐만 아니라 원하는 교사와 학생들도 함께 참여할 수 있도록 하였다. 직장에 다니는 학부모들의 편의를 고려하여 늦은 저녁 시간에 이루어지는 연수임에도 교사와 학생들의 자발적 참여 역시 높은 편이다. 교사, 학생, 학부모가 진로와 선택과목, 교육과정에 대해 함께 고민할 수 있은 공통된 바탕을 마련하는 일은 그만큼 중요하다.

개방형 선택 교육과정 운영 이후 달라진 수업과 평가에 관하여

고교학점제 선택 교육과정 운영으로 수업과 평가의 변화가 불가피하다. 실질적 변화를 이끄는 주요 장치 중 하나가 바로 **블록 수업**이다. 불암고는 학생들의 이동을 고려하여 블록 형태(2+1)로 시간표를 구성한다. 2시간 연속으로 이루어지는 길어진 수업 시간이라는 조건에서는 학생활동중심 수업, 즉 학생의 자발적 참여가 강조되는 수업으로의 변화가 필수다. 불암고도 그런 측면에서 학생 참여형 수업, 과정중심 수업 등이 점점 더 늘어나고 있다. 또한 과목의 특성에 따라 다양한 수행평가가 시도되고 있다. 예컨대 1학년 학교 지정과목인 '과학탐구 실험'은 모든 수업이 실험으로만 이루어져 있어, 수강하는 학생들이 과학 과목을 100% 실험으로 접하고 있다. 또한 2학년 진로 선택과목인 '문학과 매체'에서는 다양한 장르의 수행평가와 더불어 협력 강사의 도움으로 학생들이 직접 영화를 제작하는 과정도 함께 수행하고 있다. 오른쪽 표 5-12와 5-13은 '문학과 매체' 과목의 1학기와 2학기 수행평가 계획을 각각 정리한 것이다. 이러한 수업과 평가의 변화는 학생들의 자발적인 교과 심화활동으로 이어지기도 하였다. 예컨대 1학년 통합사회 과목에서 기획했던 환경캠페인을 바탕으로 음악 교과를 융합하여 점심시간에 환경콘서트를 기획하는 학생들도 있었다.

| 표 5-12 | 불암고 '문학과 매체' 과목의 1학기 수행평가 계획

순서	평가 내용(1학기)	평가 점수		
1	한 학기 한 권 읽기 -1주에 1시간 책 읽고 일지쓰기 - 너의 췌장을 먹고 싶어(시미노 요루)	10점	30점	100점
	원작을 바탕으로 한 영화보고 감상보고문 쓰기 (원작과 영화 매체 차이를 중심으로) - 애니메이션 너의 췌장을 먹고 싶어(2018)	20점		
2	'동주'(2015) 영화 보고, 윤동주 시집 읽고 감상 - 시화 그리기 (영화와 시 감상 내용 포함)	20점		
3	조건에 맞게 나를 담은 시 쓰기(시로 자기소개하기) - 하상욱 시 참고-SNS에 올리고 인증	20점		
4	광고(공익, 대중 관계 없음)에서 인상적 메시지 찾기 - 발표 - 나라면 어떤 메시지를 담을까?(광고 문구 만들기, 패러디)	20점		
5	수능 기출 극문학 문제 풀고 문항 분석하여 제출하기	10점		

| 표 5-13 | 불암고 '문학과 매체' 과목의 2학기 수행평가 계획

순서	평가 내용(2학기)	평가 점수		
1	한 학기 한 권 읽기-1주에 1시간 책 읽고 일지쓰기 -마션/ 도가니/ 살인자의 기억법 등 추후 논의	10점	30점	100점
	원작을 바탕으로 한 영화보고 감상보고문 쓰기 (원작과 영화 매체 차이를 중심으로)	20점		
2	영화 수업 한 달(협력 강사) 8-9월 → 손바닥 영화 모둠별 제작	30점		
3	인기 웹툰 보고 웹툰을 원작으로 만들어진 드라마, 영화 찾아 보고 감상 및 매체 차이 분석 보고서 쓰기	20점		
4	마이 시스터스 키퍼(2009) 영화 보고 토론, 논리적 글쓰기(내용을 정리하고 자기의견을 서술)	20점		

CHAPTER 06　　　　교육과정 편성 운영 사례 3. 화암고등학교

모든 학생의 잠재력을 깨워 저마다 성장을 도모하는 책임교육을 실천하다

학교유형 일반고		설립 2002년	
지역 서울/수도권	**지방광역시**	농산어촌	

학급 수			교원 수	학생 수 (2022년 기준)		
총 19개 학급			총 52명 남 11명 여 41명	총 417명		
1학년	2학년	3학년	교원 1인당 학생 수	1학년	2학년	3학년
6	6	7	10.2명	130명	132명	155명

고교학점제 교육과정 운영으로 지방의 교육 여건을 강화하다

앞선 4장과 5장에서 경기도와 서울 소재 일반고의 고교학점제 교육과정 편성 및 운영 사례를 살펴보았다. 이제 6장에서는 지방광역시 단위에 소재한 일반고인 화암고등학교(이하 화암고)의 교육과정 사례를 들여다보려 한다.

특히 수도권 이외 지역의 학교들은 이미 학생 수 감소가 좀 더 현실화되고 있으며, 서울이나 수도권에 비하면 근린 생활 시설이나 다양한 사교육 시설 등의 교육 인프라가 약한 편으로, 상대적으로 학부모와 학생들의 학교 교육에 대한 의존도가 높다. 화암고는 이러한 지역적 특성을 교육과정 운영에 반영하고 있다.

울산광역시 동구에 위치한 화암고는 2002년에 개교한 공립고등학교로서 고교학점제 정책 연구학교를 운영하였다.[1] 왼쪽 표에 정리했지만, 학급 수는 1·2학년 6학급씩, 3학년 7학급으로 총 19학급이며, 교원은 52명, 수업 교원 수는 41명이며, 학생 수는 417명(1학년-130명, 2학년-132명, 3학년-155명)이다.[2]

화암고의 고교학점제 운영은 울산광역시교육청의 고교학점제 정책과도 밀접하게 관련되어 있으므로 먼저 교육청의 추진 현황

---

1. 울산광역시교육청 지정 고교학점제 정책 연구학교를 2019.3.1.부터 2022.2.28.까지 운영하였다.
2. 학교알리미, 2022년 5월 기준

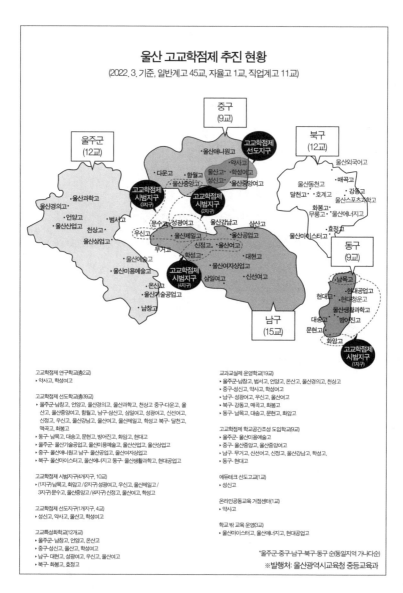

울산 고교학점제 추진 현황

(2022. 3. 기준, 일반계고 45교, 자율고 1교, 직업계고 11교)

중구
(9교)

울주군
(12교)

북구
(12교)

고교학점제 선도지구

·울산애너원고
·약사고
·다운고 ·함월고 ·울산고 ·학성여고
·울산중앙고 ·성신고 ·울산중앙여고

·울산외국어고

·울산동천고 ·매곡고
·달천고 ·호계고 ·강동고
·울산스포츠과학고
·화봉고
·무룡고 ·울산에너지고
·효정고
·울산마이스터고

고교학점제 시범지구 (3지구)
고교학점제 시범지구 (2지구)

·울산과학고
·울산경의고
·언양고
·울산산업고 ·범서고 ·천상고
·울산상업고

·성광고
·문수고
·우신고
·무거고 ·신정고 ·울산여고
·학성고
·울산제일고
·대현고
·울산여자상업고
·신선여고
·삼일여고

·울산강남고 ·삼산고
·울산공업고

동구
(9교)

고교학점제 시범지구 (4지구)

·울산예술고
·울산미용예술고
·온산고
·울산기술공업고
·남창고

·남목고 ·현대공업고
·현대고 ·현대청운고
·울산생활과학고
·대송고 ·방어진고
·문현고 ·화암고

고교학점제 시범지구 (1지구)

남구
(15교)

고교학점제 연구학교(총2교)
▸ 약사고, 학성여고

고교학점제 선도학교(총39교)
▸ 울주군-남창고, 언양고, 울산경의고, 울산과학고, 천상고 중구-다운고, 울산고, 울산중앙여고, 함월고, 남구-삼산고, 삼일여고, 성광여고, 신선여고, 신정고, 우신고, 울산강남고, 울산여고, 울산제일고, 학성고 북구-달천고, 매곡고, 화봉고
▸ 동구- 남목고, 대송고, 문현고, 방어진고, 화암고, 현대고
▸ 울주군- 울산기술공업고, 울산미용예술고, 울산상업고
▸ 중구- 울산애너원고 남구- 울산공업고, 울산여자상업고
▸ 북구- 울산마이스터고, 울산에너지고 동구- 울산생활과학고, 현대공업고

고교학점제 시범지구(4개지구, 10교)
▸ (1지구)남목고, 화암고 /(2지구)성광여고, 우신고, 울산제일고 / (3지구)문수고, 울산중앙고 //(4지구)신정고, 울산여고, 학성고

고교학점제 선도지구(1개지구, 4교)
▸ 성신고, 약사고, 울산고, 학성여고

고교특성화학교(12개교)
▸ 울주군- 남창고, 언양고, 온산고
▸ 중구-성신고, 울산고, 학성고
▸ 남구- 대현고, 성광여고, 우신고, 울산여고
▸ 북구- 화봉고, 효정고

교과교실제 운영학교(19교)
▸ 울주군-남창고, 범서고, 언양고, 온산고, 울산경의고, 천상고
▸ 중구-성신고, 약사고, 학성여고
▸ 남구- 성광여고, 우신고, 울산여고
▸ 북구- 강동고, 매곡고, 화봉고
▸ 동구- 남목고, 대송고, 문현고, 화암고

고교학점제 학교공간조성 도입학교(9교)
▸ 울주군- 울산미용예술고
▸ 중구- 울산중앙고, 울산중앙여고
▸ 남구- 무거고, 신선여고, 신정고, 울산강남고, 학성고
▸ 동구- 현대고

에듀테크 선도고교(1교)
▸ 성신고

온라인공동교육 거점센터(1교)
▸ 약사고

학교밖 교육 운영(3교)
▸ 울산마이스터고, 울산에듀-지고, 현대공업고

*울주군·중구·남구·북구·동구 순(동일지역 가나다순)
※발행처: 울산광역시교육청 중등교육과

2022 울산 고교학점제 사업 학교 지도(직업계고 포함)

2025년 고교학점제 전면 시행을 앞두고 2024년까지 울산광역시 내 모든 고등학교가 고교학점제 연구·선도학교 운영을 목표로 울산형 고교학점제를 적극적으로 추진하고 있다.

을 짚어보려 한다. 울산광역시교육청은 2025년 고교학점제 전면 시행을 앞두고, 2024년까지 울산광역시 내 모든 고등학교의 고교학점제 연구·선도학교 운영을 목표로 울산형 고교학점제를 적극적으로 추진하고 있다. 고교학점제의 안정적인 정착을 지원하기 위해 2021년부터 고교학점제지원센터를 운영 중이며, 고교학점제 연구학교 2교, 선도학교 39교, 4개의 고교학점제 시범지구 10교, 1개의 선도지구 4교가 운영 중이다(234쪽 그림 참조).[3]

화암고는 학교가 직면한 교육 여건을 타개하고, 학교 교육을 살리기 위해 고교학점제 연구학교를 추진하게 되었다. 지리적으로는 학교가 동구의 끝자락에 바다를 바라보며, 우리나라 최대 규모 조선소가 있는 중공업 단지와 인접해 있다. 다만 근린 생활 시설과 교육 인프라가 부족하다 보니 동구 내 다른 고등학교에 비해 학생, 학부모의 선호도가 낮은 학교에 속한다. 화암고 학생들은 학습에 대한 나름의 관심과 열의는 있지만, 자기주도학습 역량은 다소 부족한 편이다. 또한 학부모들은 다수가 맞벌이 부부로 학생과 학부모 모두 교육에 있어 학교 의존도가 높은 편이다.

화암고는 매년 학기 초에 학생들의 졸업 후 희망 진로 분야에 관한 설문조사를 실시한다. 이 조사의 진로 분야는 '인문계열 - 공학계열 - 자연계열 - 사회계열 - **예술계열** - **취업** - **체육계열** - **없음**'

---

3. 울산시 고교학점제 사업 학교지도(직업계고 포함, 2022.3.1.기준)

이었다. 교사들은 설문조사 결과 '예술, 취업, 체육, 없음'의 하위 4
계 항목이 전체의 30%나 차지하는 점에 주목하였다.[4] 학생, 학부
모의 학교 의존도가 높은 상황에서 대학 진학을 희망하는 다수의
학생들뿐만 아니라, 아직 진로를 정하지 않은 학생들, 또 진학이
아닌 취업을 희망하는 학생들, 예술·체육 계열로 진로를 희망하
는 소수의 학생들을 위해 과연 학교가 무엇을 해줄 것인지에 대해
함께 고민하였다. 그리고 모든 학생의 배움과 성장을 책임지는 고
교학점제에서 그 해답을 찾고자 한 것이다.

> 화암고 학생들은 다 대학 진학을 희망하지는 않아요. 울산이 공업
> 지역이고, 삶이 이 도시의 산업을 기반으로 이뤄지니까 학생들은
> 졸업 후 바로 취업을 하는 것, 공장을 가는 것에 대해서 거부 반응
> 은 없는 편이죠. 하지만 정작 학교에는 학생들이 진학 후에 자신의
> 진로를 발견하거나 경로를 바꾼 학생들을 위해 직업 교육을 할 수
> 있는 여건이 마련되어 있지 않아요. 그렇다고 학생들이 위탁교육을
> 다 받을 수 있는 것도 아니고요. 하지만 이런 학생들을 포기할 수는
> 없잖아요. 그래서 고교학점제를 하면서 어떻게 하면 다양한 학생들
> 의 진로를 충족시켜줄 수 있을까 고민을 많이 하게 됩니다.
>
> -화암고 교육과정혁신부장

---

4. 2021년에 실시한 동일한 질문의 설문조사에서도 하위 4개 항목의 비중은 비슷하다.

학생의 선택을 존중하는
학교 교육과정의 운영 전제는?

화암고는 지역 특성, 학교 여건, 학생들 저마다의 학업 수준을 종합적으로 고려하여 학생 선택중심 진로 맞춤형 교육과정을 편성하고 과목 선택권을 보장하기 위한 시도들을 하고 있다. 화암고의 교육과정이 가진 주요 특징은 다음과 같이 정리해볼 수 있다.

학교 교육공동체가 함께 만들어가는 교육과정 운영

학생중심 교육과정이 되기 위한 전제는 학교가 학교 교육과정의 일방적인 편성이나 운영을 지양하는 것이다. 즉 학교는 교육과정 편성과 운영에 있어 학생, 학부모를 동참시킨다. 학생들의 선택 수요를 적극적으로 반영하고, 수차례에 걸쳐 학생 선택 교과(군) 조정 협의회를 통해 학부모, 학생들의 의견을 실질적으로 수렴한다.

자율과 책임을 배우는 학생 선택 교육과정 확대

2019년 고교학점제 연구학교를 시작하면서 학생 선택 교육과정의 과목 편성을 꾸준히 확대하고 교과 영역 간, 학년 간 경계를 개방하고 있다. 이에 학생들은 자기주도적 과목 선택권이 보장되는 만큼 그에 합당한 책임감도 뒤따른다. 따라서 학생들이 진로·적성에 맞는 학업과 진로 설계를 하기 위한 체계를 구축하고 있다.

학교 안팎의 다양한 인적·물적 자원과 연계한 진로 맞춤형 교육과정 운영

화암고 교육과정에서 가장 돋보이는 부분은 진로 맞춤형 교육과정의 운영이다. 화암고는 일과 내 무학년제를 비롯하여 진로 맞춤형 소인수과정을 운영하고, 학교를 넘어 지역사회 학교들과 교육기관, 마을과 연계하여 학생들에게 진로와 연계된 다양한 과목을 선택할 수 있는 기회를 부여하고 있다.

학교 교육공동체가 함께 만들어가는 고교학점제와 진로학업설계

교육과정 운영에 있어서 앞서 설명한 세 가지 전제에 관해 지금부터 하나씩 좀 더 자세히 살펴보기로 하자. 먼저 학교 교육공동체가 함께 만들어가는 교육과정에 관해서다. part 1에서도 강조했지만, 특정 교육 주체가 오롯이 책임을 떠안아서는 고교학점제의 궁극적 성공을 기대하기 어렵다. 학교는 물론 학부모, 학생 등 교육 3주체가 교육공동체를 이루어 함께 참여하는 것이 중요하다. 또한 형식적 수준의 공동체가 아니라 실질적인 기능을 수행하는 교육공동체 실현을 위해서는 학부모 등에게 고교학점제의 취지를 제대로 홍보하는 일이 매우 중요하다. 무엇보다 교육공동체가 학생 맞춤형 진로학업설계를 어떻게 지원해야 할 것인지 고민했다.

교육 3주체가 참여하는 학교 교육과정위원회

화암고의 고교학점제 운영에 있어 가장 선도적인 부분을 꼽으라면 아래 그림처럼 학교 교육공동체가 상호 소통하고 협력할 수 있는 실질적인 시스템을 구축했다는 점이다. 어느 학교나 학교 교육과정 운영을 기획하고 평가하기 위해 학교 교육과정위원회를 조

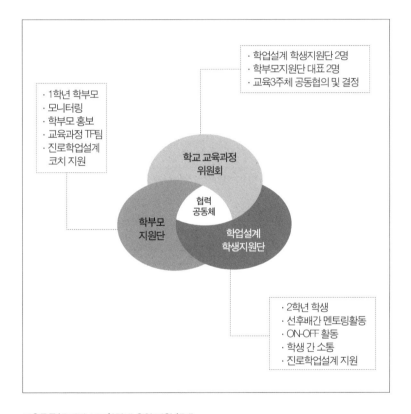

교육공동체 기반 고교학점제 운영 지원 체제

화암고의 고교학점제 운영에서 가장 선도적인 부분을 꼽으라면 학교 교육과정위원회, 학부모지원단, 학업설계 학생지원단 간의 유기적인 협력 체제라고 할 수 있다.

직한다. 하지만 운영위원으로 학생, 학부모를 직접적으로 참여시키는 경우는 드물고, 이는 학교 자치를 실천하는 혁신학교라고 해도 결코 쉽지 않은 결정이다.

비록 시작 단계이기는 하지만, 화암고는 2020년부터 학교 교육과정위원회에 학부모 위원 2명과 학생 위원 2명을 각각 참여시키고 있다. 또한 그저 위원 명단에만 형식적으로 포함시키는 데 그치지 않고, 교육과정 편성·운영과 관련된 협의회에 학생, 학부모, 교사들이 함께 참여하여 향후 교육과정 방향에 대해 직접 논의하고 의사결정을 내린다. 학부모 위원은 학교 실태와 상황을 잘 이해하는 학교 운영위원회 위원 2명과 학생 위원은 1학기에는 3학년 학생회 회장과 2학년 학생회 부회장, 2학기에는 2학년 학생회 부회장과 학년 대표 학생이 참여하였으며, 이들은 고교학점제 운영과 관련하여 각 주체들의 의견을 수렴하여 대변하는 역할을 하고 있다. 그러나 학교운영위원회는 교육과정 심의기구이고, 학교 교육과정위원회는 교육과정 자문기구인데 각각의 위원회를 동일한 위원으로 구성하는 것이 부적절하다는 판단에 따라 2021학년도에는 학교 교육과정위원회 규정을 정비하였다. 그리고 학업설계 학생지원단과 학부모지원단에서 각각 2명씩 선출하여 학교 교육과정위원회 위원으로 참여하도록 하였다. 또한 선출된 학교 교육과정위원에 대해 **교육과정 문해력과 전문성 신장을 도모**하기 위한 연수와 프로그램을 조직하여 운영하고 있다.

고교학점제 종합지원단 체계 구축

화암고는 학교 교육과정위원회에 학생, 학부모를 참여하면서 고교학점제 이해와 홍보를 적극적으로 추진하기 위해 아래 그림과 같은 학업설계 학생지원단, 학부모지원단 등을 조직하여 운영한다. 2020년 학기 초 실시된 설문조사에서는 '교육과정 및 진로·진학 정보 안내의 도움을 준 주체'에 대한 응답이 '교사 〉 과목 선택 안내서 〉 친구와의 상담 〉 진로 관련 행사 프로그램' 순이었다면, 2021년 같은 조사에서 '교사 〉 과목 선택 안내서 〉 진로 관련 행사 프로그램 〉 학업설계 학생지원단' 순으로 변화되었다. 이러한 변화는 2020년 활동을 시작한 학업설계 학생지원단의 영향력이 반영되었음을 보여

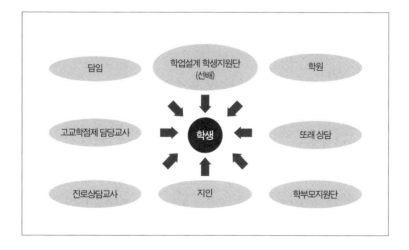

화암고 고교학점제 종합지원단 체계
진로학업설계가 본연의 목적을 달성할 수 있도록 화암고는 종합지원단 체계를 통해 학교 공동체 전체가 함께 책임지고 협력하는 체계를 마련하였다.

준다. 화암고는 241쪽 그림처럼 학생들의 진로학업설계를 상시 지원하기 위해 학교 구성원 모두가 참여하는 진로코칭 프로그램을 운영하여 학생·부모·교사가 진로코치로 활동할 수 있는 교내 고교학점제 **종합지원단 체계**를 구축하고 있다.

이러한 종합지원단 체계를 통해 학생들의 진로학업설계가 특정 부서와 특정 교사의 업무와 역할에만 편중되는 것이 아니라 학교 공동체 전체가 함께 공동으로 책임지고 협력할 때 가능하다는 것을 보여주고 있다. 여기에서 **학업설계 학생지원단**은 2학년으로 구성되며, 후배들에게 고교학점제에 대한 이해 및 과목 선택 방법 안내, 학업 코칭 및 고민 상담 등을 다양하게 제공한다. 이 지원단은 4월 선발하여 지원 활동 연수를 통해 멘토-멘티 학생이 정해지고, 5월부터 10월까지 쉬는 시간, 점심시간, 오픈채팅방 등을 활용한 과목 선택 및 학업 설계에 대한 멘토링이 실시되고, 담당 교사의 피드백을 통해 멘토 학생들의 질 관리가 이루어졌다. 이 외에도 3학년 선배 멘토와 1·2학년 상담 희망자가 참여하는 '선배가 들려주는 선택과목 이야기' 활동이 창의적 체험활동 자율활동 시간에 진행되었다. 한편 **학부모지원단**은 1학년 학부모들의 고교학점제 인식 개선과 홍보를 위해 운영되고 있다. 학부모지원단은 다른 학부모를 대상으로 활동을 할 수 있도록 진로코칭 연수를 받고 있으며, 이후 학부모 대상 진로학업설계 설명회 및 연수에서 직접 진로코치로서 활동하고 있다.

체계적인 진로학업설계 지원과정 구축

고교학점제의 취지는 뭐니 뭐니 해도 모든 학생에 대한 맞춤형 책임 교육을 실현하는 데 있다. 이를 제대로 실현하기 위해서는 체계적인 **진로학업설계**가 매우 중요하다. 먼저 교사, 학생, 학부모를 위한 학업설계 지원 가이드북을 자체 제작해 과목 선택에 도움을 주고, 과목 선택권을 보장하기 위해 교육과정을 다양화하고 있다.

▶ 학업설계 지원 가이드북

화암고는 1학년부터 고교학점제 취지가 반영된 학교 교육과정을 제대로 이해하고, 저마다 진로 목표를 효과적으로 달성할 수 있는 과목 선택 정보를 제공하기 위해 학업설계 지원 가이드북[5]을 제작한다. 자체 제작한 가이드북의 종류와 내용은 아래의 표 6-1과 같다.

| 표 6-1 | 화암고가 제작한 학업설계 지원 가이드북

번호	제목	대상	영역	내용
1	과목선택 안내서	학생 학부모	진로 · 학업 설계 정보	· 진로 · 진학 정보 제공 · 과목별 안내자료/교수학습계획(Syllabus)* 제공 · 진로 선택에 따른 과목 선택 방법 안내
2	슬기로운 과목 선택 핸드북	교사 학생 학부모	과목선택 안내	· 선택과목 안내자료 제공 · 진로 선택에 따른 선배들의 조언 · 온라인 학생 · 학부모 연수 자료 활용
3	학과 바이블	학생	진로 · 학업 설계 정보	· 학과 바이블-진로 관련 학과 모음집 · 진로 관련 학과 및 과목 선택 정보 제공 · 학생 유휴공간 및 미디어센터 비치

---

5. 교육부 및 각 시 · 도교육청 안내서 활용 + 본교의 교사, 학부모, 학생 진로 코치/컨설턴트단의 자체 자료 제작

▶ 과목 선택 과정

화암고는 학생들의 과목 선택을 돕기 위해 교사, 학생, 학부모 대
상 고교학점제 및 학생 선택과목 수강 신청 이해 연수와 선택과목
안내 토크 콘서트를 진행한다. 학생 선택 교과 과목에 대해서 선
생님들이 직접 안내와 상담을 하는데, 이때 선택 교과 과목의 다
양한 궁금증을 해결해주고, 수강 신청을 하는 데도 도움을 준다.
과목 선택 과정에 대한 안내는 아래 표 6-2에 정리한 바와 같다.

| 표 6-2 | 과목 선택 추진 과정

월	단계별 활동		반영 내용	담당
2~3	과목선택 사전 협의회		개설과목범위 및 이수기준 결정	교육과정위원회, 교과협의회
4	학생 수요 조사	진로 학업 코칭	학기별 과목 구성, 개설 규모	담임교사, 학업설계 · 관리교사 (Academic Advisor)
5	1차 과목선택		결과 분석, 미개설과목 결정 → 학생/학부모 대상 공지	
6	2차 과목선택			
7	3차 과목선택		최종 개설과목 확정 → 결과 공지	
8	선택과목 시간구획 작업 (시간표 예비 작성)		교원 수급 방안 마련 미배정 학생 상담	교육과정T/F팀 (기획조정,편성운영분과)
9	교과서 선정 및 주문		해당 학년 과목선택 절차 공식 종료 과목선택 정정 대책 방안 운영	학교운영위원회, 행정실무원

학생 수요 사전 조사를 토대로 과목 선택은 3차례에 걸쳐 진행되며 수강 신청 정정 발생을 최소화하기 위해 지속적인 연수 및 진로·학업 코칭이 제공된다. 학생들은 담임교사, 진로학업설계 관리교사와 학업설계 학생지원단 멘토의 도움을 받을 수 있다. 3차(최종) 과목 선택 이후 학생의 개인적 사정에 따른 정정 사안이 발생할 경우, 후속 업무에 어려움이 발생하므로 변경 절차는 아래 그림처럼 3단계 상담 후, 3단계 확인을 통해 진행된다.

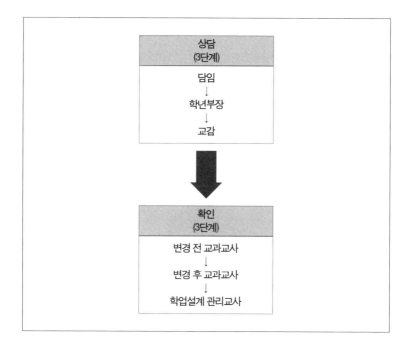

과목 선택 변경 절차
3차(최종) 과목 선택 이후 학생의 개인적 사정에 따른 정정 사안이 발생할 경우, 후속 업무에 어려움이 발생하므로 변경 절차는 3단계 상담 후, 3단계 확인을 통해 진행된다.

학생 선택권 확대를 위한
다양한 진로 맞춤형 교육과정을 운영하다

고교학점제는 학생들의 **과목 선택권**을 강조한다. 무엇보다 학생들이 학교 교육 안에서 진학뿐만 아니라 다양한 진로를 고민하고 탐색하여 체계적으로 미래를 준비할 수 있도록 다양한 교육과정을 마련해야 한다. 하지만 오롯이 단위학교의 자원만으로 다양한 교육과정을 개설하기는 어렵다. 이에 화암고는 아래 그림처럼 학교안 교육과정 외에도 지역사회나 다른 학교와의 협력, 온라인 공동교육과정 등 다양한 경로로 다양한 교육과정을 마련하여 학생들의 선택권을 확대하기 위해 노력하고 있다.

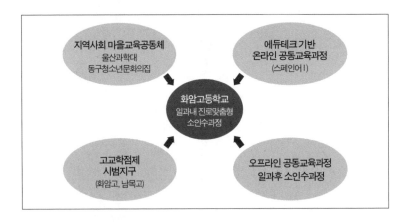

화암고 교육과정 운영 유형
화암고는 학생 과목 선택권을 확대하기 위해 일과나 진로 맞춤형 소인수과정은 지역사회는 물론 공동교육과정과 고교학점제 시범지구가 함께 참여한 다양한 교육과정을 운영한다.

화암고의 학교 안 교육과정의 특징은 크게 선택과목의 확대와 일과 시간 안에 이루어지는 진로 과정 운영으로 나눠볼 수 있다. 이에 관해 좀 더 자세히 살펴보면 다음과 같다.

| 표 6-3 | 2021학년도 신입생 3개년 교육과정 편제표(학교 지정 교육과정)

구분	교과영역	교과(군)	과목유형	세부교과목	기준단위	운영단위	1학년		2학년		3학년		이수단위	필수단위
							1학기	2학기	1학기	2학기	1학기	2학기		
학교지정교육과정	기초	국어	공통	국어	8	8	4	4					16	10
			일반	문학	5	4			4				16	10
			일반	독서	5	4				4				
		수학	공통	수학	8	8	4	4					16	10
			일반	수학 I	5	4			4					
			일반	수학 II	5	4				4				
		영어	공통	영어	8	8	4	4					16	10
			일반	영어 I	5	4			4					
			일반	영어 II	5	4				4				
		한국사	공통	한국사	6	6	2	2	1	1			6	6
	탐구	사회	공통	통합사회	8	8	4	4					8	10
		과학	공통	통합과학	8	6	3	3					8	12
			공통	과학탐구실험	2	2	1	1						
	체육·예술	체육	일반	체육	5	4	2	2					10	10
			일반	운동과건강	5	6			1	1	2	2		
		예술	일반	음악	5	5	2	(2)	3	(3)			10	10
			일반	미술	5	5	(2)	2	(3)	3				
	생활·교양	기술·가정	일반	기술·가정	5	4	2	2					10	16
		한문	일반	한문 I	5	4	2	2						
		교양	일반	진로와직업	5	2	1	1						

▸ 학교 지정과목 축소 및 학생 선택과목 확대

화암고는 연구학교 1년 차인 2019년부터 신입생 3개년 교육과정 편제에서 학교 지정 교육과정을 최소화하고, 학생 선택 교육과정을 확대해나가고 있다. 연구학교 운영 전인 2018년 학교 지정 교육과정은 전체 180단위 중 122단위(67.8%)였으나, 2019년부터 학교 지정 교육과정을 100단위(55.6%)로 축소하였다. 표 6-3은(247쪽 참조) 2021학년도 신입생 3개년 학교 지정 교육과정 편제표이다.

1학년에서는 공통과목, 2학년에서는 수학능력시험의 국어, 수학, 영어 영역의 공통과목과 한국사 및 체육·예술의 필수 이수단위를 위한 교과들이 학교 지정 교육과정으로 편성되었다.

2학년 학생 선택 교육과정은 보통 교과 위주로 편성하였다. 다만 진로 및 전공 관련 교과에 대한 기본적 이해와 수학능력 향상을 유도하기 위해 일반 선택과목 중심으로 편성하였다. 오른쪽 표 6-4는 2021학년도 2학년 학생 선택 교육과정을 정리한 것이다.

3학년의 학생 선택 교육과정은 2학년보다 진로 및 계열에 맞는 과목을 선택할 수 있는 폭이 한층 자유롭다. 2019년 연구학교를 시작하면서 2020년 신입생부터 3학년 편제에서 교과 영역에 제한 없이 자유롭게 선택하게 하는 **완전 개방형**으로 편성하고 학기별로 7과목, 5과목씩 선택하도록 하여 학생들의 진로에 맞는 과목 선택권을 최대한 보장하고자 한다(표 6-5 참조). 2021학년도 3학년 학생 선택 교육과정은 표 6-6에(250쪽 참조) 정리한 것과 같다.

| 표 6-4 | 2021학년도 신입생 3개년 교육과정 편제표(2학년 학생 선택 교육과정)

구분	교과영역	교과(군)	과목유형	세부교과목	기준단위	운영단위	1학년		2학년		3학년		이수단위	필수단위
							1학기	2학기	1학기	2학기	1학기	2학기		
학생선택교육과정(2학년)	기초	국어	일반	언어와 매체	5	4			택1	택1			8	
		수학	일반	확률과 통계	5									
			진로	기하	5				4	4				
		영어	일반	영어 회화	5									
			진로	진로 영어	5									
	예술	예술(국어)	진로	고전문학 감상	5									
	탐구	사회	일반	한국지리	5	4			택2	택2			16	
			일반	동아시아사	5									
			일반	정치와 법	5				4	4				
			일반	생활과 윤리	5									
		과학	일반	물리 I	5									
			일반	화학 I	5				4	4				
			일반	생명과학 I	5									
			일반	지구과학 I	5									
	생활·교양	제2외국어	일반	중국어 I	5	4			택1				4	
			일반	일본어 I	5				2	2				

| 표 6-5 | 2019~2021학년도 3학년 교육과정 편제(과목 선택 변화)

학기	교과(군)	2019 신입생 3학년 편제	2020, 2021 신입생 3학년 편제
1학기	기초교과(군)	택4	택7
	탐구교과(군)	택3	
2학기	기초교과(군)	택3	택5
	탐구교과(군)	택2	

| 표 6-6 | 2021학년도 신입생 3개년 교육과정 편제표(3학년 학생 선택 교육과정)

구분	교과영역	교과(군)	과목유형	세부교과목	기준단위	운영단위	1학년 1학기	1학년 2학기	2학년 1학기	2학년 2학기	3학년 1학기	3학년 2학기	이수단위	필수단위
학생선택교육과정(3학년)	예술	예술(국어)	진로	현대문학 감상	5						택7	택5		
	기초	국어	일반	화법과 작문	5	4					4		28	
			진로	심화 국어	5									
			진로	고전 읽기	5									
		수학	일반	미적분	5						4	4		
			진로	수학과제 탐구	5									
			진로	심화 수학 I	5									
			진로	수학과제 연구	5									
		영어	진로	영어권 문화	5						4	4		
			일반	영어 독해와 작문	5									
			진로	영미 문학 읽기	5									
			진로	심화영어 I	5						4	4		
	탐구	사회	일반	세계지리	5	4					4	4	20	
			일반	경제	5									
			일반	세계사	5									
			일반	사회·문화	5						4	4		
			일반	윤리와 사상	5									
			진로	여행지리	5									
			진로	사회문제 탐구	5						4			
			진로	고전과 윤리	5									
		과학	진로	물리학 II	5									
			진로	화학 II	5									
			진로	생명과학 II	5									
			진로	지구과학 II	5									
			진로	생활과 과학	5									
			진로	과학사	5									
			진로	융합과학	5									
	생활·교양	교양	일반	논술	5	4					택1		4	
			일반	심리학	5						1	3		

화암고는 앞서 언급한 것처럼 모든 재학생이 대학 진학을 희망하지는 않는다. 그래서 대학입시가 아닌 졸업 후 바로 취업하거나 다른 경로의 진로를 준비하는 학생들에게는 국어, 영어, 수학 교과(군) 과목을 **선택하지 않을 권리**를 보장하고 있다. 또한 학업 역량이 부족한 학생들이 선택할 수 있는 과목들이 제한적인 부분을 고려하여 학생들의 학업에 대한 부담을 줄이면서도 흥미를 갖고 수업에 참여할 수 있도록 2·3학년의 국어 교과의 경우 전문교과I 예술계열의 '고전문학감상'(2학년)과 '현대문학감상'(3학년) 과목을 각각 편성하였다(표 6-4와 6-6 참조).

화암고는 학생 선택 교육과정에서 학생들의 학업 수준과 과목 간의 위계를 고려하여 교과별 개설 과목의 개설 학년을 조정하거나 과목을 신설하였다. 일례로 수학 과목(아래 표 6-7 참조)의 경우 3학년에 '수학과제연구', '수학적 사고와 통계', '수학적 사고와 적분'과 같은 고시외 과목을 편성하여 학생들은 연계성 있는 진로학업설계와 심도 있는 탐구 학습이 가능하도록 하였다.

| 표 6-7 | 2019-2021학년도 신입생 교육과정 편제표(수학 교과 편성 변화)

학년 〳 연도	2019 신입생 교육과정	2020 신입생 교육과정	2021 신입생 교육과정
3학년	미적분	미적분	미적분
	경제수학	수학과제탐구	수학과제탐구
	심화수학I	심화수학I	**수학적 사고와 통계**
	수학과제탐구	**수학과제연구**	**수학적 사고와 적분**

▶ 일과 내 진로 맞춤형 소인수과정 운영(무학년제 포함)

화암고 교육과정에서 가장 주목할 만한 부분은 학생들의 과목 선택권을 보장하기 위해 진로와 연계된 선택과목군을 별로도 편성하여 진로 맞춤형 소인수과정을 **무학년제**로 운영한다는 점이다. 학생들의 희망 직업 및 전공을 조사하고, 이를 통해 가장 선호하는 진로 계열(체육, 예술, 정보 · 통신, 경영 · 금융, 보건 · 복지, 미용 · 관광)을 재도출하여, 전문교과 I · II 영역에서 다양한 과목들을 찾아 정규교육과정 내에서 **진로 연계 선택과목(군)**으로 편성하였다.

이 과정은 학생들의 선택권 보장과 수강 인원 확보를 위해 신청자 수가 적어 학년을 분리하여 수업반을 운영하기 어려운 경우에는 2 · 3학년 무학년제로 운영 중이다(표 6-8 참조). 진로 맞춤형 소인수과정은 계열(영역)별로 4~8개 교과목을 편성하였으며, 학생들이 2~3학년 각 학기마다 1개 교과목을 선택하여 졸업까지 최대 4개 교과목을 과목당 4단위로 총 16단위를 이수할 수 있도록 하였다. 특정 학기만 일회성으로 학습하는 것이 아니라, 여러 학기에 걸쳐 지속적으로 자신의 진로와 연관된 교과목을 수강함으로써 자신의 진로와 관련된 지식, 기능, 역량을 심화할 수 있는 기회를 제공하고 있다. 따라서 학생들에게도 과목을 선택할 때 과목 간 위계와 연속성을 고려하여 자신이 희망하는 계열에 대한 과목들을 매 학기 연속하여 수강할 수 있도록 권장하고 있다. 단, 학생들은 이 과정의 과목을 선택하는 경우 학기별로 2 · 3학년 학생 선

| 표 6-8 | 2021학년도 신입생 3개년 교육과정 편제표(2·3학년 무학년제 과정)

구분	교과영역	교과(군)	과목유형	세부교과목	기준단위	운영단위	1학년		2학년		3학년		이수단위	필수단위
							1학기	2학기	1학기	2학기	1학기	2학기		
학생선택교육과정 2·3학년 무학년제)	경영·금융	경영·금융	진로	마케팅과 광고	5	4			택1	택1	택1	택1		
			진로	금융 일반	5	4			무학년제 학생선택 영역 -학기별 2,3학년 학생 선택과목 1과목을 제외하고 선택해야 함.					
			진로	세무 일반	5	4								
			진로	국제 상무	5	4								
			진로	상업 경제	5	4								
			진로	회계 원리	5	4								
	정보·통신	정보·통신	진로	컴퓨터 구조	5	4								
			진로	자료 구조	5	4								
			진로	프로그래밍	5	4								
			진로	정보 처리와 관리	5	4								
			진로	컴퓨터 시스템 일반	5	4								
			진로	컴퓨터 네트워크	5	4								
	체육·예술	체육	진로	체육과 진로 탐구	5	4			4	4	4	4		
			진로	체육 전공 실기 기초	5	4								
			진로	스포츠 개론	5	4								
			진로	스포츠 경기 체력	5	4								
			진로	스포츠 생활	5	4								
			진로	체육탐구	5	4								
			진로	체육 전공 실기 심화	5	4								
			진로	스포츠 경기 분석	5	4								
		예술	진로	미술 창작	5	4								
			진로	미술 감상과 비평	5	4								
			진로	미술 이론	5	4								
			진로	미술 전공 실기	5	4								
	보건·복지	보건·복지	진로	복지 서비스의 기초	5	4								
			진로	간호의 기초	5	4								
			진로	공중 보건	5	4								
	미용·관광	미용·관광	진로	미용의 기초	5	4								
			진로	관광 일반	5	4								
			진로	미용 안전·보건	5	4								
			진로	관광 사업	5	4								

택 교육과정에 편성된 다른 기초, 탐구, 생활·교양 교과의 한 과목을 대체할 수가 있어 학업에 대한 부담을 덜고 진로 탐색에 집중할 수 있다.

화암고의 **진로 맞춤형 소인수과정**은 일과 내외를 막론하고 다양하게 운영 중이며, 교원 수급 및 수강 인원 확보가 어려운 경우 거점형 공동교육과정 및 소인수과정으로 연계시키고 있다. 또 제한된 교원 수급 문제로 인한 과목 개설의 한계를 지역사회의 인적 자원을 활용하여 극복하고 있다. 특히 인근 공공기관 및 대학과의 협력을 통하여 우수한 강사를 확보하고, 현장에서의 지도경험이 풍부한 분들로 학생들에게 진로와 진학에 대한 구체적인 정보를 제공하며, 실험·실습, 프로젝트수업, 실생활 체험학습 등을 위주로 운영되는데, 학생들의 자발성이 더해져 활발한 수업 참여가 이루어지고 있다. 매년 학생 수요에 따가 개설되는 과목 수가 일정하지 않지만, 꾸준히 운영 중이며, 학생들의 진로와 꿈을 위해 학교 밖 사교육의 도움이 필요한 과목들이 개설되어 학생들의 만족도가 높게 나타나고 있다. 오른쪽의 표 6-9는 2020-2021학년도에 개설된 진로 맞춤형 소인수과정을 정리한 것이다.

2020년 정규 일과 내 진로 연계 무학년제 과정(마케팅과 광고, 금융일반)과 토요일 소인수과정(기업과 경영, 창업 일반) 수업에 참여했던 학생들은 창업동아리, 마케팅동아리, 경제·경영동아리를 조직하여 동아리 활동과 연계한 적극적인 진로 개척 활동을 펼치며 삶

| 표 6-9 | 2020-2021학년도 개설된 진로 맞춤형 소인수과정

연도	일과	1학기	2학기	개설학년	교(강)사
2020년	일과 내	스포츠 개론	스포츠 경기체력	3학년	외부 강사
		체육과 진로탐구	체육전공실기기초*	2학년	외부 강사
		마케팅과 광고	금융일반	2·3학년 무학년제	한국폴리텍대학 울산캠퍼스 겸임교수 + 본교교사 코티칭
	일과 외	기업과 경영 기업과 경영	창업일반	1,2학년 무학년제	울산생활과학고 교사
			네일미용		외부 강사
2021년	일과 내	스포츠 개론	스포츠 경기체력	3학년	외부 강사
		체육과 진로탐구	체육전공실기기초	2학년	외부 강사
		마케팅과 광고	금융일반	2학년	한국폴리텍대학 울산캠퍼스 겸임교수 + 본교교사 코티칭
		미술 창작	미술 전공 실기	2·3학년 무학년제	울산동구청소년문화의집 강사 + 본교교사 코티칭
	일과 외	프로그래밍	교육학 아동생활지도	1,2학년 무학년제	외부 강사

*남목고와 공동교육과정 연계

에서도 배움을 실천하였다. 실제로 학생들은 울산 청소년 창업경진대회와 울산 청소년 소셜 벤처 경연대회에 참가하여 수상했고, 2021년 대학입시에서 관련 계열 학과로 진학하는 학생들도 생겼다. 또한 네일미용을 수강했던 학생들은 학교 축제 체험 부스를 설치하고 재능 기부 활동을 하며 자신들의 꿈과 끼를 펼쳐볼 기회를 가졌고, 소인수과정에 대한 학생 만족도와 신뢰도 또한 높게 나타났다. 또한 2021년에는 미술 교과가 처음으로 진학을 준비하는 학생들의 요구와 수요가 충족되어 2·3학년 무학년제로 '미술 창작'(1학기), '미술 전공 실기'(2학기) 과목이 개설되기도 했다.

학교 밖 연계 교육과정은 어떻게 운영하고 있나?

단위학교 안에서 모든 학생들의 요구와 필요를 반영한 교육과정을 편성·운영하는 데는 한계가 있다. 따라서 학교 밖 지역 교육 인프라를 활용할 수 있는 방안을 적극 모색해야 한다. 화암고는 바로 이 지점에서 선도적인 모델들을 만들어가고 있다. 지역 교육 공동체와의 협력을 통해 인근 학교, 지역 기관, 대학, 다양한 인력을 활용함으로써 학생들에게 한층 더 확대된 교육 기회를 제공하고 있다. 또한 학교 내 교육과정 이외에 소수 학생들이 선택한 교과 수업을 일과 외 단위 순증 과목으로 개설하여 학교 간 공동교육과정 운영을 통해 교원 수급과 시설 등의 문제를 해결하고 학생들의 다양한 교과 선택권을 보장하고 있다. 2021년에 화암고 학생들이 참여한 다양한 공동교육과정은 아래 표 6-10에 정리하였다.

| 표 6-10 | 2021년 화암고 학생들이 참여한 다양한 공동교육과정

수업 형태	일과유형	2021년 1학기	2021년 2학기
고교학점제 시범지구 (화암고-남목고)	일과 내	·	체육 전공 실기기초(화암고) 생태와 환경(남목고)
	일과 외	문화콘텐츠 산업일반 (화암고, 남목고)	소형무인기 정비 (화암고, 남목고)
L.T.E 거점형 공동교육과정[6]	일과 외	보건(화암고) 고급수학(현대청운고)	보건 간호(화암고) 인공지능 수학(남목고)
L.T.E 온라인 공동교육과정	일과 외	·	프로그래밍- PYTHON(울산경의고) 소설창작(학성고)
에듀테크 온라인 공동교육과정	일과 내	스페인어Ⅰ	스페인어Ⅰ

6. 울산 동구에 있는 고등학교 간 공동교육과정

화암고는 2020년에 고교학점제 시범지구로 지정되어 울산광역시 동구의 남목고와 함께 운영 중이다. 또한 2021년 에듀테크 온라인 공동교육과정에 새롭게 참여하고 있다.

▸ 에듀테크(Edutech) 온라인 공동교육과정[7]

울산광역시는 농산어촌, 구도심 등 교육 소외지역 소규모 학교의 학생 과목 선택권 확대를 위해 '온라인 공동교육 거점센터'를 운영한다. 이 센터는 원격교육 기반이 충분하고, 교사와 강사 자원이 풍부한 거점학교에 설치되며, 지역 내 교(강)사 자원이 부족한 교육 소외지역, 소규모 학교를 대상으로 다양한 과목의 공동교육과정을 운영하고 있다.

| 표 6-11 | 에듀테크 온라인 공동교육과정 운영

개설교 (거점학교)	대상 학년	교과	단위 수	운영 시간	회원학교 (6개교 참여)
약사고	2학년	스페인어	2단위	화요일 2교시 목요일 1교시	화암고,범서고, 천상고 언양고, 달천고,남목고

---

7. 교육부에서 고교학점제 도입 기반을 강화하기 위해 추진하는 '에듀테크 활용 교육혁신 시범 사업'은 원격교육 환경 개선과 첨단 교육기술을 활용한 학생 맞춤형 교육과정 운영, 학교 내외 교육자원의 효율적 연계 등을 지원하는 사업이다. 이 사업에 참여하는 전국의 22개 고등학교는 참여 유형에 따라 '에듀테크 선도고교(10개교)'와 '온라인 공동교육 거점센터(12개교)'로 나뉜다. 울산광역시 거점센터는 약사고등학교이다. (2020.10.26. 교육부 보도자료)

2021년 울산광역시의 온라인 공동교육 거점센터는 약사고등학교이며, 6개 학교가 회원학교로 참여했다. 일과 내 공동교육과정으로 '스페인어I'을 개설하여 1·2학기 집중학기제로 운영하였다(257쪽 표 6-11 참고). 거점학교와 회원학교들은 2020년 학사 일정 협의를 통해 일과 중 공동시간표 구성, 공동 수업 평가에 대해 상호 협조하였다. 화암고는 화, 목 수업 시간에 맞춰 2학년에 개설된 제2외국어 선택 과목인 '중국어I', '일본어I' 수업을 운영하고, '스페인어I' 과목을 수강하는 학생들은 원격학습 공간인 미디어센터에 구축된 전용 교실에서 크롬북 등 전용 기자재를 활용하여 수업에 참여하였다.

▶ 지역 연계 고교학점제 시범지구(학교 간, 지역사회, 대학 연계)

화암고는 동구의 남목고[8]와 함께 2020년부터 고교학점제 시범지구[9]를 운영 중이다(259쪽 표 6-12 참조). 이 두 학교는 각자 나름대로 가진 인력, 시설, 지역사회의 교육 인프라를 활용하며 진로 맞춤형 교육과정을 만들어나가고 있다. 하지만 학생들을 위해 각자 교육과정을 운영하기보다는 협력을 통한 시너지 효과를 기대하며, 두 학교 간 지속가능한 협업 체계를 마련하고자 했다. 2019년 2학기부터 수차례 협의를 거쳐 학사 일정, 일과 시간표, 교육과정을 조정하고, 두 학교 학생들이 공동으로 활용할 수 있는 과목 선

---

8. 남목고등학교는 2020년부터 고교학점제 연구학교를 운영 중이다.

9. 울산광역시교육청은 고교학점제 시범지구를 확대하여 4개 지구(2022.3 기준)가 운영 중이다.

| 표 6-12 | 2021년 고교학점제 시범지구 운영

수업 개설 주최	개설 과목	단위 수	대상 학년	수강인원	운영 학기	운영 시간
화암고	체육전공실기기초	4단위	2학년	10	2학기	화,목 6 · 7교시
남목고	생태와 환경			7		
화암고 & 남목고	문화콘텐츠 산업일반	2단위	1 · 2학년	9	1학기	월8교시
	소형무인기정비	2단위	1 · 2학년	9	2학기	화8교시

택 안내서를 제작하여 활용하고 있다. 두 학교는 고교학점제 시범지구를 운영하여 두 가지 교육활동을 전개한다.

첫째, 기존의 거점형 공동교육과정[10]이 방과 후에만 개설되는 점을 보완하여 **일과 내 · 외 공동교육과정을 운영**하였다. 이 중 일과 내 공동교육과정은 화, 목 6 · 7교시에 각 학교에서 개설하고, 해당 요일 5교시 이후에 휴식 시간을 20분으로 일과를 조정했다. 학생들은 대중교통을 이용하여 각 학교로 이동하여 각 학교에 개설된 수업을 수강하게 된다. 한편 일과 외 과정으로 1학기는 동구에 있는 울산과학대학교의 디지털콘텐츠학과와 연계하여 울산과학대학교에서 대학교 교수와 두 학교 교사가 코티칭하는 '문화콘텐츠 산업일반' 교과를 운영하고, 2학기에는 울산시 동구의 청소년문화의 집과 연계하여 소형 무인기 정비 강사와 두 학교의 교사들

---

10. 울산광역시교육청은 매주 수요일을 거점형 공동교육과정 운영의 날로 지정하여 운영한다.

이 코티칭하는 '소형 무인기 정비' 수업을 운영하였다.

둘째, 공동으로 **대학 연계 진로탐색 프로그램을 운영**하였다. 이는 학생들의 진로학업설계가 전공 적합성과 실질적인 연계를 이룰 수 있도록 진행한 것이다. 두 학교는 학사일정을 조정하여 2년간 오전, 오후로 각 학교 학생들이 대학교 입학사정관 및 대학생을 만나 계열별 학과 및 세부 전공과 관련하여 체험 위주 프로그램을 통해 개인별 진로 탐색을 할 수 있는 기회를 마련하였다. 추후 활동으로 화암고와 남목고 학생들 간의 '공감 · 나눔 · 소통' 프로젝트를 실시하였다. 학생들은 체험활동에 대한 소감과 성찰 내용을 글로 작성하여 온라인 게시판에 게시한 후 상대방 학교의 학생들 글에 댓글을 남기는 등 나눔의 장을 가졌다.

▌학생들의 기초학력은 ▌어떻게 보장할 것인가?

학점제가 기존의 단위제와 가장 크게 달라진 것 중의 하나가 바로 **최소 성취수준**을 설정하고, 여기에 도달하지 못했을 때 학점을 인정하지 않는 것이다. 이것은 학점제로의 전환을 통해 단지 출석일수만 채우도록 하는 데서 벗어나 좀 더 적극적으로 모든 학생들의 **기초학력을 보장**하는 책임교육을 실현하는 방안인 것이다.

화암고는 학생들의 최소 성취수준 미도달 예방 프로그램 및 미도달 학생지원 프로그램을 운영하면서 학교 차원의 학습 안전망을 갖춰가고 있다. 이를 위해 교사와 학생 중심의 학습코칭 지원단을 조직하여 과목별 교과지도와 학습코칭 프로그램을 운영 중이다. 특히나 **교사중심 학습코칭 지원단** 운영은 1학년 학생들을 대상으로 국어, 영어, 수학 교과에서 아래의 표 6-13과 같은 절차를 거쳐 시범적으로 추진 중인데, 점차 교과 영역을 확대해나갈 계획이다.

화암고는 1학년 학생 중 기초학력 진단검사 결과를 토대로 기초학력 미도달 및 희망 학생들을 선발하여 학기별로 기초학력 보장을 도모하는 수업을 따로 진행하고 있다. 2020년에는 영어와 수학

| **표 6-13** | 교사중심 학습코칭 지원단 활동

학기 초	
·수업 및 평가 계획 ·개설 교과 이수를 위한 최소 성취수준 마련 ·진단평가 실시	·최소 성취수준 미도달 예상 학생 파악 ·상담 및 컨설팅 실시 후 멘토링 및 학습 동아리 활동 권장

학기 중	
·최소 성취수준 미도달 예방 프로그램 운영 학생 지도	·학기 중 평가 결과 바탕으로 중간 점검 ·지속적인 학습 상담 및 컨설팅 실시

학기 말	

·학기 말 평가 완료 후 최소 성취수준 미도달 학생 파악	·방학 중 프로그램 마련
	  - 계절 학기 방과후 학교 형태 강좌형
	  - 수행과제형
	  - 혼합형

만 진행하였고, 2021년에는 국어, 영어, 수학 교과로 확대되었다. 주로 학생들이 학업에 대한 흥미와 자존감 향상을 위해 개설된 과목들이다. 예컨대 2020년은 '기초가 즐거워지는 수학'(1·2학기), '영어 늘품'(1학기), '앱기반 활동을 통한 영어 학습(2학기)', 2021년은 '기초튼튼국어', '기초부터 튼튼해지는 수학', '기초튼튼영어'를 개설하여 활동과 체험 위주의 수업으로 진행하였다.

학생중심 학습코칭 지원단은 또래 및 선-후배를 학습 멘토로 활용하며 학습코칭 프로그램을 운영하고 있다. 또래 학습 코칭 프로그램은 1·2·3학년이 모두 참가하며 1인 멘토가 2인 멘티를 대상으로 학생의 눈높이에서 서로 소통하며 지속적인 공부 습관을 유지할 수 있도록 지원한다. 매 학기 진행하며 학생들은 쉬는 시간, 점심 시간, 자율 동아리 시간을 이용하며 멘토링을 하고, 멘토 학생에게는 봉사 시간을 부여하고 있다. 선-후배 학습코칭 프로그램은 2학년 학업설계 학생지원단을 활용한다. 선배 멘토들은 교육과정에 대한 이해를 바탕으로 자신이 맡은 1학년 학급의 팀 후배(4~5명)를 대상으로 고교학점제에 대한 이해 및 과목 선택 안내 및 학업설계를 지원하는 역할을 하고 있다. 단순히 성적 향상에 대한 조언보다는 학습 방법을 상담하고, 학업에 대한 자신감을 북돋아주며, 학교생활 전반에 걸쳐 안내하고 이끌어주는 역할이다. 이처럼 화암고는 교사, 학생들이 동참하여 모든 학생의 성장과 잠재적 역량을 발현할 수 있도록 지원하고 있다.

학교 교육과정의 운영 효율을 높이기 위한 지원 방안은?

이상에서 설명한 학생 선택권을 확대하는 학교 교육과정을 편성하고 운영하는 데 따른 효율을 극대화하기 위해서는 학교 차원의 다양한 지원이 필요하다. 여기에서는 주로 시간표의 편성과 그리고 공강의 운영, 교육 3주체에 대한 교육과정 역량 강화 지원 방안 등을 중심으로 정리하였다.

시간표 편성 및 운영 방안

화암고는 2019년까지 공강이 발생하는 시간표를 운영하였다. 하지만 2020년부터는 공강 발생을 최소화하고 학생들의 다양한 과목 선택권을 확대하면서 학생 선택 교육과정의 교과 이수단위를 4단위로 동일하게 조정하여 블록으로 편성하였다. 화암고는 시간표를 작성하기 위해 교육부에서 운영하는 고교학점제 홈페이지[11] 프로그램과 학교가 기존에 사용해왔던 사설 프로그램을 병행하여 사용하고 있다. 먼저 고교학점제 지원센터에서 타임별 교과군 설정과 과목별 학생 수를 배정한 다음에 사설 프로그램으로 가져와 이를 고정하고, 학교 지정과목을 자유롭게 배치하는 방식이다.

---

11. www.hscredit.kr

하지만 두 프로그램만으로는 다양한 학생 개별 시간표를 구현하는 데 어려움이 있기 때문에 수작업을 필수적으로 거친다. 나이스 시간표상에는 학생 개별 수강 과목의 교실 및 수강 장소가 입력되지 않아 최종본은 수작업으로 마무리하고 있다. 2021학년도 학생 선택과목에 따른 2학년 2학기 시간표 운영 사례는 아래 그림과 같다. 타임별 교과군, 일과 내·외 시범지구 공동교육과정, 에듀테크 온라인 공동교육과정, 무학년제 과정, 소인수과정, 거점형 공동교육과정 등 다양한 교육과정을 반영하고 있음을 보여준다.

교시	월	화	수	목	금	
1			에듀테크 온라인 공동교육과정 (스페인어, 2학년)			◆ A타임 운영 과목(7과목) : 동아시아사, 미술 전공 실기기초, 생명과학, 생활과 윤리, 현대문학 감상, 화학, 확률과 통계
2		에듀테크 온라인 공동교육과정 (스페인어, 2학년)				
3		B타임	A타임 무학년제(2·3학년)	B타임	A타임 무학년제(2·3학년)	
4						◆ B타임 운영 과목(6과목) : 금융 일반, 생명과학, 생활과 윤리, 진로 영어, 화학, 확률과 통계
5						
6	전문적 학습공동체의날 운영	C타임 시범지구 공동교육과정 (체육전공실기기초, 2학년)	창의적 체험활동 학급별 특색활동 시간 활용 진로활동 (1·2학년)	C타임 시범지구 공동교육과정 (체육전공실기기초, 2학년)		
7						◆ C타임 운영 과목(6과목) : 동아시아사, 생명과학, 생활과 윤리, 체육 전공 실기 기초, 화학, 확률과 통계
8		소인수 과정 (교육학, 아동 생활지도 무학년제 (1·2학년) 시범지구 공동교육과정(소형무인기 정비, 2학년)	거점형 공동교육과정 (보건, 1·2학년)			

2021년 2학년 2학기 시간표
과목 선택권을 확대하면서 학생 선택 교육과정의 교과 이수단위를 4단위로 동일하게 조정하여 블록으로 편성하였다.

공강 실시 여부와 운영 방안

고교학점제 시간표 운영에서 주목할 만한 부분이 바로 **공강**이다. 화암고는 고교학점제 연구학교 1년 차인 2019년에는 시간표상에서 공강이 발생하였고, 학생들이 공강 시간을 효과적으로 활용할 수 있도록 학생, 학부모, 교사가 협력하여 함께 대응할 수 있는 프로그램을 운영하였다. 공강 시간을 제대로 운영하려면 학생들이 자기주도적 학습을 할 수 있는 공간이 반드시 확보되어야 하며, 아울러 학생 생활지도를 위한 교사-학생들 간의 협력이 요구된다. 학생들은 공강 시간에 학교 도서관에서 운영하는 학생 주도 진로 독서 프로그램에 참여하거나 자기주도학습을 진행하였다.

또한 학생 생활지도에 있어 다양한 방안이 마련되었다(표 6-14 참조). 학생 생활지도는 교사들의 노력만으로는 한계가 있어 학생들이 자율적으로 책임감을 갖고 공강 시간을 활용할 수 있도록 지

| 표 6-14 | 2019년 공강 대응 프로그램 운영 시 학생 생활지도 방안

방안	학생 자치회	교내옴부즈맨	도서관	개방형 북카페	학교 알리미
내용	바른 학교생활 캠페인 활동	교사-학생 연합 교내 순찰 활동	사서교사 및 도서출납시스템 활용	학생의 자율적 책무성 강화	공강시간 운영 계획 실시간 공지
주체	학생	교사 · 학생	교사 · 학생	학생	학부모

속적으로 홍보하는 한편, 교사-학생이 함께 운영하는 생활지도 방안을 강구하여 운영하였다.

하지만 2020년부터는 고교학점제 시범지구 운영 및 다양한 교육과정이 학교 안팎에서 실시되면서 학사 관리를 좀 더 효과적으로 운영하기 위해 학생 선택 교육과정 교과(군)을 동일한 단위 수로 조정하여 공강 시간을 없애는 것으로 결정하였다.

고교학점제 교육과정 역량 강화 지원 방안(교육 3주체)

고교학점제 정착을 위한 학교 문화 조성은 어느 특정한 교육 주체의 노력과 추진 역량만으로는 가능하지 않다. 전체 학교 공동체의 고교학점에 대한 인식 개선과 교육과정에 대한 문해력과 전문성이 뒷받침되어야 한다. 따라서 교육공동체 구성원들의 역량 강화 연수는 고교학점제 학교 문화 정착에 필수적인 부분이다. 이에 화암고는 교사, 학생, 학부모 대상 설명회와 연수를 온 · 오프라인을 활용하여 적극적으로 추진하였다.

화암고는 연구학교를 시작한 2019년부터 지속적이면서 체계적인 고교학점제를 운영을 위한 **교육과정 문해력** 신장 연수 진행과 더불어 교사들의 **교과 전문성** 신장을 위한 전문적 학습공동체를 활성화해나가고 있다. 고교학점제를 각 교과에서 구현하기 위해 가장 중요한 부분인 **수업과 평가 개선** 때문이다. 이를 위해 교사들의 공동 연구와 실천을 기반으로 하는 전문적 학습공동체(이하 전학공)를 교

| 표 6-15 | 2020년 화암고 교사 대상 교육과정 역량 강화 연수

연번	일시	주요 연수 내용	참여	연수 방법
1	2020.4.2.-4.29.	2020 고교학점제 도입 역량 강화 원격 연수	신청교사 (15명)	원격
2	2020.4.3.	원격수업 운영을 위한 연수	전교직원	집합
3	2020.4.3.	2015 개정 교육과정 및 2020 고교학점제 연구학교 중점과제 운영	전교직원	집합
4	2020.4.24.	고교학점제 대비 교육과정 다양화 어떻게 추진할 것인가?	전교직원	실시간 쌍방향
5	2020.5.27.	진로탐색 연계 교과 융합수업 안내	해당교사	집합
6	2020.5.8.	선진형 교과교실제 운영 및 관리 안내	전교직원	집합
7	2020.5.19.	교과전문성을 위한 교과교실제 운영 방안	전교직원	집합
8	2020.6.24.	고교학점제 학생 선택과목 수강 신청 이해연수	1 · 2학년 담임교사	집합
9	2020.6.26.	교과 주제별 맞춤형 전문적 학습공동체 날 운영	전교직원	집합
10	2020.7.1.-8.31.	2020년 고교학점제 도입기반 조성 교사 역량 강화 원격직무연수	신청교사 (9명)	원격

과별로 재정비하고 있다. 전학공은 2019년 교과별 '교실 수업 개선'을 공동 연구 주제로 수업 공개와 나눔을 활성화시켰고, 2020년은 학교 전체가 교과교실제로 운영됨으로써 공동 연구 주제로 '교과교실 기반 학생중심 수업과 평가 개선'에 집중하였다. 그리고 2021년

| 표 6-16 | 2020년 학생, 학부모 대상 교육과정 역량 강화 연수

연번	일시	주요 연수 내용	참여	연수 방법
1	2020.4.29.-5.4.	본교 제작 영상 및 EBS 지식채널e B와 D사이의 17	학생 학부모	원격
2	2020.5.18.-5.22.	교과교실제 소개 및 교과교실 이용방법	학생 학부모	원격
3	2020.6.24.	고교학점제 학생 선택과목 수강 신청 이해	학생	집합
4	2020.6.25.	2015개정 교육과정 및 고교학점제 연구학교 안내	학부모	집합
5	2020.6.25.	2021년, 2022-2023년 대입설명회	학부모	집합
6	2020.6.26.	고교학점제 핸드북 '행복한 삶을 위한 슬기로운 과목선택' 연수 실시	학생 학부모	실시간 쌍방향
7	2020.9.2.-9.9.	자기주도학습을 통한 학력 향상 학생 연수	학생	집합

은 교육과정 재구성-배움중심 수업-과정중심 평가-학생 개인의 배움 과정에 대한 기록(교-수-평-기) 일체화를 기반으로 하는 교과별 프로젝트수업 운영 방안을 공동 연구 주제로 정하여 전 교과가 참여하

였고, 운영 결과도 함께 공유하고 평가하였다. 이를 통해 교사들 또한 배움과 성장의 기회를 가질 수 있었다.

학부모의 운영 참여를 확대하고 있고 학생, 학부모가 함께하는 프로그램도 다양하게 실시하고 있다(표 6-16 참조). 효과적인 고교학점제 홍보를 위해 학부모지원단을 조직하여 고교학점제 진로설계 컨설턴트 연수를 실시하여 진로학업설계 코치를 양성하고 있다. 양성된 코치들은 과목 선택을 앞둔 학생, 학부모들의 의견을 수렴하여 교육과정 TF팀에 전달한다. 학생 대상 교육과정박람회 체험 부스 활동에 학부모가 동반 참석할 수 있는 여건을 조성하고, 학교 웹 사이트 내 고교학점제 상담 게시판을 운영하여 학부모 및 학생 대상 상담을 실시하며, 선택형 교육과정에 대한 이해를 제고하여 고교학점제 정착을 위한 학교 문화를 개선하고 있다.

다교과 지도와 교원 수급을 위한 아이디어

화암고는 일과 내외로 편성·운영되는 교육과정을 다양화하면서 학생들의 교과 선택권을 확대하였다. 하지만 학생들의 진로 연계형 교과들은 소인수로 개설되는 경우가 많고, 개설 교과와 관련된 교사를 제대로 확보하기도 어렵다. 또한 전문계열II 교과의 경우는 관련 분야의 전문성을 갖춘 교사를 필요로 하기 때문에 외부에서 교·강사를 확보할 수밖에 없는 상황이다. 화암고는 일과 내 진로 맞춤형 소인수과정의 경우에는 외부 강사를 활용하고 있다.

| 표 6-17 | 2020~2021학년도 개설된 진로 맞춤형 소인수과정

연도	일과	1학기	2학기	개설학년	교(강)사
2020년	일과 내	스포츠 개론	스포츠 경기체력	3학년	외부 강사
		체육과 진로탐구	체육전공 실기기초*	2학년	외부 강사
		마케팅과 광고	금융일반	2 · 3학년 무학년제	한국폴리텍대학 울산캠퍼스 겸임교수 + 본교교사 코티칭
	일과 외	기업과 경영 기업과 경영	창업일반	1 · 2학년 무학년제	울산생활과학고 교사
			네일미용		외부 강사
2021년	일과 내	스포츠 개론	스포츠 경기체력	3학년	외부 강사
		체육과 진로탐구	체육전공 실기기초	2학년	외부 강사
		마케팅과 광고	금융일반	2학년	한국폴리텍대학 울산캠퍼스 겸임교수 + 본교교사 코티칭
		미술 창작	미술 전공 실기	2 · 3학년 무학년제	울산동구청소년문화의집 강사 + 본교교사 코티칭
	일과 외	프로그래밍	교육학 아동생활지도	1 · 2학년 무학년제	외부 강사

| 표 6-18 | 고교학점제 시범지구 '소형무인기정비' 수업 강사 현황

소속	성명	구분	담당	수업방식
울산동구청소년문화의집	김○○	소형무인기정비 강사	수업 주강사	코티칭
화암고	김○○	정규 교사	수업 보조강사	
남목고	최○○			

왼쪽의 표 6-17은 2020~2021년에 개설된 진로 맞춤형 소인수과정과 교(강)사 운영 현황을 정리한 것이다.

진로 맞춤형 소인수과정으로 개설된 교과들과 고교학점제 시범지구로 운영되는 교과의 경우 지역 내 대학교 교수, 지자체 기관의 강사, 타학교 교사, 외부 강사 등의 다양한 인적 자원을 최대한 활용하였다. 예컨대 고교학점제 시범지구 '소형무인기정비' 수업의 경우 화암고와 남목고의 정규교사와 울산동구청소년문화의집 강사가 코티칭 방식으로 수업을 진행하였다(270쪽 하 표 6-18 참조).

또한 교사들의 자발적인 참여와 연수를 통해서도 새로운 교과 개설 방법을 모색하였다. 2021년 3학년에 교양으로 개설되는 '철학'과 '논리학'은 강사 섭외가 어려워서 교육청에서 지원하는 일방 순회교사 활용방안에 관한 논의도 있었지만, 1학기는 개설이 확실한 상태가 아니어서 일단 학교가 자체적으로 철학과 논리학 교과서를 집필한 현직 교사를 섭외하여 철학을 담당하는 교과(수학과) 교사들이 겨울방학 동안 원격으로 자체 연수를 미리 실시하였다. '철학'은 3학년 1학기 1단위 수업으로 3개 반이 개설되어 3명의 교사가 협력 교사로서 참여하며, 한 학기 17단위에 대해 단위를 5/6/6 단위로 나누어 3개 반을 순회하며 가르쳤다. 또 2021년 2학기에는 '논리학'도 개설되었는데, 이때는 교육청(고교학점제 지원센터)에서 지원하는 교과순회전담교사를 활용하여 교사들의 수업 부담을 줄이는 한편, 교과 전문성도 높일 수 있었다.

노후화된 시설을
학생중심 교육과정 운영에 적합하도록 혁신하다

화암고는 2002년에 설립된 학교로 어느덧 많은 교내 시설들이 노
후화되었고, 무엇보다 이런 시설들은 학생중심의 교육과정을 운
영하기에도 적합하지 않았다. 이에 시설을 확충하기보다는 리모
델링을 하는 방향으로 공간혁신을 시작하였다.

  리모델링은 학교 전반에 걸쳐 이루어졌으며, 선진형 교과교실 구
축, 학생 홈베이스 조성, 미디어센터, 지하 학생휴게실과 창의 공간
등을 새롭게 조성하여 학생중심의 고교학점제 운영에 맞게 학교 환

| 현관 복도 | 북카페 | 지하 학생휴게실 |

화암고 리모델링 공간
학생중심의 교육과정 운영을 하기에는 적합하지 않았다. 이에 시설을 확충하기보다는 리모델
링을 중심으로 공간혁신을 진행하였다.

경을 개선하였다. 또한 현관 입구의 학교 현황판과 아트월, 갤러리 조성 등으로 교사와 학생이 함께 꾸미는 공간을 구축하였다.

학생 선택형 교육과정을 운영하는 2학년의 공간 배치를 살펴보겠다. 아래 그림에서 볼 수 있듯이 학생들의 원활한 이동수업을 위해 동선과 편의성을 고려하여 학년제 중심의 수직적 공간을 배치하였다. 각 반을 교과교실로 활용하고, 교과연구 및 협의회 활성화로 수업의 질 향상을 도모하기 위해 교과연구실을 인접하게

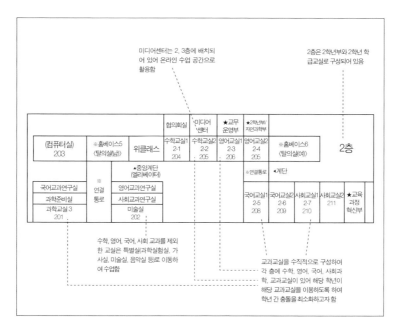

화암고 2층 도면(2학년 공간 배치 설명)
선택형 교육과정으로 운영하는 2학년의 공간은 학생들의 이동수업을 위해 동선과 편의성을 고려하여 학년제 중심의 수직적 공간을 배치했다. 각 반을 교과교실로 활용하고, 교과연구 및 협의회 활성화로 수업의 질 향상을 도모하기 위해 교과연구실을 인접하게 배치했다.

배치하였다. 미디어센터는 학년별로 배치하여 온라인 수업을 수강하는 학생들이 편리하게 활용할 수 있도록 하였다. 홈베이스는 학생들의 친교, 휴게, 학습, 정보검색, 사물함, 탈의 등 다양한 기능을 갖춘 복합적 공간으로 새롭게 바뀌었다.

그 외에도 프로젝트실, 도서관 내 학습센터 등 학생들이 자율적 학습 프로젝트를 수행하고 교과별 학습을 할 수 있는 공간을 마련하였다. 또한 무대 공간, 동아리실 구축 등으로 학생의 다양한 창의적 활동 공간을 확보하였다. 선택형 교육과정에 맞는 다양한 크기의 교실 공간을 마련하고 교과 특성에 맞는 기자재를 비치하며, 수업 결과물 게시 공간을 확보하는 등 학생중심 수업활동이 이뤄질 수 있도록 개선하였다.

화암고 고교학점제 사례는 고교학점제의 정책 취지에 대한 근본적인 질문을 던진다. 고교학점제를 통해 기존의 학교중심 교육과정이 **학생중심 교육과정**으로 나아가며, 교육과정 패러다임의 전환을 가져오고 있다. 학교 자치의 핵심은 **교육과정 자치**에 있다는 말이 있다. 화암고는 고교학점제를 통해 교육과정 자치를 실현해 나가는 좋은 모습을 보여주며 진일보하고 있다. 특히 교육과정 편성의 자율권을 토대로 학생, 학부모, 교사 3주체가 소통하고 협력하며 교육과정 운영체제를 구축하여 학생들의 진로와 적성, 울산 동구 지역의 교육 여건을 고려한 학생중심 진로 맞춤형 교육과정을 운영하고 있다. 이를 위해 학교를 넘어 이웃 학교들과 지역사회, 지자체와 폭넓게 연계하여 특색 있는 다양한 교육과정을 적용하여 학교 브랜드로 자리매김하고 있는 '화암고 교육과정'을 편성·운영하는 것이다. 이처럼 화암고는 고교학점제 운영을 통해 다양한 물적·인적 교육 인프라를 구축하고, 교육 네트워크를 구조화하며, 학생 개별 책임교육을 차근차근 실천하고 있다. 나아가 교육공동체 모두가 행복한 학교, 비전과 미래가 있는 학교로 점점 진화하는 중이다.

규모는 작지만, 학생들 저마다 배움과 꿈을 키워가도록 적극 지원하다

학교유형	일반고		설립	1979년	
지역	서울/수도권	지방광역시		농산어촌	

학급 수			교원 수	학생 수 (2022년 기준)	
총 9개 학급			총 26명 남 13명 여 13명	총 169명	
1학년	2학년	3학년	교원 1인당 학생 수	1학년	2학년	3학년
3	3	3	8.0명	66명	52명	51명

작은 학교의 특성을
학생 맞춤형 진로·진학지도에 최대한 반영하다

어느덧 고교학점제 연구·선도학교가 전국적으로 크게 확대된 상태이다. 하지만 아쉽게도 아직까지 이러한 연구·선도학교의 거의 대부분은 도시와 대규모 학교에 워낙 집중되어 있다 보니 소규모 학교의 고교학점제 운영 사례를 접하기란 상대적으로 쉽지 않은 편이다. 하지만 7장에서 소개할 김화고등학교(이하 김화고)는 비록 농산어촌의 소규모 학교이지만, 오히려 이 점을 강점으로 살려 모든 학생의 배움과 성장 그리고 꿈을 체계적으로 지원하며 고교학점제를 추진하고 있다.

학교 교육활동에 협조적인 학생들과 학습지도에 열정적인 교원 구성

농산어촌은 지역사회의 낙후된 사회적·경제적 여건으로 인해 지역 경제 사정에 따라 교육 여건이 좀 더 나은 지역으로 학생들의 이탈이 계속됨으로써 학생 인구가 빠르게 감소하고 있다. 교원 수급의 한계와 학교 내 교육 시설 및 지역 교육 인프라 부족으로 학생 선택중심 교육과정과 책임교육 실현이 핵심인 고교학점제 운영에 있어 어려움을 겪을 수밖에 없다. 김화고는 전국에서 농산어촌의 비율이 가장 높고, 인구 격감도 심하게 나타나고 있는 강원도의 최북단 접경 지역인 철원군 소재의 소규모 벽지 학교이다. 하지만 이 점을 오히려 강점으로 활용해 학생 맞춤형 진로·진학지도에 최대한 반영하여 고교학점제를 운영 중이다.

김화고는 공립 일반고등학교(병설)[1]이며, 2020년 3월부터 고교학점제 연구학교[2]를 운영 중이다. 강원도 철원군에는 일반고등학교 4개, 특성화고등학교 1개가 있으며,[3] 김화고가 있는 서면에는 특성화고등학교인 김화공업고등학교와 일반고등학교인 김화고 단 두 학교뿐이다. 김화고는 기숙형 고등학교로 지역 내에서 대학 진학에 관심이 높은 학생들이 선호하는 학교이다. 김화고의 기본 정보[4]는 다음과 같다. 먼저 학급 수는 각 학년 3학급씩 총 9학급이다. 그리고 학생 수는 169명으로 1학년은 66명(남29, 여37), 2학년 52명(남21, 여31), 3학년 51명(남28, 여23)이다. 교원 수는 26명이며, 이 중 수업을 담당하는 교원은 21명이다. 교원 1인당 주당 평균 수업시수는 15.4시간으로 강원도, 철원군의 평균[5]보다는 다소 낮고, 전국 평균 16.4시간보다도 낮다.

김화고의 학생들은 군인 가정의 자녀가 다수를 차지한다. 학부모의 직업적 요인으로 전입·전출이 잦은 환경에서 생활하는 학

---

1. 김화여자중학교 운영
2. 강원도 고교학점제 연구학교: 2020년 마차고(영월군), 김화고(철원군), 2021년 신규 지정교 없음, 2022년 신규 지정교 -강원대학교사범대학교부설고(춘천시), 사북고(정선군), 장성여자고(태백시)
3. 일반고등학교: 철원고, 철원여고, 신철원고, 김화고/ 특성화고등학교: 김화공고
4. 학교알리미, 2022년 5월 기준
5. 강원도: 15.8, 철원군: 15.7

생들은 자기주도학습 역량은 다소 부족한 편이지만, 교사에 대한 신뢰가 높고, 학교 교육활동에 적극적으로 참여하며 협조적이다. 군인 가정 외에는 지역의 특성상 농업에 종사하는 학부모의 비율이 높고, 앞선 장에서 소개한 화암고와 마찬가지로 학교 교육에 대한 의존도가 높은 편이다. 교사들은 농촌 지역에 있는 학교임에도 장기근속 비율이 높고, 진로·진학지도 경험도 풍부하며, 학습지도 의욕이 높아 안정적인 학사 운영에 기여하고 있다. 다음은 김화고 교육과정부장의 이야기다.

> 고교학점제 운영에 있어 지역 여건과 학교 특성상 발생하는 제약들은 당연히 존재합니다. 하지만 소규모 학교이기에 가질 수 있는 장점도 분명히 있어요. 교사, 학생, 학부모들도 이 지점을 잘 인식하고 있기에 우리의 실정에 맞는 김화고다운 특성을 살린 고교학점제를 만들어 학교 경쟁력을 만들어가는 것에 교육공동체가 공감하고 있어요. 김화고는 고교학점제 도입 이전에도 학생, 학부모, 교사들이 서로 믿고 소통하는 학교 문화가 어느 정도 자리잡혀 있었는데, 그 부분이 고교학점제 운영에 있어 가장 큰 힘인 거 같습니다. 학생들이 1학년 때부터 담임교사, 진로교사, 교육과정 담당 교사, 선배 등 여러 채널을 통해 과목 선택 및 진로학업설계에서 도움을 받을 수 있어 만족도가 높습니다.
>
> -김화고 교육과정부장

학교 조직 개편을 통한 고교학점제 운영 전문성 신장

김화고는 소규모 학교의 강점을 최대한 살려 교육공동체가 긴밀히 소통하고 협력하는 학교 문화를 바탕으로 학교 교육과정위원회, 교육과정지원단, 교과협의회 조직이 유기적으로 작동하고 있다. 연구학교를 시작하면서 선제적으로 학교 조직 개편을 추진하여 고교학점제 운영의 전문성을 높이고, 교육공동체의 협력을 이끌어가기 위해 **교육과정부**를 신설하였다. 또한 교육과정에 대해 원활하게 논의하고, 학생들을 위한 맞춤형 진로학업설계와 교육과정 이수지도를 책임지고 수행하기 위한 **교육과정지원단**을 조직하였다.

2020년에는 교감, 교육과정부장, 교육과정부 업무담당부원, 교무부장, 진로교육부장, 학년부장으로 구성하였으나, 1년간 쌓은 경험을 통해 학생들에 대한 체계적인 과목별 안내 및 교과 교사들과의 소통과 협력이 절실하다는 데 공감하였다. 이에 2021년에는 학년부장을 교과부장으로 대체하여 구성하게 되었다. 지원단은 매주 1회 정기적인 협의회를 실시하고, 협의회에서는 학교 교육과정 검토 및 반영, 토론회를 통한 현행 교육과정 운영상의 문제점과 개선 방안을 협의하고, 전체 교사들의 고교학점제 이해도와 전문성 신장을 위한 교직원 연수 진행을 지원하였다. 특히 교과협의회는 수업 및 평가 방법 개선 등을 통한 교과중심 교육과정 운영에 대한 인식이 높아지면서 전문적 학습공동체와 연계하여 교사들의 의견을 수렴하는 장을 수시로 마련하였다.

규모는 작지만,
기본에 충실하여 교육과정을 편성하다

농산어촌 소규모 학교에서 고교학점제를 운영함에 있어 가장 어려운 점은 학생 맞춤형 선택 교육과정 운영에 필요한 학급 수와 교원 수급 확보일 것이다. 일반적으로 고교학점제가 제대로 운영되기 위한 최소 학급 기준을 12학급, 즉 최소한 학년당 4학급 규모로 본다. 왜냐하면 최소한 이 정도 규모가 충족되어야 대부분의 교과에서 교사 2명이 확보되고, 복수 과목의 편성 및 선택이 가능해지기 때문이다. 이런 측면에서 볼 때, 김화고는 학년별 3학급 총 9학급의 소규모 벽지 학교로서 다양한 교육과정을 개설하는 고교학점제를 운영하는 데 적잖은 제약이 있는 것은 사실이다. 하지만 학교가 공동체의 역량과 지역사회 자원을 최대로 활용함으로써 소규모 학교의 단점을 극복하고, 고교학점제의 핵심인 학생 맞춤형 선택 교육과정과 책임교육 실현을 위한 방안을 모색하고 있다. 주목할 만한 노력 몇 가지를 소개하면 다음과 같다.

학생 수요를 최대한 반영하는 교육과정 편제

먼저 학생 선택과목 수요조사 결과와 과목 선택권을 최대한 반영하고자 하였다. 신입생 교육과정 편제표는 신입생들이 입학하기 전에 편성되어 있다 보니 이들의 실질적인 교과 선택권이 행사되지 못한다는 한계가 있었다. 이에 신입생들의 희망 직업 및 전공을 조사하고, 이를 통해 학생들이 가장 선호하는 과목을 도출하였다. 예컨대 1학년 학생들의 수요조사를 공식적으로 4차례나 실시하는 등 작은 학교의 장점을 살려 학생들 한명 한명과 꾸준히 소통하며 학생중심 교육과정을 만들어가고 있다. 또한 강원도교육청 교육과정 컨설팅 결과를 반영하여 학생 맞춤형 선택 교육과정이 주로 이뤄지는 2·3학년 학생 선택과목 편제를 보완하였다. 학생들이 요구하는 과목으로의 교체를 수용하고, 교과 협의를 통해 편성 과목을 변경하였다.

진로 맞춤형 학생 선택과목 확대

아무리 도시의 규모가 큰 학교라도 다교과 개설과 관련된 교육공동체의 합의와 교사들의 다교과 개설 의지가 없으면 고교학점제 운영은 사실상 불가능하다. 반면 김화고는 수업에 참여하는 23명(3명 겸임-보건, 음악, 미술)의 교사 전원이 다교과 개설에 합의하였다. 그리고 2020년 입학생 교육과정 편성부터 학교 지정과목을 최대한 축소하는 대신에 학생 선택과목을 확대하기로 하였다. 또한 13명 이하의 소인수 선택 교과일지라도 교과의 중요성을 검토하고, 교과 교사들의 협조 속에 가능하면 개설하기로 결정했다. 오른쪽의 표 7-1은(283쪽 참조) 2020-2021학년도 김화고의 다교과 지도교사 현황을 정리한 것이다.

| 표 7-1 | 2020 - 2021학년도 다교과 지도교사 현황

년도 \ 담당과목교원수	0과목	1과목	2과목	3과목	4과목	총계 (명)
2020	2	9	8	4	0	23
2021	2	5	10	5	1	23
증감	0	-4	+2	+1	+1	0

다교과 지도를 통해 진학을 희망하는 학생들뿐만 아니라, 졸업 후 바로 취업을 희망하는 학생들을 위한 다양한 과목을 개설하는 데도 적극적이다. 즉 단위학교에서 교사 수급이 어려운 전문계열 과목의 경우에는 공동교육과정과 지역사회 마을교사를 활용함으로써 해당 과목이 개설될 수 있도록 적극적으로 대응하고 있다.

지역·학교 특성을 살린 학교 밖 교육과정 다양화 시도

대부분의 소규모 농산어촌 고등학교는 학교 안 교육과정만으로 고교학점제를 운영하는 데 한계가 있다. 김화고가 있는 철원군의 사정 또한 다른 지역의 농산어촌만큼이나 힘든 편이다. 특히 철원군 내에 소재한 다른 4개 일반고등학교들 간 거리가 꽤 멀고, 원활한 이동을 위한 대중교통 수단도 잘 발달되지 않았다. 이에 학생들의 학교 간 이동이 어렵다 보니 학교 간 오프라인 공동교육과정을 운영하기에는 솔직히 좋은 조건은 아니었다. 하지만 학생들의 진학과 취업을 지원하기 위해 학교 간 공동교육과정 운영을 위한 협의를 시도하고, 나아가 강원도 내 다른 지역의 학교들에서 개설한 강의를 수강할 수 있는 온라인 쌍방향 공동교육과정과 지역사회 연계 교육과정 등을 활용하여 학생들의 과목 선택권을 최대한 확대함으로써 교원 수급 문제를 어느 정도 해결하고자 노력하였다.

맞춤형 진로학업설계로
학생 주도형 교육과정을 운영하다

김화고는 고교학점제를 추진하면서 **소통과 협력의 중요성**을 실감했다. 즉 학생들이 저마다 자신의 진로와 적성을 토대로 교과목을 스스로 선택하고 맞춤형 교육과정을 설계하려면 학생 개개인에 대한 지속적인 관심과 지원이 이루어져야 하고, 교사-학생 간 소통과 협력이 필수적임을 새삼 확인한 것이다. 이에 관련 교육과정과 진로교육을 별개로 운영하기보다 교육과정부-진로교육부-학년부가 학생 개개인의 맞춤식 교육과정 운영을 위해 서로 긴밀히 협력하며 책임교육을 강화하고 있다.

1학년 학생들의 경우 대부분 진로가 확정된 상태가 아니라, 주로 탐색 단계에 놓여 있다. 그래서 1학년에서는 충분한 진로탐색 활동과 학업설계가 단계적으로 이루어지는 데 초점을 맞춰 운영

| 표 7-2 | 김화고 진로학업설계 지원 단계

1단계	
진로 표준화 검사	심리검사를 통한 자신의 성향 파악 및 관련 진로 탐색

2단계	
직업 체험 캠프	직업에 대한 실질적인 체험과 본인의 진로 설계

3단계	
교과목 안내	교육과정 내 교과에 대한 이해

4단계	
고교학점제 캠프 (외부 전문가 활용)	고교학점제 이해와 대학 전공적합성 및 계열 이해

5단계	
교과목 박람회	교과 개별 상담 및 3개년 진로학업 설계서 검토

된다. 2·3학년의 경우는 1학년 때의 진로탐색 결과를 토대로 자신의 졸업 후의 진로 방향에 적합한 맞춤형 진로학업설계가 단계적으로 이루어지도록 지원하고 있다.

위의 표 7-2 에서 정리한 것처럼 1단계에서는 1·2·3학년을 대상으로 종합심리검사와 진로발달검사를 실시하였다. 이를 통해 학생들이 자신에 대한 이해를 바탕으로 **진로를 탐색**하고, 진로 적합성, 대학 계열, 학과 선택, 관련 직업 등을 파악할 수 있도록 하였다. 2단계에서 학생들은 진로표준화 검사를 통해 나온 개별 적성을 고려하여 **구체적인 직업군에 대해 체험**할 수 있는 다양한 강좌및 직업인과의 만남을 가졌다. 또 3단계에서는 학생들의 **직업군에따른 과목 선택**을 할 수 있도록 각 교과협의회 대표 교사들과 학생들이 직접 만나 교과목에 대한 안내와 질의 응답하는 시간을 마련하였다. 4단계에서는 **학생 맞춤형 선택 교육과정의 효과적 운영**을 뒷받침하기 위하여 고교학점제에 대한 이해와 대학 전공의 이해, 계열별 과목 선택, 진로학업설계서 작성 연습 등을 해보았다. 끝으로 5단계에서는 교과(군)별 7개 부스를 운영하며 과목별 교사들이 선택과목에 대한 개별 안내를 담당하고, 1차 담임, 2차 진로교육부장, 3차 교육과정부장 순으로 학생 개개인과의 상담을 3차에 걸쳐진행하며, **3개년 교육과정 학업계획서**를 면밀히 검토하였다.

학교 안 교육과정, 어떻게 다양화할 것인가?

김화고는 농산어촌 전국의 소규모 학교들이 공통적으로 안고 있는 교원 수급 문제와 교실 및 시설 부족 문제를 고려하면서 학생 선택중심 교육과정 운영을 위해 학교 안팎의 교육과정들을 연계하여 운영하고 있다. 특히 학교 안 교육과정 편성·운영을 위해 다음과 같은 변화를 시도하고 있다.

첫째, **학교 지정 기초과목을 축소하고 학생 선택과목을 확대**하였다. 고교학점제 도입 이전부터 김화고는 학교 공동체가 함께 학생 맞춤형 선택 교육과정 운영에 대한 필요성을 인식하고 과목 개설을 꾸준히 확대하고 있었다. 아래의 표 7-3에 정리된 바와 같이 김화고의 전체 과목 편성 수는 2018년 54과목에서 2021년 65과목으로 증가하였다. 이 중 학교 지정과목 수는 꾸준히 줄어든 반면, 학생 선택과목 수는 꾸준히 늘어나고 있음을 알 수 있다. 특히 김화고는 학교 지정 교육과정의 기초교과(국어, 수학, 영어, 한국사) 영역의 단위 수를 2018년 65단위, 2019년 72단위에서 2020-2021년에는 54단위로 축소하였다.

| 표 7-3 | 2018-2021 신입생 3개년 교육과정 편제表(편성 과목 수)

학년 연도	1학년 학교지정	2학년 학교지정	2학년 학생선택	3학년 학교지정	3학년 학생선택	합계
2018	12	10	8	5	19	54
2019	12	12	13	5	24	66
2020	12	8	15	2	27	64
2021	12	5	17	2	29	65

| 표 7-4 | 2021학년도 신입생 3개년 교육과정 편제표(학교 지정 교육과정)

구분	교과 영역	교과 (군)	과목 구분	과목	기준 단위	운영 단위	1학년 1학기	1학년 2학기	2학년 1학기	2학년 2학기	3학년 1학기	3학년 2학기	이수 단위	필수 이수 단위
학교지정	기초	국어	공통	국어	8	8	4	4					16	10
			일반	문학	5	4			4					
			일반	독서	5	4				4				
		수학	공통	수학	8	8	4	4					16	10
			일반	수학 I	5	4			4					
			일반	수학 II	5	4				4				
		영어	공통	영어	8	8	4	4					16	10
			일반	영어 I	5	4			4					
			일반	영어 II	5	4				4				
		한국사	공통	한국사	6	6	3	3					6	6
	탐구	사회	공통	통합 사회	8	6	3	3					6	10
		과학	공통	통합 과학	8	8	4	4					10	12
			공통	과학탐구 실험	2	2	1	1						
	체육·예술	체육·예술	일반	체육	5	4	2	2					10	10
			일반	운동과 건강	5	4			2	2				
			진로	스포츠 생활	5	2					1	1		
			일반	음악	5	3	2	1					10	10
			일반	미술	5	3	1	2						
			진로	미술 창작	5	4			2	2				
	교양	교양	일반	보건	5	2	1	1					6	16
			일반	진로와 직업	5	4	1	1			1	1		
			(필수) 소계				30	30	16	16	2	2	96	

왼쪽의 표 7-4는(288쪽 참조) 2021학년의 학교 지정 교육과정 편제 표이다. 3학년은 학교 지정과목인 '스포츠 생활'과 '진로와 직업'을 제외한 전체 과목을 학생 선택으로 전환하여 학생들이 각자 희망하는 진학 및 취업에 대비할 수 있게 여건을 조성하였다. 눈에 띄는 부분 중 하나가 1학년에서 '보건'이 학교 지정과목으로 편성된 것이다. 이는 김화고의 독특한 상황적 특성이 반영된 것이다. 적은 수의 교사들로 다양한 교육과정을 운영해야 하는 상황에서 김화여중에서 겸임까지 하는 보건교사의 도움을 요청할 수밖에 없었고, 보건교사 또한 교육과정 운영에 대한 참여 의지가 강했다. 게다가 김화고 학생들 중에는 졸업 후 간호 및 보건 관련 분야로의 진학과 취업을 바라는 비율이 높게 나타나고 있었다. 한발 더 나아가 김화고는 2·3학년을 대상으로 공동교육과정에서 '간호의 기초'[6]를 개설함으로써 학생들이 자신들의 진로·적성과 연계하여 전공 적합성을 심화할 수 있는 기회를 마련하고 있다.

둘째, 2·3학년 학생 선택과목 교육과정 편성을 기존의 학년제에서 **집중학기제로** 전환하고, **교과 영역 간 개방형**으로 교육과정을 편성하였다. 학생들의 과목 선택권을 보장하기 위해 기초, 탐구 교과군의 경우 교과 영역 간 과목 선택을 확대하여 교과 이수단위 180단위의 40%인 72단위를 교과 영역 간 선택과목군으로 운영한다.

---

6. 김화고는 간호의 기초과목을 2020년 학교 간 공동교육과정, 2021년 온라인 쌍방향 교육과정 거점학교로 개설하였다.

| 표 7-5 | 김화고 희망 과목 학생 수요조사

구분	수요조사 내용
1차	• 기초 교과군과 탐구 교과군 일반 선택 및 진로 선택 모든 과목 대상 실시 • 수능 과목 안내
2차	• 교사 수급 문제 반영 일부 과목 폐강 결정 • 학생 개인 진로 변경 반영 • 13명 이하 선택 과목 개설 결정
3차	• 3학년 지역 연계 전문계열 진로 과목 수요조사 실시 • 과목 신설

표 7-5는 김화고 학생들을 대상으로 한 희망 과목에 관한 수요조사 내용이다. 김화고는 전년도에 결정된 차기년 입학생 교육과정 편제를 위해 소규모 학교의 장점을 살려 교사들과 학생들의 적극적인 소통과 의견 수렴을 통해 2·3학년 학생 선택 교육과정을 지속적으로 수정·보완하고 있다. 다만 2학년 학생 선택에서 기초 교과에 대한 선택의 폭이 제한적인 점은 다소 아쉬움이 남는다. 하지만 이는 학생 수준과 교원 수급[7]이 반영된 어쩔 수 없는 결과이다.

2020년 2학기 말에 확정되었던 교과들 중에서 2021년 입학생 교육과정 편제표에는 편성되지 않았던 교과들은 2021년 수요조사를 통해 도로 추가하거나 수정하였다. 예컨대 '세계지리', '경제', '진로영어', '사진의 이해', '환경' 과목을 추가하고, 국어, 사회탐구 영역들의 경우 과목 위계 및 학생들의 수준을 반영하여 학년 간 위치를 재조정하였다(291쪽 표 7-6, 292쪽 표 7-7 참조).

---

7. 수업 가능 교사 23명(음악, 미술, 보건 겸임 포함)

| 표 7-6 | 2021년 신입생 3개년 교육과정 편제표(학년초)

구분	교과영역	교과(군)	과목 구분	과목	기준단위	운영단위	1학년 1학기	1학년 2학기	2학년 1학기	2학년 2학기	3학년 1학기	3학년 2학기	이수단위
2학년선택	기초·탐구	국어 영어 수학 사회 과학	일반 진로	고전읽기 영미문학읽기 정치와법/윤리와사상 물리학I/지구과학I	5	4			택3 4×3=12				30
			일반 진로	기하/경제수학 정치와법/세계사 생명과학I/화학I	5	4				택3 4×3=12			
	생활·교양	제2외국어	일반	일본어I/중국어I/한문I	5	6	택1 3×1=3	택1 3×1=3					
3학년선택	기초	국어 수학 영어	일반 진로	언어와매체/화법과작문 심화국어/영어독해와작문/영미문학읽기/영어권문화 미적분/확률과통계	5	6					택4 3×8=24	택4 3×8=24	54
	탐구	사회	일반 진로	생활과윤리/사회·문화 한국지리/사회문제탐구 여행지리	5	6							
		과학	진로	생명과학II/화학II 물리학II/지구과학II 생활과과학	5	6							
	생활 교양	제2외국어 기술·가정	진로	일본어II/중국어II 한문II/프로그래밍 3D프린터용제품제작 제과	5	3					택1 2×1=2	택1 1×1=1	
		교양	일반	심리학/교육학/철학	5	3					택1 2×1=2	택1 1×1=1	

| 표 7-7 | 2021년 신입생 3개년 교육과정 편제표(학년말)

구분	교과영역	교과(군)	과목 구분	과목	기준단위	운영단위	1학년 1학기	1학년 2학기	2학년 1학기	2학년 2학기	3학년 1학기	3학년 2학기	이수단위
2학년 선택	기초·탐구	국어 영어 수학 사회 과학	일반 진로	화법과 작문 영미 문학 읽기 정치와 법/ 세계지리 윤리와 사상/ 물리학 I / 지구과학 I	5	4			택3 4×3=12				30
			일반 진로	언어와 매체/기하/ 경제수학 경제/세계사 생명과학 I / 화학 I	5	4				택3 4×3=12			
	생활·교양	제2 외국어	일반	일본어 I / 중국어 I / 한문 I	5	6			택1 3×1=3	택1 3×1=3			
3학년 선택	기초	국어 수학 영어	일반 진로	고전 읽기/심화 국어 영어독해와 작문/ 진로영어 영어권 문화 미적분/확률과 통계	5	6					택3 3×8=24	택3 3×8=24	54
	탐구	사회	일반 진로	생활과 윤리 /사회문화 한국지리/사회문제 탐구 여행지리/ 고전과 윤리	5	6							
		과학	진로	생명과학II /화학II 물리학II 지구과학II 생활과 과학	5	6							
	생활·교양	제2 외국어 기술·가정	진로	일본어II /중국어II 한문II /프로그래밍 3D프린터용 제품 제작 제과/사진의 이해	5	3					택1 2×1=2	택1 1×1=1	
		교양	일반	심리학/교육학 철학/환경	5	3					택1 2×1=2	택1 1×1=1	

셋째, 김화고는 학생들의 진로·적성과 학업 수준을 함께 반영하여 **진로 맞춤형 학생 선택 교과를 편성**하였다. 소규모 학교의 특성상 수업 가능 교사가 한정되어 있지만, 과목 간 위계를 고려하고 진로·적성에 맞는 과목을 선택할 수 있게 학교 안 교육과정에 학생들의 수요를 최대한 반영해 편성하였다. 그럼에도 부족한 부분은 공동교육과정과 지역 연계 교육과정과 연계하였다. 2·3학년의 경우 대입 외에 취업으로 진로를 준비하는 학생들도 있다. 이들을 위해 생활·교양군에서 학생들의 수요를 반영하여 전문교과 계열의 과목을 개설하여 운영하고 있다. 2020 - 2021년 2·3학년 대상으로 개설한 진로 맞춤형 학생 선택 교과는 표 7-8과 같다.

| 표 7-8 | 2020 - 2021년의 진로 맞춤형 학생 선택 교과

연도	학년	교과
2020	2학년	프로그래밍, 일본어 문화
	3학년	3D 프린터용 제품 제작[8], 제과, 일본어 회화, 컴퓨터 시스템 일반[9]
2021	3학년	3D 프린터용 제품 제작, 제과, 일본어 회화, 정보 처리와 관리, 사진의 이해

---

8. 고시 외 과목
9. 2021년 온라인 쌍방향 공동교육과정 안내하여 2명 학생 수강

교육과정,
학교 울타리를 넘어 지역사회로 확대되다

단위학교 자원에만 의존해 학생들이 요구하는 모든 교육과정을 개설할 순 없다. 특히 소규모 학교라는 여건상 교원 수급 문제와 소수 학생 희망으로 개설되지 못한 과목도 생긴다. 사실 다양한 영역의 전문교과는 아무리 큰 학교라도 소속 교원이 감당할 수 있는 범위를 넘어서기 일쑤이다. 이러한 어려움을 극복하고 학생들에게 진로 맞춤형 교육과정을 제공하기 위해 김화고는 학교 간 공동교육과정, 강원도교육청 꿈 더하기 공동교육과정[10]의 온라인 쌍방향 공동교육과정을 운영하고, 철원군의 교육 인프라를 적극적으로 활용하여 지역사회 연계 교육과정을 운영하고 있다.

김화고는 특히 2·3학년 때 학생들의 진로 중 체육·예술 교과 방면으로 변경하는 학생들이 비록 소수이기는 하지만, 매년 발생하고 있는 점에 관심을 기울이고 있다. 소인수 학생들을 위해 정규 수업 시간 내 과목을 개설하기는 어렵지만, 지역 여건상 도시처럼 다양한 사교육의 도움을 받기 어려운 점을 인정하여 예체능 교과에서 실기 위주의 전문교과를 개설하기로 했다. 김화고는 체

---

10. 강원도교육청 꿈 더하기 공동교육과정은 학교 간 공동교육과정, 온라인 쌍방향 공동교육과정, 대학 연계 캠퍼스 공동교육과정으로 운영되며 무학년제로 개설된다. 온라인 시스템을 통해 교사들은 수업을 개설하고 학생들은 수강 신청이 가능하다.

육, 음악, 미술 교사가 각 1명씩 배정되어 있었다. 게다가 음악, 미술 교사는 겸임 교사를 하고 있고, 체육교사는 교육과정부장과 담임까지 맡고 있어 이미 업무 부담률이 높다 보니 현실적으로 이런 전문교과까지 개설하기란 어려운 상황이었다. 그럼에도 불구하고 2021년 음악, 미술, 체육 교사는 학교 간 공동교육과정과 온라인 쌍방향 공동교육과정을 개설하는 데 동의하고, 학생들의 진로에 맞는 교육과정을 제공하고자 노력하고 있다.

학교 간 공동교육과정 교과 개설

철원 지역은 5개 학교가 지리적으로 각기 다른 면 단위에 자리를 잡고 있다. 학교 간 이동 거리가 멀고, 대중교통 이용 또한 쉽지 않다. 게다가 공동교육과정은 주로 방과후(17:00~19:00)[11]에 운영하다 보니 그동안은 이동상 안전 문제 등으로 학교 간 공동교육과정 운영에 대한 학교 간 논의가 그리 활발히 이뤄지지 못한 편이었다. 그러다가 2020년에 처음 김화고와 철원고가 **학교 간 공동교육과정**을 운영하기 시작한 것이다. 앞서도 얘기한 것처럼 철원군 학생들은 졸업 후 간호 분야 진학과 취업에 관심이 상대적으로 높은 편이다. 이러한 학생들의 수요를 감안하여 1학기에 보건교사가 '간호의 기초' 과목을 개설하였다. 또 체육 교과의 경우는 김화고 학생들 중에 2·3학년

---

11. 강원도 내 학교 간 공동교육과정에서 주중에 개설된 과목들은 정규 시간 이후에 운영된다.

때 진로를 변경하여 체육을 전공하려는 학생 수요가 꾸준히 있어 원래는 정규 시간 외 소인수 강좌로 개설하려고 했으나, 지역사회 다른 학생들에게도 기회를 제공하여 학교 간 공동교육과정을 활성화시키기 위해 확대 운영하기로 결정하였다. 아래의 표 7-9에서 보듯 '간호의 기초'에 김화고 2명을 포함해 철원여고, 김화공업고, 신철원고 학생들도 참여했다. 다만 적은 학생 수를 감안하여 수강 대상을 2·3학년 무학년제로 운영하였다. [12]

| 표 7-9 | 2020~2021년 김화고에서 운영한 학교 간 공동교육과정 현황

연도	학기	개설 과목	참여 인원(명)	참여학교	이수여부
2020	1학기	간호의 기초	2	김화고등학교	이수
			4	철원여자고등학교	이수
			1	김화공업고등학교	이수
			1	신철원고등학교	이수
		체육전공실기기초	8	김화고등학교	이수
			1	신철원고등학교	미이수[12]
	2학기	체육전공실기기초	10	김화고등학교	이수
			1	신철원고등학교	이수
2021	1학기	체육전공실기응용	8	김화고등학교	이수
			1	신철원고등학교	미이수
	2학기	스포츠 경기 체력	5	김화고등학교	이수
			6	신철원고등학교	이수

---

12. 신철원고에서 참가한 2학년 학생은 김화고로의 이동 문제가 원만히 해결되지 않아 미이수하게 되었다.

2020년 철원군 내에서 처음으로 실시되었던 학교 간 공동교육과정 운영 경험을 바탕으로 학교 간 충분한 협의를 거친 덕분에 2021년에는 공동교육과정이 좀 더 활성화될 수 있었다. 철원군 내에서 2020년에 운영한 과목은 4과목(김화고3, 철원고1)뿐이었지만, 2021년에는 철원군 내 4개의 일반고가 모두 참여함으로써 학교별로 과목을 개설했고, 실제로 운영된 과목도 1·2학기 8과목으로 크게 확대되었다. 이를 통해 학생들은 자신의 진로와 역량에 맞는 다양한 과목들을 선택하여 심화시킬 수 있는 기회를 얻게 되었다. 2021년에 실제로 운영된 과목들을 살펴보면 1학기에는 김화고[13] 1과목(체육전공실기응용)과 철원고 1과목(실용경제)이 운영되었고, 2학기에는 김화고 1과목(스포츠 경기 체력), 철원고 1과목(프로그래밍), 신철원고 1과목(체육과 진로 탐구), 철원여고 2과목(교육학, 전공 기초 중국어)이 운영되었다. 다음은 학교 간 공동교육과정에 참여한 김화고 교사의 이야기이다.

> 학교 간 공동교육과정 수업에 참여한 학생들의 반응도 좋고 만족도도 높아요. 체육 같은 경우 학생들이 먼저 수업 개설을 요청했어요. 도시에서야 체육 입시를 준비하는 학생들은 주로 사설 학원의 도움을 받겠지만, 여기는 전적으로 학교에 의지해야 하는 상황입니다.

---

13. 김화고는 체육전공실기응용, 드로잉, 음악이론을 개설하였지만 체육 교과만 2학교 이상 신청자가 나오게 되면서 실제 운영되었다.

우리 학생들 수요가 있어서 지역 내 다른 학교 학생들에게도 기회를 주고 싶어 공동으로 열었는데, 운영하면서 가장 어려웠던 점은 역시 학생 이동 문제와 안전 문제였습니다. 버스 노선이 발달되어 있지 않고, 학부모님들이 학생들을 픽업해줄 수 있는 상황도 아닙니다. 또 방과 후에 하니까 2학기에는 저녁 6시만 되어도 철원은 어두워져서 귀가 문제가 정말 걱정이었어요. 철원 내 타 학교에서 여기까지 택시로 20분 정도 걸리는데, 지원되는 비용은 1회 만 원이라 자비 부담이 높죠. 학생들이 자비를 들여 택시로 오고 있는 상황입니다. 교육청에 계속 건의를 하고 있지만, 에듀버스 같은 시스템이 필요합니다. 2020년 이후 공동교육과정에 대한 관심이 계속 높아지고 있는데, 학교별 교사들의 노력만으로는 지속적인 운영이 어렵고 지자체와 교육지원청의 도움이 꼭 필요합니다.

- 김화고 체육교사

학교 간 공동교육과정을 운영하는 과정에서 수강하는 학생들이 거점학교로 가야 하는 이동 문제와 귀가 시의 안전 문제 등으로 인해 매 학기 미이수 학생이 발생하고 있으며, 학생과 교사들의 열정과 노력에 의존해서 참여를 독려하는 데는 현실적으로 한계가 있다. 이는 학교 간 책임 문제로 귀결될 것이라 아니라 지역 학생들의 학습 질과 안전을 위해 교육 지자체, 교육지원청 차원에서 공동교육과정 운영에 대한 협조가 필요한 지점이다.

강원도교육청 온라인 쌍방향 공동교육과정 활용

학교 간 거리가 멀고, 대중교통 수단도 잘 발달하지 않은 철원군의 특성상 앞으로 학교 간 공동교육과정이 좀 더 활성화되기 위해서는 교육지원청 차원의 지원이 절실한 시점이다. 이에 김화고가 학교 간 공동교육과정의 한계를 극복하기 위해 가장 적극적으로 활용한 방식은 바로 **온라인 공동교육과정**이다. 온라인 교육과정의 가장 큰 장점은 시·공간 한계를 뛰어넘어 학생들은 자신의 진로와 진학과 관련하여 강원도 전역의 교사들이 제공하는 양질의 심화·전문 교과를 수강할 수 있는 점이다. 2020년에 1학기 4과목(4명), 2학기 9과목(9과목), 2021년 1학기 9과목(13명), 2학기 4과목(5명)으로 참여 학생 수가 증가하였고, 학생들의 만족도 또한 높게 나타났다. 2020년 김화고는 지역 내 온라인 공동교육과정 운영 거점학교에 선정되어 온라인 스튜디오와 멀티학습실도 구축하였다. 표 7-10은(300쪽 참조) 2021년에 김화고가 참여한 온라인 쌍방향 공동교육과정의 수강 현황을 정리한 것이다.

2021년은 교육 인프라를 최대한 활용하여 온라인 쌍방향 교육과정을 확대하기 위해 겸임 교사인 미술과 음악 교사까지 동참하였다. 그 결과 1학기 '미술 감상과 비평', '음악 이론', '간호의 기초', 2학기 '미술 감상과 비평', '프로그래밍' 등의 과목 개설을 시도했지만, 그중 1학기 '간호의 기초'만 개설되었다. 김화고가 '간호의 기초'를 개설한 이유는 1학년에 보건이 학교지정 과목으로 편성되

| 표 7-10 | 2021년 김화고에서 참여한 온라인 쌍방향 공동교육과정 수강 현황

연도	학기	신청과목	수강 인원(명)	거점학교
2021	1학기	간호의 기초	2	김화고등학교
		국제정치	2	장성여자고등학교
		미술전공실기	1	강릉명륜고등학교
		인체구조와 기능	1	삼척여자고등학교
		회계원리	2	상지대관령고등학교
		컴퓨터 시스템 일반	2	강릉명륜도고등학교
		실용경제	1	횡성고등학교
		식품과학	1	홍천고등학교
		중국어	1	유봉여자고등학교
	2학기	스페인어권 문화	1	유봉여자고등학교
		간호의 기초	1	사북고등학교
		컴퓨터 시스템 일반	2	상지대관령고등학교
		음악 이론	1	강릉명륜고등학교

어 있고, 또한 간호 계열로 진학 및 취업하고자 하는 학생들의 수요가 꾸준하기 때문이다. 나아가 2020년 1학기에는 철원군 전체 학생들을 대상으로 한 학교 간 공동교육과정으로 '간호의 기초'를 운영하였고, 2021년 1학기에는 아예 강원도 전체 학생을 대상으로 하는 온라인 쌍방향 교육과정으로 개설을 시도해보았다.

지역사회 연계 교육과정 편성

김화고는 진학에서 취업으로 진로가 중간에 변경되거나 실습중심 직업교육을 희망하는 2·3학년 학생들의 요구를 반영해 지역사회 연계형 교육과정을 운영하고 있다. 2020년 학생들의 진로학업설계 상담 과정에서 진로를 변경한 학생들의 수요를 반영해 전문계열 및 고시외 과목으로 편성하였다. 그리고 교사 수급 및 장소 문제 해결을 위해 철원군의 마을 교사와 지역 내 타 시설들을 활용하였다. 철원군청 마을교육부서가 강사를 지원하여 김화고 교사들과 협력 수업으로 학생들에게 수업을 제공할 수 있었다. 평가에

| 표 7-11 | 2020–2021년 김화고 지역사회 연계형 교육과정 운영 현황

연도	학년	개설 과목	수강 인원(명)	지역사회 연계 마을 교사 활용	장소
2020	2학년	프로그래밍	11	마을 교사	도서관
	3학년	스포츠 경기 실습	16	본교 교사	지역 시설 이용
		컴퓨터 시스템 일반	7	마을 교사	도서관
		3D프린터용 제품 제작	13	마을 교사	도서관
		제과	26	마을 교사	김화여중 가사실
2021	3학년	정보 처리와 관리	6	마을 교사	교실
		3D프린터용 제품 제작	3	마을 교사	도서관
		제과	17	마을 교사	김화여중 가사실
		사진의 이해	11	마을 교사	도서관

대한 부담을 줄이고자 마을 교사를 활용한 교과는 100% 수행평가로 운영하였다. 표 7-11은(301쪽 참조) 2020-2021년 김화고의 지역사회 연계형 교육과정 운영 현황을 정리한 것이다.

대학 연계 캠퍼스 공동교육과정

대학 연계 캠퍼스 공동교육과정[14]은 강원도교육청 '꿈 더하기 공동교육과정'의 일환이기도 하다. 강원도 지역 대학들이 보유한 우수한 시설과 강사진 등을 활용하여 학생들의 과목 선택권을 보장하기 위해 운영되고 있다. 김화고는 학생들에게 여름방학, 겨울방학 동안 이런 캠퍼스 공동교육과정에 참여할 수 있도록 안내하고 있다. 하지만 안타깝게도 현실적인 한계가 있다. 왜냐하면 강좌들이 각 대학 캠퍼스 내에서 진행되다 보니 철원군처럼 지역사회 안에 대학이 존재하지 않거나 다른 지역에 있는 대학들로는 이동이 거의 불가능한 지역에 거주하는 고등학생들에게는 접근성 면에서 불리할 수밖에 없기 때문이다. 또한 강좌가 주로 교육 인프라가 잘 갖춰진 강원도 주요 도시의 대학에서 개설되고 있어 교육 기회 및 혜택에 있어 격차가 발생할 수밖에 없었다. 이런 문제점을 해결하기 위해 농산어촌 학교들의 학생들을 위해 앞으로 시·공간의 제약을 덜 받는 온라인 강좌가 더 확대될 필요성이 있다.

---

14. 일반고등학교 학생들의 수요가 있으나 소인수 희망 교과 및 전문심화 교과, 교원 수급 문제로 재학 중인 학교에 개설되지 않는 진로 연계 선택과목에 대해 대학에서 과목을 개설한다.

기초 · 기본학력 프로그램을 통해 책임교육을 실현하다

앞으로 고교학점제가 전면 도입되면 출석일수만 채워서는 졸업할 수 없다. 고교학점제는 2025학년도부터 적용되는 과목 이수 조건으로 수업 횟수의 2/3 이상의 과목 출석률과 함께 40% 이상의 학업 성취율 충족을 제시한다(교육부, 2021).

김화고는 학생의 과목 선택에 따른 **최소 성취수준**을 보장하고 학생 개별 **맞춤형 책임교육**을 실현하기 위해 미도달 예상 학생에 대한 예방지원 프로그램과 미도달 학생에 대한 학업 보충지원 프로그램을 운영하고 있다. 아직은 제도적으로 고교학점제에서 미이수 학생 처리 기준이 마련되지 않았기에 김화고는 학교 여건과 학생들의 수준을 고려하여 학생들이 최종적으로 미이수되지 않도록 학습과정에 적극적으로 개입하여 지원하는 방향으로 프로그램들이 유기적으로 운영될 수 있는 체계를 마련해가고 있다. 최소 성취수준 보장을 위한 프로그램은 크게 예방지원 프로그램과 학업 보충지원 프로그램의 2가지로 나눠볼 수 있다.

미도달 예상 학생을 위한 다양한 예방지원 프로그램

김화고는 학생들의 교과별 최소 성취수준 미도달을 예방하기 위해 1 · 2학년 교과별로 학업에 어려움을 안고 있는 학생들의 문제

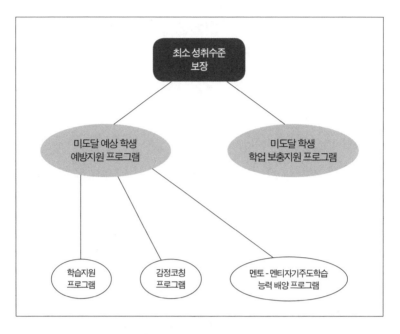

김화고 최소 성취수준 보장을 위한 지도 프로그램
학교 여건과 학생들의 수준을 고려하여 학생들이 최종적으로 미이수되지 않도록 학습과정에서 적극적으로 개입하여 지원하는 방향으로 프로그램들이 유기적으로 운영될 수 있도록 체계를 마련해가고 있다.

를 사전에 파악하여 학기 중에 학습과 정서적 지원을 제공하였다. **학습지원 프로그램**의 경우 코로나19 팬데믹 여파로 인해 비대면 상황이 장기화되면서 2020년에는 운영이 계획으로 그치고 말았다. 그래서 이를 개선하고자 2021년에는 온·오프라인에서의 병행실시를 기본 방침으로 정하게 된 것이다. 전체 교과협의회를 거쳐 1학년은 기초 교과(군) 전체와 2학년은 학생 선택 과목에서 탐구 교과(군)을 중심으로 참여하였다. 참여 교과(군) 교사들의 협의를 거처 교과별 특성과 학생들의 수준을 반영하여 미도달 예상 학생 기준을 정하여 대상 학생과 상담을 거쳐 학년별로 12명의 학생을 선발[15]하였다. 예컨대 '통합과학'의 선발 기준은 다음과 같다.

- 미도달 예상 학생은 통합과학과 성취 기준의 도달 수준에 미흡하여 전반적 문제해결력이 부족한 학생을 의미한다.
- 1차 지필고사, 수행평가, 수업 시간의 관찰 등을 통한 학생들의 학습 상태와 성취 수준을 기반으로 미도달 예상 학생을 판단한다.
- 1차 고사 기준 20점 미만, 수행평가 성취 수준을 고려하여 교과 학습부진 대상자 학생을 포함하여 선정한다.

프로그램의 유형은 참여 교사들이 논의를 거쳐 과제제시형으로 운영하기로 결정하였고, 2차 지필고사 전까지 5회 실시되었다. 매주 금요일 교과별로 제작한 학습지를 학생들에게 배부하면 이를 월요일에 학생들이 다시 담당 교사에게 제출하고 교사와 학생들이 점심시간에 만나 활동지를 점검하고 개별 보충지도를 실시하였다. 표 7-12는(306쪽 참조) 1학년 기초교과 영역, 2학년 탐구교과 영역에서 운영된 미도달 예방지원 프로그램의 내용을 정리한 것이다.

---

15. 1학생의 경우 과목별로 국어 4명, 영어 12명, 수학 12명, 통합사회 3명, 통합과학 12명, 한국사 2명 참여하였다. 교과별로 겹치는 학생들이 발생하여 학생들과 상담을 거쳐 배정하였다.

| 표 7-12 | 미도달 예방지원 프로그램 운영

학년	교과영역	참여 교과	내용
1학년	기초	국어, 영어, 수학, 통합과학, 통합사회, 한국사	- 중학교 개념 및 개별 단계 수준 파악 - 고등학교 교과서 위주의 기초 개념 풀이 - 단원별 핵심 내용 정리 및 형성평가
2학년	탐구	정치와 법, 윤리와 사상, 세계사, 생명과학, 물리학, 지구과학	- 교과서 위주의 기초 개념 풀이 - 형성평가를 통한 개별 맞춤형 학습

2차 지필고사 이후 참여한 학생들의 성적 변화를 조사하자 전체적으로 성적이 향상된 학생이 떨어진 학생 수보다 많았고, 학생들의 만족도도 높았다. 특히 2학년 학생들의 경우 선택과목 위주로 참여하여 자신이 선택한 과목에 대한 책임감이 높아졌음이 드러났다.

또한 김화고는 2020년부터 학생들의 학습부진이 학업에 전념할 수 있는 정서적 상태와 관련됨에 주목하여 1학생 미도달 학생 개별 진로와 적성, 상황 등을 분석하여 **맞춤형 감정코칭 프로그램**을 실시하고 있다(307쪽 표 7-13 참조). 1학년을 대상으로 하는 이유는 학생들의 자존감과 자신감을 길러 학습 의욕을 높이고, 스스로 자신의 진로와 적성에 맞는 학업설계를 할 수 있게 돕기 위함이다. 2021년은 진로교육부장이 상담 기관의 전문 강사와 함께 코티칭으로 10명의 희망자를 대상으로 4회(8차시) 실시하였다.[16]

---

16. 2020년 감정코칭 프로그램은 10회 실시하였으나, 2021년은 참가 학생들이 학습지원 프로그램과 병행하여 횟수를 줄였다.

| 표 7-13 | 감정코칭 프로그램의 내용

차시	주제	내용
1-2차시	감정 자각	관계 형성, 스트레스 이해
3-4차시	감정 이해와 나눔	푸드테라피, 자신의 내면 표현 자기 표현을 통한 창의성 발휘
5-6차시	자존감 회복	자신 이해, 삶의 주인공 되기
7-8차시	성취 작업 / 마무리	개인 및 협동 작업 미술 활동으로 성취감 회복 생활 적응 및 대안 찾기

또한 **멘토-멘티 자기주도학습 능력 배양 프로그램**이 감정코칭 프로그램의 추후 활동으로 연계되어 운영되었다. 감정코칭 프로그램에 참여했던 학생들이 멘토 교사 1인당 2명의 학생이 배정되고 학생들은 멘토 교사를 직접 선택하여 학습 방법, 시험공부 계획, 진로 등의 전반적인 과정을 상담받을 수 있었다. 멘토 교사는 멘토링 결과를 멘토 일지에 작성하고 담임교사 및 학부모와 공유하였다. 또한 멘토 지도에 대한 사전-사후 만족도 검사를 통해 객관적인 자료를 확보하여 멘토링의 질을 확보하고자 하였다.

교과별 미도달 학생을 위한 학업 보충지원 프로그램

김화고는 2021년 교과 미이수 기준에 해당하는 학생을 사전에 막기 위해 학생들에게도 지속적으로 홍보하고 예방지원 프로그램을 운영했다. 하지만 그러한 노력에도 불구하고 최소 성취수준에 도달하지 못한 교과별 미도달 학생들이 발생하였다. 이에 2학년 미도달 예방지원 프로그램에 참여했던 6개 선택 교과 중 미도달 학생이 발생한 4개 교과(정치와 법: 10명, 윤리와 사상:10명, 지구과학: 5명, 물리학: 10명)에서 학업 보충지원 프로그램을 여름방학 동안 실시하였다.[17] 교과별 운영 방법은 교과협의회에서 함께 논의하였고, 이후 학생들에게 교과별 학습 전체 범위 요약 과제지를 배부하고 학생들이 학습하도록 했다. 그러고 나서 개학 후 형성평가 실시에 대하여 안내했다. 또한 교사들은 방학 중 학생들과 온라인으로 매주 1회 학습 과제를 점검하며 학습을 독려하였다. 하지만 개학 후 형성평가에서 '정치와 법' 과목에서 정한 기준 점수인 40점 미만의 학생이 또다시 2명 발생하여 이 학생들에 대한 이수/미이수 여부를 규정하기에는 아직 제도적 뒷받침이 미비하여 보충지원 프로그램의 당위성을 피력하고, 학습동기를 부여하기에는 어려움이 있었다. 학교 현장에서 책임교육 실현을 위해서는 이 문제에 대한 제도적 지침 마련이 시급하다.

---

17. 2학년 참여 교과는 탐구(사회, 과학)과목으로 1학기 학기집중제로 운영되어 여름방학 운영으로 결정하였다.

교육과정의 원활한 운영을 위한 학교 차원의 지원 방안은?

김화고는 고교학점제의 취지에 맞게 학교 교육과정을 잘 운영하기 위한 학교 차원의 지원 마련에 적극적이다. 특히 학교 교육공동체를 이루는 구성원들에 대한 역량을 강화하고, 시간표를 효율적으로 편성 및 운영하는 방안도 지속적으로 고민하고 있다. 또한 학교 공간을 학점제 운영에 맞게 바꿔나가기 위한 노력도 함께 기울이고 있다.

학교 교육공동체 대상 역량 강화 지원

김화고는 학교 교육공동체의 고교학점제 운영에 대한 인식 개선과 홍보를 위해 지속적인 설명회와 워크숍을 진행한다. 특히 다양한 학부모 대상 프로그램이 특색 있게 운영되고 있다. 학부모 대상 프로그램에는 학교 교육활동 및 교육과정 설명회뿐만 아니라 학교 공간 재구성 설명회, 학생 맞춤형 선택 교육과정 안내 등이 실시되었다. 특히 학부모 대상 고교학점제 홍보 효과는 '자자이행 사랑방'이라는 학부모 대상 평생교육 프로그램을 통해 큰 도움을 받았다. 진로교육부가 주관하는 '자자이행'[18]은 학부모 및 지역 거주 희망자

---

18. '**자**기 이해가 **자**녀의 **이**해와 **행**복을 이끈다'의 머리글자를 딴 것이다

를 대상으로 진로교육부장이 매 학기 8차시씩 저녁 시간을 활용하여 자녀와 부모의 관계 개선 및 의사소통, 자녀 진로·진학 코칭 등을 다루는 프로그램이다. 1·2·3학년 희망 학부모를 대상으로 실시되는 이 프로그램을 통해 학부모님들에게 고교학점제를 홍보하고 안내하는 계기로 삼았다. 특히 이 프로그램에 참여했던 학부모님들이 학부모회에서 고교학점제를 홍보하는 역할을 자처해준 덕분에 고교학점제 운영에 큰 도움을 받을 수 있었다.

한편 교사들 대상으로는 학기 초 2월에 함께 만들어가는 교육과정주간 워크숍을 시작으로 학교 자체적으로 운영하거나 시·도교육청, 교육지원청의 지원을 받아 고교학점제 이해를 위한 연수도 연간 5회 실시하였다. 또한 김화고 '숨요일 교원전문성 신장의 날'을 활용한 학습공동체 활동을 통해 고교학점제 기반 학생중심 교육과정 운영 역량을 키우고 있다. 이 학습공동체 활동은 매월 2·4주 수요일 오후에 운영하며 소규모 학교의 장점을 살려 교사들 간의 충분한 공감과 실천력을 확보하고, 고교학점제와 관련된 토론 주제로 심도 있게 소통하는 시간을 가졌다. 또한 철원군내 일반고등학교들의 공통 문제인 학생 수 감소 문제에 대응하고, 지역 특성과 여건에 맞는 학교 교육과정 및 학교 간 공동교육과정 편성·운영에 대해 협의하며, 담당자 간 원활한 소통을 하기 위해 김화고가 주축이 되어 담당자 간 네트워크를 만들어 워크숍을 진행하면서 고교학점제 기반을 구축해나가고 있다.

시간표 편성 및 운영 방안

김화고는 2020년부터 연구학교를 운영하며, 2021년에는 학생 교실 이동을 줄이고 학생 활동중심 수업에 용이한 **블록타임제**를 처음 시도했다. 시간표 편성을 담당한 교육과정부에서는 고교학점제 지원센터[19]가 제공하는 수강 신청 프로그램과 기존에 학교에서 사용해온 프로그램을 병행하여 운영했다. 전체 과정은 대략적으로 아래의 표 7-14에서 정리한 것처럼 4단계로 나눠볼 수 있다.

1단계는 **선택과목 그룹을 설정**하는 과정이다. 고교학점제 수강 신청 프로그램을 활용해 학습설정-실습실(특별실) 설정-과목별 교사 설정-고정 수업 과목 확인-과목별 시수 배정은 순서대로 진행하면 큰 어려움이 없지만, 이동 수업 시간을 배정하는 데는 시간이 많이 걸린다. 김화고는 공강 발생을 막는 것을 원칙으로 하다 보니 미배정 학생 최소 발생 때까지 조합을 만들어 선택과목 그룹 A, B, C를 구성했다. 김화고의 경우 겸임 교사들의 수업 일을 고려하고,

| 표 7-14 | 프로그램 활용 개인 시간표 작성 과정

1단계	2단계	3단계	4단계
고교학점제 수강 신청 프로그램 활용- 선택 과목 그룹(A,B,C) 설정	사설 프로그램을 활용-1단계에서 지정된 선택과목 위치 고정	사설 프로그램을 활용- 선택 과목 구역 제외 학교 지정 과목 배치	나이스 연동- 세부적 사항 수작업 입력

---

19. www.hscredit.kr

2단계에서 사설 프로그램을 활용해 상호 선택과목 현황에서 서로 겹치지 않는 과목끼리 **선택과목 그룹을 배정**했다. 3단계에서 **학교 지정과목을 배치**할 때는 고교학점제 수강 신청 프로그램을 사용할 수도 있지만, 프로그램이 온라인 서버를 기반으로 하여 여러 번 클릭하면 수정하는 과정에서 다소간 지연(delay) 현상이 발생하여 기존의 사설 프로그램을 활용했다. 그리고 4단계에서 두 프로그램 모두 나이스 시간표 연동이 완벽하지 않아 **개별 학생 입력은** 수작업으로 마무리했다. 아래 그림은 두 프로그램을 활용하여 작성한 학생 개인 시간표 예시이다.

	월	화	수	목	금	
1	미술창작	문학	문학	수학	운동과 건강	
2	문학	운동과 건강	영어	일본어	문학	◆ 선택A군 교과: 고전읽기, 물리학, 영미문학 읽기
3	창체자율	선택B	수학	영어	선택C	
4	영어	선택B	일본어	일본어	선택C	◆ 선택B군 교과: 물리학, 윤리와 사상, 정치와 법
5	선택C	선택A	창체동아리	선택B	선택A	
6	선택C	선택A	창체동아리	선택B	선택A	◆ 선택C군 교과: 윤리와 사상, 지구과학
7	수학	일본어		미술창작	수학	

2021년 공강 없이 작성된 2학년 학생 개인 시간표 예시
김화고의 경우 공강 발생을 막는 것을 원칙으로 하여 미배정 학생 최소 발생 때까지 조합을 만들어 선택과목 그룹을 A, B, C로 구성했다.

교육공동체가 함께 만들어가는 학교 공간의 변화

앞서도 이야기한 것처럼 김화고는 개교한 지 40여 년이 지났다. 시설 곳곳이 노후화되고 고교학점제 취지에 맞는 학생 맞춤형 선택 교육과정을 운영에 필요한 교실과 시설이 부족한 실정이다. 교사(校舍)의 신축이 필요한 상황이지만, 예산 문제를 고려하여 학생들의 수업을 진행하기에 '융통성 있는 학교 공간 구성'을 목표로 공간 변화를 시도하고 있다.

2020년 처음으로 학교 구성원들의 의견을 수렴하여 사용자 중심으로 사업을 추진하기 위해 학생, 학부모, 교사가 함께 참여하는 **공간재구성 협의회**를 구성하여 논의를 거쳐 중대형 강의 공간, 학습 공간, 휴게 공간 확보를 위해 기존의 시설들을 리모델링하는 방향으로 결정하였다. 공간 리모델링의 대표적인 사례 몇 가지를 간단히 소개하면 다음과 같다. 먼저 수업에 적합하지 않아 방치되고 있던 다목적실을 가변형 중대형 강의실로 바꾸었다. 또한 활용도가 떨어졌던 서편 계단은 소규모 학습 공간(어울林)과 동아리 활동 공간으로 재구성하였다. 그리고 복도 공간을 카페형 자기주도 학습 공간(헤아 林)으로 바꾸었다(314~315쪽 사진 참조).

그리고 2021년에는 고교학점제 교육과정 운영에 있어 학생들이 직접 자신들의 목소리를 내고 안건을 제시하거나 정보를 공유하고 소통할 수 있는 공간을 직접 만들어 운영하고 있다. 이러한 공간을 통해 학생들은 특히 진로학업설계와 관련한 선배들의 경험

| 가변형 중대형 강의실 | 어울林 |
| 동아리 활동 공간 | 헤아林 |

학교 공간 설명회 모습

학점제 운영에 맞게 공간 리모델링

노후화된 시설을 고교학점제 취지에 맞는 학생 맞춤형 선택 교육과정을 운영에 필요한 교실과 시설로 개선해나가는 중이다. 특히 공간혁신이 사용자 중심으로 이루어지고, '융통성 있는 학교 공간 구성'을 목표로 공간 변화를 시도하고 있다.

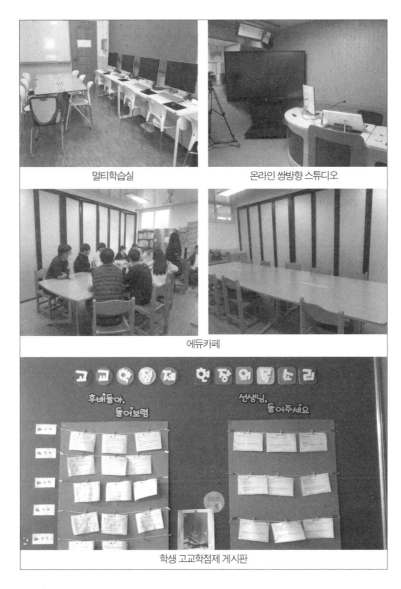

멀티학습실

온라인 쌍방향 스튜디오

에듀카페

학생 고교학점제 게시판

학생 참여형 공간들

고교학점제 운영에 있어 학생들이 자신의 목소리를 내거나 정보 공유 및 자유로운 소통이 가능한 공간을 구축하기 위해 노력하고 있다.

을 듣거나 교사들에게 교육과정과 관련된 질문을 하는 등 공간의 변화가 학생들의 능동적인 참여로 이어지는 효과를 증명하고 있다. 학년 복도에는 진로·진학 관련 서적과 학생 수요조사 과정에서 나온 교과서를 상시로 살펴볼 수 있는 환경도 조성하였다. 또한 온라인 공동교육과정 등에 학생들의 원활한 참여를 도모하기 위한 공간 마련에도 신경 썼다. 예컨대 원격수업 활성화를 위해 강원도교육청 예산[20]을 지원받아 온라인 쌍방향 스튜디오, 멀티학습실과 에듀카페를 만들어 온라인 공동교육과정을 운영할 수 있는 교육 인프라를 갖추게 되었다.

농산어촌 학교들의 향후 고교학점제 운영을 위한 시사점

김화고는 강원도 철원군 면 소재의 대표적인 농산어촌 소규모 벽지 학교로서 매년 학생 수가 감소하는 어려운 상황에 놓여 있다. 하지만 학교 교육공동체는 학교 살리기에 공감하는 한편, 학생이 중심이 되고, 학생 한 명 한 명의 진로와 학업 설계를 지원하는 맞춤형 책임교육을 실현하기 위한 고교학점제를 함께 협력하며 만

---

20. 김화고는 2020년 강원도교육청이 원격수업 활성화를 위해 실시한 시·군별 온라인 공동교육과정 운영 거점학교 및 온라인 스튜디오 구축 사업에 철원군 대표로 선정되었다.

들어가는 중이다. 특히 도시에 있는 학교들에 비해 학생 맞춤형 선택 교육과정 운영을 위한 학교시설, 교원 수, 학생 수, 지역사회 인프라가 부족한 현실적 한계를 극복하고자 다방면의 시도를 하고 있는 점이 눈에 띈다. 이러한 다양한 시도들은 다른 농산어촌 지역의 소규모 학교들에 시사하는 바가 크다고 할 수 있다. 다음은 김화고 교육과정부장의 이야기다.

철원군의 고등학교들이 학생들의 다양한 진로, 적성, 흥미, 학업 역량을 고려해 더 다양한 교육과정 운영을 시도해야 한다고 생각합니다. 이 지역에는 졸업 후 대학을 가지 않는 학생들도 많아요. 취업을 해야 하는 친구도 있고, 형편에 따라 각자의 길이 다릅니다. 최소한 이러한 학생들을 위해서라도 다양한 교과 개설의 필요하여 학교에서 시도했지만, 단위학교의 노력만으로는 한계가 있었습니다. 교사, 시설, 인프라가 부족하고. 그래서 이웃의 특성화고등학교와 공동교육과정 운영의 필요성이 더 커지는 거 같아요. 두 학교 학생들이 도움을 받으며 상생할 수 있는 교육과정을 시도해 보려고 합니다. 연구학교를 하면서 교사들이 여러 과목의 수업을 더 해야 하는 부담도 있지만, 학생들과는 더 많은 대화와 상담을 통해 관계가 더 돈독해졌습니다. 우리가 앞으로 할 일은 고교학점제 연구학교 이후에도 지속적으로 운영될 수 있는 시스템을 구축하는 것입니다.

- 김화고 교육과정부장

김화고는 학생의 진로 및 학업 설계에 있어 개별 학생에 대한 세심한 안내와 상담을 제공하려 노력한다. 특히 교사-학생 간 원활한 소통과 상호 신뢰를 바탕으로 고교학점제 기반을 조성해 나가고 있다. 학생들의 교과 선택권을 확대하기 위해 교육과정에 학생 수요를 적극적으로 반영하고, 교사들은 1인당 다교과 지도에 합의하고 있다. 학교 지정교과는 축소하는 한편, 학생 선택교과는 점차 확대하여 기초 교과(국어, 영어, 수학, 역사) 외 교과 과목 평균 개설 수는 3.2개에 이른다.

다만 여건 문제로 학교 안에서 개설하지 못한 소인수 교과 및 심화·전문 교과의 경우에는 공동교육과정과 지역사회 연계 교육과정을 처음 시도하는 등 학생들의 진로에 맞는 교과 선택권을 최대한 보장해주기 위해 노력하고 있다. 마을교사를 적극 활용하는 한편, 3학년 학생들의 진학 및 취업을 위한 진로 맞춤형 교과들도 개설하고 있다.

또한 교육과정 변화에 맞춰 교사들은 학생중심 교육활동이 이루어지도록 수업과 평가를 개선하기 위해 수업에 참여하는 23명 교사(겸임 교사 포함) 전원이 '1교사 1명품' 수업브랜드 개발에 참여함으로써 저마다 교과 전문성을 발휘하여 학생들 저마다의 배움과 성장을 돕기 위해 적극적으로 실천하고 있다.

하지만 앞으로 해결해야 할 과제도 있다. 소규모 학교 특성상 교사 1인당 감당해야 할 역할과 업무량이 워낙 많고, 학교 간 공동교육과정의 경우 지역 내 다른 학교와의 협조 및 학생 이동 문제 등의 어려움이 여전히 남아 있기 때문이다. 이를 해결하기 위해서는 교육지원청 차원의 행정적 지원이 절실하다. 또한 연구학교 이후에도 지속가능한 고교학점제 운영을 위해서는 교원 수급 문제나 업무 경감에 대한 적극적인 지원 방안도 반드시 필요하다.

또한 철원군청은 앞으로 지역 내 학령인구 감소와 우수한 인재들의 지역 이탈에도 적극 대비해야 한다. 지역 내 중 · 고등학교가 상생할 수 있는 교육 인프라를 강화하고, 학생 맞춤형 선택 교육과정 운영이 각 학교에 정착될 수 있도록 철원군 내 고등학교들에 대한 예산 및 행정 지원을 한층 더 확대할 필요가 있다. 비단 김화고뿐만 아니라 철원군 소재의 다른 4개 고등학교에서의 고교학점제 운영은 각 학교 교육공동체의 노력만으로는 결코 제대로 이루어질 수 없다. 학교들 간의 협조와 교육지원청, 철원군청, 지역사회의 지속적인 관심과 지원 등으로 상생(윈-윈)할 수 있는 환경이 더더욱 조성될 필요가 있다. 이는 향후 농산어촌 소규모 학교들이 내부 자원의 한계를 극복하고, 나아가 지속가능한 고교학점제 운영을 위해 반드시 필요한 지원이다.

산학일체형 도제학교의 특성을 살린 차별화된 교육과정을 운영하다

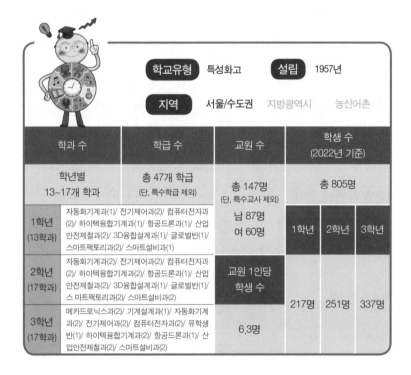

학교유형	특성화고	설립	1957년

지역	서울/수도권	지방광역시	농산어촌

학과 수	학급 수	교원 수	학생 수 (2022년 기준)		
학년별 13~17개 학과	총 47개 학급 (단, 특수학급 제외)	총 147명 (단, 특수교사 제외)	총 805명		
1학년 (13학과)	자동화기계과(1)/ 전기제어과(2)/ 컴퓨터전자과(2)/ 하이텍융합기계과(1)/ 항공드론과(1)/ 산업안전제철과(2)/ 3D융합설계과(1)/ 글로벌반(1)/ 스마트팩토리과(2)/ 스마트설비과(1)	남 87명 여 60명	1학년	2학년	3학년
2학년 (17학과)	자동화기계과(2)/ 전기제어과(2)/ 컴퓨터전자과(2)/ 하이텍융합기계과(2)/ 항공드론과(1)/ 산업안전제철과(2)/ 3D융합설계과(1)/ 글로벌반(1)/ 스 마트팩토리과(2)/ 스마트설비과(2)	교원 1인당 학생 수	217명	251명	337명
3학년 (17학과)	메카드로닉스과(2)/ 기계설계과(1)/ 자동화기계과(2)/ 전기제어과(2)/ 컴퓨터전자과(2)/ 유학생반(1)/ 하이텍융합기계과(1)/ 항공드론과(1)/ 산업안전제철과(2)/ 스마트설비과(2)	6.3명			

교육 3주체가 함께
학생들의 자율선택권 확대를 위해 고민하다

앞선 4장부터 7장까지 서울과 수도권, 지방 광역시, 농산어촌 소규모 학교에 이르기까지 일반고 사례를 통해 각각의 학교에서 고교학점제가 지향하는 학생의 선택권 확대 및 책임교육을 실현하는 방향으로 어떻게 교육과정을 편성하고 운영하는지 등을 중심으로 살펴보았다. 이제부터는 특성화고등학교의 교육과정 편성 및 운영 사례들을 살펴보려고 한다. 특히 특성화고등학교는 일반고보다 빠른 2022년부터 고교학점제가 전면 시행 중이다. 아직은 자리를 잡아가는 단계이지만, 전공과 연계하여 실질적 역량을 키울 수 있는 다양한 교과들을 통해 학생들은 자신의 꿈과 실력을 차근차근 키워가고 있다.

산업구조 급변에 맞게 역량을 갖춘 인재 양성 방안 모색

먼저 살펴볼 경기기계공업고등학교(이하 경기기공)는 서울시 노원구 하계동에 위치한다. 47개 학급, 교원 및 교직원 147명, 학생 805명의 공업계열 특성화고등학교이다. 앞선 현황표에서 정리한 것처럼 중공업중심의 공업계열 13~17개 학과로 구성되어 있다. 좀 더 자세히 살펴보면 자동화기계, 하이텍융합기계, 3D융합설계, 스마트설비, 산업안전제철, 메카트로닉스, 기계설계 등 기계계열 학과와 전기제어, 컴퓨터전자 등 전기·전자계열 학과, 스마트팩토리, 항공드론 등 기계·전자 융합학과로 구성되어 있다.

중공업의 토대가 갖춰지기 시작하던 1957년 개교 이후 경기기공은 지역사회 수요(서울시)에 따른 인력 배출에 꾸준히 기여해 왔다. 하지만 2010년대부터 산업구조가 행정·서비스·관광 중심으로 급변하며 여러 가지 어려움을 맞이했다. 이러한 어려움은 새로운 시대에 맞는 역량을 갖춘 인재 양성의 고민으로 이어졌다. 현재 졸업생들 중 약 30~40%는 인접한 수도권 지역(경기도 양주, 남양주, 구리, 광주 등)의 산업단지에 취업하고 있으며, 나머지 30~40%는 진로에 따른 진학, 10~20%는 지역사회 서비스산업 취업, 군입대, 창업 등의 비율로 각자 진로를 이어가고 있다.

경기기공이 위치한 서울시 노원구에는 서울과학기술대학교(바로 옆에 위치), 광운대학교, 서울여자대학교, 삼육대학교의 4년제 대학교 4개교와 인덕대학의 전문대학 1교 등의 교육기관이 있다. 이 밖에 인접한 지역인 성북구와 성동구 등에도 다수의 대학교가 포진해 있다.

교육 3주체의 협업을 통한 교육과정의 편성 및 운영

오른쪽 그림(323쪽 참조)은 경기기공의 연구학교 업무조직을 정리한 것이다. 고교학점제의 필수적인 조직인 교육과정 지원팀으로는 학사·교육과정 운영 주관부서인 교무기획부를 중심으로 학과장과의

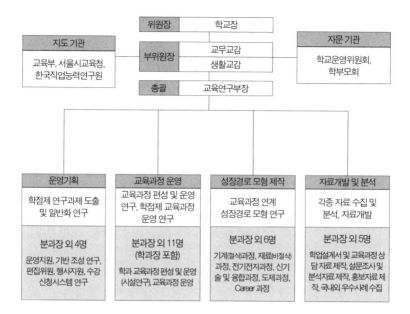

		위원장	학교장		
지도기관		**부위원장**	교무교감		**지문기관**
교육부, 서울시교육청, 한국직업능력연구원			생활교감		학교운영위원회, 학부모회
		총괄	교육연구부장		

운영기획	교육과정 운영	성장경로 모형 제작	자료개발 및 분석
학점제 연구과제 도출 및 일반화 연구	교육과정 편성 및 운영 연구, 학점제 교육과정 운영 연구	교육과정 연계 성장경로 모형 연구	각종 자료 수집 및 분석, 자료개발
분과장 외 4명	**분과장 외 11명 (학과장 포함)**	**분과장 외 6명**	**분과장 외 5명**
운영지원, 기반 조성 연구, 편집위원, 행사지원, 수강 신청시스템 연구	학과 교육과정 편성 및 운영 (시설연구), 교육과정 운영	기계(절삭)과정, 재료(비절삭) 과정, 전기전자과정, 신기술 및 융합과정, 도제과정, Career 과정	학업설계서 및 교육과정 상담자료 제작, 설문조사 및 분석자료 제작, 홍보자료 제작, 국내외 우수사례 수집

교육3주체가 참여한 연구학교 업무조직

학교운영위원회에는 지역사회 인사인 학교운영위원장을 비롯하여 6명, 학부모 5명, 교원 위원 3명으로 교육운영 3주체가 참여하도록 조직되어 있다.

협업으로 교육과정을 편성 및 운영하고 있다. 주로 교육연구부에서 고교학점제 운영에 따른 여러 가지 연구 결과(수요조사(진로상담), 분반, 시수 가능여부, 변수 조정 등)를 제시하고 있다. 기술교육부에서는 시설, 기자재 등의 지원 여부 등을 제시하여 고교학점제 교육과정이 운영되고, 학생들의 자율선택권이 확대될 수 있도록 지원하는 역할을 맡고 있다. 이 외에도 고교학점제를 위한 별도 조직 또는 업무 담당자 배정 등 여러 가지 가능성을 두고 논의를 거듭하고 있기는 하지만, 60년 이상 오랜 시간 지속되어온 전통적인 조직을 개선해야 하는 만큼 정말 많은 시간과 노력이 필요한 것 같다.

학교운영위원회에는 지역사회 인사인 학교운영위원장을 비롯하여 6명, 학부모 5명, 교원 위원 3명으로 교육운영 3주체가 참여하도록 조직되어 있다. 학교운영 관리 심의와 더불어 무엇보다 본교의 타 학과 부전공 이수형 교육과정 실현에 상당한 관심이 있어 교육과정 운영을 위한 다양한 아이디어를 제공하고 있다. 연구학교 운영 조직을 따로 편성하여 운영하였으며, 해를 거듭하며 업무를 세분화하고 연구 범위도 점점 확대해나갈 수 있었다. 운영분과는 최소 인원으로 주로 학과중심으로 편성 운영하였으며, 특별히 학과별 성장경로 모형 제작에 주요 목표를 두고 운영하고 있다.

교과 이기주의를 극복하여 다양한 교육과정 편성을 확대하다

교육과정 이수학점으로 교과 180학점[1] 중 74학점은 국어, 영어, 수학, 한국사 등의 보통교과, 106학점은 학과별 전공 교과로 편성 운영되고 있다. 처음 학점제를 도입 운영한 시기에는 학교 교육과정을 편성하는 과정에서 많은 어려움을 겪기도 했다. 특히 고교학

---

1. 현행 교과 180단위, 창체 24단위에서 향후 교과 174학점, 창체 18학점으로 운영체계가 변경된다.

점제는 해당 학년도의 교육과정 운영과 차기 학년도의 교육과정 편성의 두 가지를 동시에 진행해야 했다. 고교학점제 연구학교를 처음 시작하던 2018년, 교원들 중에는 학생을 위한 일임에는 동의하나, 교내외 교과 이기주의로 반대했던 의견도 많았다. 주요 반대 의견 몇 가지를 골라 열거하면 다음과 같다.

> A교사: 연구학교는 누군가의 가산점이 필요해서 하는 것 아닌가!
>
> B교사: 다음 정권에서는 없어질 것인데 굳이 우리가 해야 하나!
>
> C교사: 일반계고의 문제를, 왜 잘 하고 있는 특성화고에 적용시키려 하는데!
>
> D교사: 그럼 학과는 왜 있어? 세상에 그런 것은 그동안 보지도 못했고 우리 기자재, 시설이 함께 가야 하는 데 절대 불가능해!

학내의 이러한 반대 의견에도 불구하고 경기기공에 고교학점제를 안착시키기 위해 반드시 정규교육과정에 적용시키기 위한 노력을 지속하였다. 첫해에는 마음이 맞는 교사 몇 명의 학과(3개 학과)만으로 소규모 학과 간 교육과정을 운영하기도 했다. 즉 3개 학과에서 3학점짜리 1개 교과만 운영했는데, 이를 운영하기 위한 업무의 영역은 생각보다 상당했다. 게다가 당시만 해도 업무 진행에 대한 구성원들의 공감대 형성이나 당위성마저 없던 상태라 더욱더 어려움을 겪어야 했다. 제대로 정착하기까지 정말 많은 시간과 노력이 필요함을 실감하며 포기하지 않고 노력을 이어간 결과 2019년에는 5개 학과의 6학점, 1과목으로 운영하게 되었다. 그리고 교육과정 안내에서부터 수요조사와 수강 신청, 교육운영, 평가까지 일련의 절차도 확립할 수 있었다. 이렇게 조금씩 확대시켜나가는 동안 점점 다른 교원들에게도 긍정적인 인식이 높아지는 계기가 되었으며 학생, 학부모님들에게도 홍보하고 의견을 청취할 수 있었다. 수요조사는 다양한 방법(구글 설문, 네이버 폼 등)으로 진행하였으며, 교육부에서 제공한 수강 신청 시스템으로도 진행하였다.

학생, 학교 교육과정 편성에 적극 참여하다

경기기공은 산학일체형도제학교(이하 '도제'), 군특성화 운영교이기도 하다. 따라서 각 사업 간의 유기적인 관계 속에서 수요조사와 수강 신청을 진행하고 있다. 3학년 과정에 학과 간 교육과정을 운영하고 있기 때문에 3학년 운영을 위해서는 2학년 5월~9월 도제 과정 선발, 10월~11월 군특성화 과정 선발, 12월~2월 학점제 교육과정 수요조사 및 수강 신청의 순서로 진행하였다. 도제 및 군특성화 교육을 위한 학과 간 교육과정 운영 현황은 글상자(327~328쪽)를 참고하기 바란다.

도제 및 군특성화 교육을 위한 학과 간 교육과정 운영 현황[2]

앞서 설명한 것처럼 경기기공은 산학일체형도제학교, 군특성화 운영교이다. 이에 경기기공의 특색 교육과정이 어떻게 운영되고 있는지 간략히 살펴보려고 한다. 또한 군특성화 교육과정 수업 운영 방안도 함께 정리하였다.

가. 연도별 특색 교육과정 운영

특색 과정	학생 선정	연도별 입학생 운영 학과	비고
도제	7 ~9월	(2019년도 입학생) 자동화기계, 금형, 기계설계 (2020년도 입학생) 자동화기계, 하이텍융합기계 (2021년도 입학생) 자동화기계	해당 학과에서만 운영 (연도별 입학생에 따라 "도제" 교육과정 시트 추가)
군 특성화	10 ~11월	(2019년도 입학생) 전체학과 (2020년도 입학생) 전체학과 (2021년도 입학생) 하이텍, 산업안전제철, 스마트팩토리	시간표 일치 후 수업시간 이동 (군특성화 : 2021 입학생부터 해당 학과에서만 운영)
학점제 교육과정	12월 ~ 익년 2월	(2019년도 입학생) 전체 학과 (2020년도 입학생) 전체 학과 (2021년도 입학생) 전체 학과	

나. 학점제, 군특성화 교육과정 수업 운영 방안

⇒ 이동수업형 : 교육과정(2SET(5학점, 7학점)) 및 시간표 일치 후 선택교과 수업 참여

1) 군특성화(안) (도제 과정 선택학생 제외)

대상	학생 선정	학과군		선택 교과	
				개설 학과	교과목
2019 입학생 (現 2학년)	희망 학생 선발	자동화기계, 컴퓨터응용금형, 기계설계	⇒	컴퓨터응용금형과	궤도장비정비 I (5) 궤도장비정비 II (5) 군리더십(2)
		신소재, 에너지제어	⇒	신소재	
		메카트로닉스, 전기제어, 컴퓨터전자	⇒	메카트로닉스	
2020 입학생 (現 1학년)	희망 학생 선발	자동화기계, 하이텍, 기계설계	⇒	하이텍융합기계과	궤도장비정비 I (5) 궤도장비정비 II (5) 군리더십(2)
		항공드론, 산업안전제철, 스마트설비	⇒	산업안전제철	
		메카트로닉스, 전기제어, 컴퓨터전자	⇒	메카트로닉스	
2021 입학생 (신입생)	희망 학생 선발	하이텍융합기계과	⇒	하이텍융합기계과	궤도정비 I (5) 궤도정비 II (5) 군리더십(2)
		산업안전제철	⇒	산업안전제철	
		스마트팩토리	⇒	스마트팩토리	

---

2. 이 내용은 교육과정 편성 협의 사항에서 일부를 발췌한 것임을 밝힌다.

※ 학과군은 희망 학생 선발 후 수업 인원에 따라 교차될 수 있음

(ex. 학과군 : 신소재, 에너지제어, 전기제어 ⇒ 신소재(교과목 개설))

2) 학점제 교육과정(안) (도제, 군특성화 과정 선택학생 제외)

대상	인력 양성 유형	선택 교과		
		개설학과	교과목(안)(학점)
2 0 1 9 ~ 2 0 2 1 입 학 생	(선택교과) 선반가공 밀링가공 CNC선반 머시닝센터 CAD 기계제도 3D프린팅 재료시험 비파괴시험 자동화 설비 공유압 정비 전자부품 정비 드론운용	(선택교과)를 할 수 있는 선반원/밀링원	자동화기계과	선반가공(5)
		(선택교과)를 할 수 있는 기계공작원	컴퓨터응용금형과 (하이텍)	밀링가공(5)
		(선택교과)를 할 수 있는 기계설계원	기계설계과 (3D융합설계)	3D프린터제품제작(5)
		(선택교과)를 할 수 있는 용접원	에너지제어과 (스마트설비)	가스텅스텐아크용접(5)
		(선택교과)를 할 수 있는 금속원	신소재과 (산업안전제철)	금속재료신뢰성시험(5)
		(선택교과)를 할 수 있는 자동화정비원	메카트로닉스과 (스마트팩토리)	자동화설비(5)
		(선택교과)를 할 수 있는 전기원	전기제어과	전기기기제작(5)
		(선택교과)를 할 수 있는 전자부품원	컴퓨터전자과	전자기기(5)
		(선택교과)를 할 수 있는 드론운용원	항공드론과 (20,21입학생)	소형무인기정비(5)

3) 예시

학과	과목명 (학점 수)		3학년			
			1학기		2학기	
			이론	실습	이론	실습
자동화기계과	선반가공(5) _학점제	SET 1 택1	0	5	0	5
컴퓨터응용금형과	밀링가공(5) _학점제					
기계설계과	3D프린터제품제작(5) _학점제					
군특성화(금형)	궤도장비정비 I (5)					
자동화기계과	○○○○(7)_학점제	SET 2 택1	0	7	0	7
컴퓨터응용금형과	○○○○(7)_학점제					
기계설계과	○○○○(7)_학점제					
군특성화(금형)	궤도장비정비 II (5), 군리더십(2)					

고교학점제 교육과정은 담임교사 안내, 학부모 안내의 절차로 진행하며 안내 자료는 유튜브에 업로드하거나 가정통신문으로 1차 수요조사, 2차 수요조사, 중간중간에 학과장 및 담임교사 등과의 상담 후에 진행하고 있다. 무엇보다 학생과 학부모 - 담임교사 - 담당교사 간의 의사소통이 가장 중요한데 접근성이 가장 좋은 학교 공식 공지시스템인 e알리미로 모든 과정을 진행하였다.

학생과 학부모를 위한 교육과정 안내, 어떻게 진행할 것인가?

특성화고의 특성상 전문교과는 주로 직무와 관련한 학생들의 전문적 기능과 역량 습득을 강조한다. 이를 통해 해당 학과를 졸업한 후에 종사하게 될 직무에 부합하는 인력 양성을 도모하는 것이다. 따라서 주로 관련 자격증 취득을 중심으로 과목이 개설되고 있다. 하지만 학생과 학부모는 전문교과에 대한 많은 지식이 없다 보니 과목 안내서를 통해 사전 안내를 실시했고, 이때 부전공이수형에 관해서도 함께 안내하였다. 1차 수요조사 결과에 따라 신청이 저조한 교과는 특성에 따라 프로젝트 과정으로 안내하여 수요조사를 재실시하였다. 안내와 실시 중간중간에 정말 더 많은 상담이 필요함을 느끼게 된다. 이러한 과정을 거치는 동안 일률적인 자격증, 기능중심에만 얽매이던 공업계열 학교에서 고교학점제 교육과정으로 프로젝트 과정을 진행해보자는 의견까지 나온 것은 참으로 고무적인 현상으로 생각된다. 아울러 이에 대한 교과연구 (수업방법, 포트폴리오 평가계획수립 등)도 함께 진행 중이다.

아래 그림처럼 직업계고의 고교학점제 교육과정은 크게 4개 유형, 8개 모형으로 나눌 수 있다. 하지만 이러한 모형대로 운영하는 것보다 훨씬 더 중요하고, 반드시 먼저 수반되어야 하는 사항이 바로 **학과의 정체성 확립**(출구전략)과 **학생, 학부모의 교육과정 이해도 향상**이다. 어떻게 보면 가장 어려운 일이기도 하다. 특히 교육과정

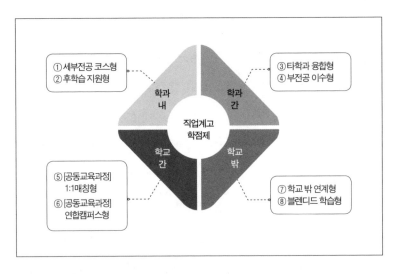

직업계고의 학점제 교육과정 모형
직업계고의 학점제 교육과정 모형은 크게 학과 내, 학과 간, 학교 간, 학교 밖의 4개 유형으로 나뉜다. 하지만 그보다 훨씬 더 중요한 것은 학과의 정체성 확립과 학생 및 학부모에 대한 교육과정 이해도를 높이는 것이다.

| 표 8-1 | 학년별 교육과정 모형

공통 과정	전공기초		전공심화/선택융합		성장경로
1학년 (학점)	2학년(학점)		3학년(학점)		졸업 후
공통과정 (38)	직업기초능력향상과정 (34)		전공심화 (36)		명품 취업 Carrer START 세계기능올림픽 Challenge
계열필수 (22)	전공기초 (16)				
	선택 (10)	학과 내 교과	선택 (24)	주전공심화코스	
				부전공코스	
				도제코스	
				군특성화코스	기술병 입대
				공무원코스	기술(행정)직 공무원
				공기업코스	NCS 공기업
				...	...
60학점	60학점		60학점		180학점 이수 졸업

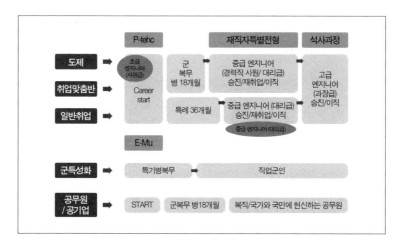

졸업 후 성장경로 모형

학생 및 학부모들이 졸업 후 취업 및 진로 과정을 쉽게 이해할 수 있도록 졸업 후 성장경로 모형을 만들어 제시하였다.

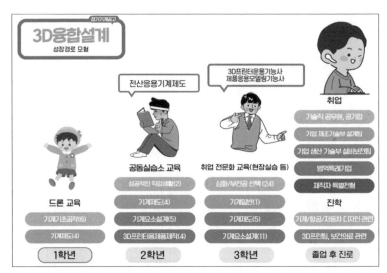

일반계열 학과/학년별 이수교과목 예시

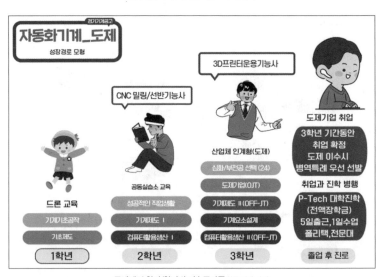

도제계열 학과/학년별 이수교과목(취득 자격 안내)

계열별 학과/학년별 이수교과목 안내자료 예시

각 학과에서는 학생들을 위해 졸업 후 진로와 관련해서 이수해야 할 교과목이나 자격증 등을 한눈에 알아볼 수 있는 자료를 제작하여 안내하였다.

이해도 향상을 위한 교육과정 안내서, 성장경로 모형을 만드는 것이 정말 어려웠다. 기존에 있는 자료로 대체하자니 큰 의미가 없고, 세세하게 안내해주려니 한도 끝도 없었다. 이에 학년별로 교육과정을 브랜드화(1학년 공통과정, 2학년 전공기초과정, 3학년 전공심화 또는 선택융합 과정)하고(331쪽 표 8-1 참조), 졸업 후 취업 및 진로 과정도 알아보기 쉽게 제시하였다. 또한 각 학과에서는 학과/학년별 수강 교과목 학점화 제시, 학과/학년별 취득 자격증을 제시하는 내용들을 담은 자료를 제작하여 학생들에게 안내하였다.

학생과 학부모의 니즈를 파악하여 학과를 재구조화하다

다양한 과목들을 편성하여 학생들의 교육과정 자율선택권을 확대할 경우 피할 수 없는 문제가 있다. 특히 학생 선택에 따른 쏠림 현상이 나타났을 때 인원 조정에 대한 우려가 많은 편이다. 그 외에도 대표적으로 다음과 같은 우려들이 있다.

> 다른 학과 아이들 중에는 우리 학과를 선택한 아이들은 많은 반면, 우리 학과의 아이들은 타 학과를 많이 선택하지 않았을 경우 이 문제를 어떻게 해결할 것인가?

위와 같은 우려는 경기기공에서도 예외는 아니었다. 예컨대 경기기공은 매년 '용접'과 '전기' 수업에 수강생이 몰리는 편이다. 학생과 학부모들의 니즈를 파악하는 데 가장 정확한 데이터로 생각된다. 한편으로 생각하면 학생들이 다른 학과에 대한 매력을 못 느끼고 있다는 뜻으로 해석할 수도 있다. 이런 것들이야말로 학과 재구조화의 첫 번째 니즈가 될 수 있었다. 실제로 이를 근거로 학과 재구조화를 지속적으로 진행하고 있다. 이러한 것들을 반영한 수강 신청 결과는 오른쪽의 표 8-2와 같다(335쪽 참조).

시간표 편성 및 공강 운영에 관하여

1. 시간표 편성 방법 및 운영
본교는 시간표를 맞추어 운영하고 있다. 학점제 교육과정 운영에 시간표 편성은 어려움이 없다. 학점제 일반화에 따라 모든 교과목의 학점 수를 일치시키고 선택 범위를 점점 확대하면 시간표 편성에도 어려움이 생길 수 있다. 다행히 수강 신청 시스템과 일반고의 사례에서 그 답(예. 서울 하나고등학교 견학 사례)을 찾을 수 있을 것으로 생각된다.

2. 공강 실시 여부와 운영 방안
본교는 아직 공강이 없다. 하지만 공강시간에 대비하여 커뮤니티 시설이 필요한데 교내 도서관 개방, 독서실(열람실)의 스터디 카페화, 헬스장 개방(공업계열의 경우), 프로젝트실 개방(혁신지원사업에 포함) 등이 대안이라고 생각된다.

|표 8-2| 수강 신청 결과(2021년 기준)

학과			자동화기계	금형	기계설계	에너지제어	신소재	메카트로닉스	전기제어	컴퓨터전자	총원
총원 (A+B+C+D)			51	40	48	50	50	51	47	48	385
도제 (A)			16	13	16						45
군특 (B)			13	1	3	7	10	19	11	11	75
전공심화 (C)			15	22	26	39	30	21	9	33	195
부전공 (D)			7	4	3	4	10	11	27	4	70
부전공 (D)	자동화기계	1	-							1	1
	금형	2	1	-	1			2			4
	기계설계	3	2		-				6		8
	에너지제어	4	2	3	1	-	2	4	16		28
	신소재	5					-				0
	메카트로닉스	6						-	2	2	4
	전기제어	7	1	1		4	8	4	-	1	19
	컴퓨터전자	8	1		1			1	3	-	6

공급자중심 공간에서
사용자중심 공간으로 변화해나가다

사실 과거 경기공고의 모든 공간은 공급자중심으로 설계되어 있었다. 이를 단적으로 보여주는 것이 그 넓은 학교 내에 강의실, 교실, 실습실 등이 대체 어디에 있는지에 관해 학생들이 직관적으로 인지하고 파악할 수 있는 흔한 강의실 안내도조차 없었다는 점이다. 학생은 물론, 오랜 시간 근무한 교사 역시 그 학과의 교사가 아니면 쉽게 찾아갈 수 없을 정도였다. 게다가 내부 시설공사 역시 학생중심이라는 전체적인 큰 틀을 고려하여 이루어지지 않았기 때문에 동선 이동 중에 좌절감을 안겨줄 수밖에 없었다.

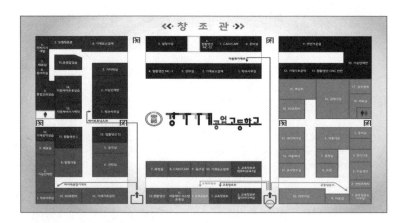

학과별 컬러링 및 현판 부착
사용자중심 공간으로 변화시키려는 노력의 일환으로 학과별로 차별화된 고유색을 지정했고, 동선을 안내하는 안내 현판에도 학과별로 한눈에 알 수 있도록 고유색을 구분하여 표시했다.

하지만 학점제를 시행하면서 변화된 점이 2가지 있다. 먼저 학과별로 고유색을 부여한 컬러링 작업과 현판을 부착한 것이다. 나머지 하나는 모든 교실과 실습실에 대해 번호를 붙이는 넘버링 작업이다. 그런데 이런 일들을 진행하는 데 있어 업무의 영역 구분에 대한 논란이 있었다. 해당 업무를 교사가 담당해야 할지, 아니면 행정실에서 맡아야 할지를 공론화했는데, 논란 속에 잠시 작업이 진행되지 못하기도 했다. 결국 학점제 주관부서에서 업무를 맡기로 했지만, 앞으로 행정실과의 유기적인 업무 협업이 필요해 보인다.

전 한글	넘버링	후 한글	영어	비고
교무실	추후기입	교무실	Teachers' office	
행정실		행정실	School Office	
교장실		교장실	Principal's office	
성적처리		성적처리	Grade processing room	
인쇄실		인쇄실	Copy/Printing Room	
보건실		보건실	Health Room	
시청각실		시청각실	Audiovisual Room	
방송실		방송실	Broadcasting Room	
소회의실		회의실	Conference room	
향서관		향서관	School Library	
통합교과실		직업기초능력 향상교실 1		
학습도움실1~3		학습도움실~3	Special edu classroom 1~3	
특수교육연구실		특수교육연구실	Special edu Teacher's room	
도서활용수업실		도서활용수업실	Library classroom	
취업지원부		취업지원부	Career Support Department	
취업정보센터		취업정보센터	Career Information center	
창업발명교사실		특성화고사업추진서무	BetheCEO department	
창업발명회의실		소회의실	Small meeting room	
창업인큐베이터실		창업인큐베이터실	Start-up classroom	
발명특허실		발명특허실	Invention&Patent classroom	
미술실		미술실	Art Classroom	
자료실		미술재료실	Art Supply Room	
복지학년부		복지학년부	Student's welfare department	
기술교육부		기술교육부	Skill education department	
동아리실		동아리실	Club room	
유학생1~3		글로벌1~3	Global students classroom 1~3	
유학생활실		한국문화교실	Korean Language&culture Classroom	
영어교사연구실		직업기초능력 향상 교사연구실		
영어전용교실		블렌디드러닝교실		
교과교실2		직업기초능력 향상교실 2		

2020학년도 (4층 / 3층 / 2층 / 1층 평면도)

교실, 실습실에 규칙적인 번호 부여

모든 교실과 실습실에 번호를 부여하여, 호수별로 찾기 쉽게 안내할 수 있게 변화되었다. 이 고유번호는 해당 교실이나 실습실이 위치한 층수와도 연계되어 있다.

특색 교육과정, 16+1에 대한 '+1' 운영 사례

본교는 아래와 같이 특색 교육과정 '+1'을 운영하였다. 학교기업 드론교육원을 활용한 교육으로써 대상은 전체 신입생, 30시간의 자율편제로 운영 내용을 좀 더 살펴보면 다음과 같다.

◦ 특색 교육과정 「드론 비행」 운영

• 운영 근거

가. 교육과정 개정 : 교육부 고시 제2019-211호 초중등학교 교육과정 총론 일부개정

> Ⅱ. 학교 급별 교육과정 편성.운영의 기준
>
> 4. 고등학교
>
> 가. 편제와 단위 배당 기준
>
> 　나) 특성화 고등학교와 산업수요 맞춤형 고등학교
>
> 　① 1단위는 50분을 기준으로 하여 17회를 이수하는 수업량이다.
>
> 　**단, 1회는 학교가 자율적으로 운영할 수 있다.**

나. 운영 가능 시수

구분	교과	자율
1학기 운영 단위	30단위	30단위
1단위 수업량	15~16회	1회
운영 가능 시수	450시간 이상	30시간 이상

• 특색 교육과정

가. 운영 교과 : 드론 비행

나. 교육 대상 : 2020학년도 1학년 전체 학급

다. 교육 장소 : 경기기계공고학교기업(서울특별시드론교육원) 내 드론비행센터, 드론교육센터

라. 운영 일정 : 연중 운영

마. 교육 내용 (학급별 30H)

온라인 (10H)	집합교육(20~21H)
드론 역사와 전망	드론 비행
항공 안전 및 항공 법규	드론 정비
실습장 안전 교육	드론 촬영
비행원리 및 조종법	드론 코딩
드론의 구조 및 구성	드론 축구 및 레이싱
ESC 및 BEC	
드론 촬영	

⇒ 신기술 교육을 위한 자율교육과정, 대면/비대면 블렌디드 수업 운영

학과 간 융합교육과정에 관한 운영 노하우를 차근차근 쌓아가다

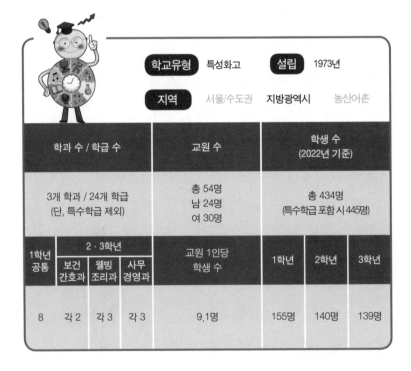

학교유형	특성화고		설립	1973년	
지역	서울/수도권		지방광역시		농산어촌

학과 수 / 학급 수			교원 수	학생 수 (2022년 기준)		
3개 학과 / 24개 학급 (단, 특수학급 제외)			총 54명 남 24명 여 30명	총 434명 (특수학급 포함 시 445명)		
1학년 공통	2·3학년			교원 1인당 학생 수	1학년	2학년	3학년
	보건 간호과	웰빙 조리과	사무 경영과				
8	각 2	각 3	각 3	9.1명	155명	140명	139명

학교 안팎의 인프라를 활용한
최첨단 실습중심 교육과정을 운영하다

8장에서는 공업계열 특성화고등학교의 교육과정 편성 운영에 관한 내용을 살펴보았다. 이제 마지막 장에서 특성화고등학교 사례를 하나 더 살펴보려고 한다. 8장에서 공업계열 사례를 살펴보았기 때문에, 9장에서는 상업계열 특성화고등학교의 교육과정 편성 및 운영에 관해 살펴보려고 한다.

창의 융합적 직업 역량을 키우기 위한 물적 인적 인프라 활용

영산고등학교(이하 영산고)는 부산광역시 해운대구에 위치한 상업계열 특성화고등학교이다. 1학년은 공통과정으로 8개 반을 모집한다. 입학한 학생들은 2학년부터 3개 학과 중 1개 과를 선택하게 된다. 옆 페이지 표에도 정리하기는 했지만, 1학년 8개반, 2·3학년에서 보건간호과 각 2학급, 웰빙조리과 각 3학급, 사무경영과 각 3학급씩 총 24개 학급으로 이루어져 있다. 학생 수는 445명(남 259명, 여 186명)이고, 교원은 총 54명이다.

4차 산업혁명 등 급변하는 산업구조 및 직업사회에 대한 능동적으로 대처하는 창의 융합적 직업 역량을 갖춘 인재 양성이 절실히 요구되고 있다. 이러한 요구에 부응하기 위해 영산고는 2018학년도 비중 확대 사업을 통해 웰빙조리과와 사무경영과를 신설하여 최첨단의 실습실을 구축함으로써 직업계고 학점제 운영을 위한 인프라를 조성하게 되었다. 매직사업과 학과 재구조화 등을 통하여 그간 **학과 간 융합교육과정**을 운영해온 노하우가 축적되어 있으며, 비중확대사업을 통해 구축된 최첨단의 실습실과, 특히 같은 교문 내에 있는 영산대학교의 물적 인적 인프라도 활용할 수 있는 점은 학점제를 운영하는 데 있어 유리한 조건이다.

교육과정부를 중심으로 학과장과의 협업에 기반한 교육과정 편성 운영

직업계고 학점제 운영을 위한 조직은 교육과정 운영 주관부서인 교육과정부를 중심으로 학과장과의 협업을 통해 교육과정을 편성·운영하고 있다. 교육과정부에서 직업계고 학점제 운영에 따른 직업계교 학점제를 위한 별도 조직 또는 업무담당자 배정 등 여러 가지 가능성을 두고 논의를 거듭하고 있으나, 워낙 오랜 시간 지속되어온 전통적인 조직을 개선하는 일이다 보니 많은 시간과 노력이 필요했다.

학교운영위원회에는 지역사회 인사인 학교운영위원장을 비롯한 5명, 학부모 4명, 교원 위원 3명으로 교육운영 3주체가 함께 조직에 참여하고 있다. 학교운영위원회는 학교 운영 관리 심의와 더불어 무엇보다 본교의 사무경영학과 부사관 코스, 웰빙조리과의 과정형 NCS 교육과정에 특히 관심을 보이고 있으며, 차년도에는 심화 확대 운영 방안도 함께 논의하였다.

학과 재구조화를 통해
진로교육을 강화하는 교육과정을 편성하다

바로 앞서 8장에서 정리한 바 있지만, 직업계고 고교학점제 교육과정 유형은 크게 학과 내, 학과 간, 학교 간, 학교 밖의 4가지 유형으로 나눠볼 수 있다. 그중에서도 영산고는 기본모형에 해당하는 학과 내 세부전공 코스형과 학과 간 타학과 융합형을 운영하고 있으며, 학생들 저마다 전공 선택을 바탕으로 전공과 관련된 직무에서 요구하는 다양한 역량들을 키워갈 수 있는 교과목들을 선택할 기회를 제공한다.

또한 NCS 직무과정과 연계한 다양한 선택교과를 개설 및 운영하기 위해 교과협의회를 통해 교과 교사들의 의견을 수렴하여 결정하여 2018학년도 입학생의 경우 의료서비스과(의료서비스코스, 웰빙코스, 힐링코스), 의료관광외국어과(의료관광외국어코스, 케어코스) 등으로 세분화된 코스별 과정을 운영하고 있다.

학과 재구조화 속 학과 간 교육과정 운영

학과 재구조화 사업을 유치하여 본격적으로 적용된 2019학년도 입학생부터 1학년은 공통교육과정만 적용하고, 2학년부터 전공을 선택하는 맞춤형 진로교육의 발판을 마련하였다. 이를 통해 웰빙조리과와 사무경영과는 서로 과목을 선택하여 운영할 수 있도록 하였다. 예컨대 사무경영과는 웰빙조리과 교과인 'NCS 제과'를 선택할 수 있고, 웰빙조리과는 사무경영과의 교과인 '회계실무'를 선택하여 운영하는 식이다.

직업계고 학점제 선택 교과목의 확대 운영

2020학년도 입학생부터는 직업계고 학점제 선택 교과목을 확대 운영하고, 부전공 이수 준비를 위한 교육과정도 준비하였으며, 각 학과별로 전공심화를 위한 준비도 함께 진행하였다. 예컨대 웰빙조리과는 한식조리기능사, 양식조리기능사, 제과기능사, 제빵기능사, 떡제조기능사, 바리스타 등의 다양한 자격증과 선택과목군에 있는 각종 조리기능사 자격증 취득을 돕는 방과후학교 프로그램 운영을 위한 기틀을 마련한 것이다. 그와 동시에 제빵기능사 자격증 취득반을 시범적으로 운영함으로써, 2021학년도 제빵기능사 과정형 평가과정을 개설하여 자격증 준비를 위한 교육과정을 적용해 보았다.

전문 자격증 취득, 코스 다양화 등 실무능력을 겸비한 인재 양성

보건간호과는 740시간의 이론수업과 780시간의 병원 실습을 이수한 후 수강생 전원이 간호조무사 국가시험 응시하여 자격증을 100% 취득하였다. 후속 프로그램으로 요양보호사 및 병원코디네이터 등의 자격 취득을 통해 현장 실무능력을 겸비한 숙련된 보건

간호 인력으로 성장할 수 있는 교육과정을 적용하였다.

한편 사무경영과는 코스로 세분화하였다. 특히 이 학과는 다른 학과에 비해 학생들의 학업에 대한 흥미도가 다소 낮은 편으로 학생들의 수업활동 참여를 높이고, 새로운 진로를 탐색할 수 있는 기회도 함께 제공할 필요가 있었다. 이에 타 학과의 현장실습에 참여 가능한 교과목을 선택할 수 있게 운영함으로써 학생들의 수업 참여율을 높이고 진로 선택 기회를 확대하였다. 이러한 세분화를 통해 학생들의 학과 선택 시 선호도를 높이는 동시에 다양한 진로 탐색의 기회도 제공함으로써 학업 흥미도 향상을 유도하며 교육과정을 운영할 수 있게 되었다.

1학년 2학기부터 전공 시수를 배분한 교육과정 편성 운영

1학년의 경우에는 공통교육과정을 운영한 결과 전공에 대한 학생들의 호기심과 욕구를 높일 수 있었던 반면에 기초과목을 중심으로 한 수업과 마치 중학교 교육과정이 반복되는 것 같은 수업으로 인해 방향성을 잃은 학생들도 함께 볼 수 있었다. 한편 전공을 선택하게 되는 2학년의 경우 전공 과정에 많은 시수를 배정하다 보니 간혹 실습을 힘들어하는 모습을 보이기도 했다. 이런 시행착오를 통해 2021학년도부터는 1학년 교육과정에서도 전공 과정을 접할 수 있도록 1학년 2학기부터 전공 시수를 배분하여 교육과정을 편성하는 계기가 되었다.

학생들이 자발적으로 참여할 수 있는
학교 교육과정을 편성하다

고교학점제 시대의 학교는 학생들이 저마다 진로를 탐색하고 준비할 수 있게 체계적으로 지원해야 한다. 즉 학생들이 적성과 흥미를 발견하고, 진로의식을 높이는 교육과정을 마련해야 한다.

진로에 대한 동기부여 및 진로의식과 목표 고양

웰빙조리과에서는 진로 탐색 주간에 명장·명인 진로 특강을 실시하여 학생들의 진로의식을 고취하고 적성과 흥미를 발견하기 위한 시간을 갖기도 했다. 이러한 특강에 학생의 실질적 의견과 흥미를 반영하기 위하여 특강을 실시하기 전에 공통교육과정을 듣는 1학년 학생들의 사전 수요를 파악하여 선택적으로 강의에 참여할 수 있도록 운영하였다. 명장·명인 특강을 진행한 후 학생의 진로에 대한 동기부여뿐만 아니라 자신의 향후 진로에 딱히 관심이 없어 보이던 학생들도 진로의식과 목표를 세울 수 있는 좋은 기회가 되었다는 의견이었다. 또한 웰빙조리과의 특성상 실습 위주의 수업을 기대하는 학생들에게 특강 이전에 '명장·명인에 듣는다'는 슬로건으로 '조리인의 자세' 등을 듣고, 직접 실습에 참여하는 등 같은 조리 교과에서 한층 세분화된 특강을 마련함으로써 학생 수요에 따른 공급이 이루어지다 보니 특히 웰빙조리과 학생들의 만족도가 높게 나타났다. 이러한 결과를 토대로 향후 직업계고 학점제 프로그램 운영에 따른 학생들의 사전 의견을 수렴함으로써 좀 더 다양한 프로그램 개발을 시도해 보고자 했다.

학생의 교육과정 참여도를 높이는 교육과정 이해도 고양

다양한 진로교육 프로그램도 중요하지만, 학생들의 교육과정 참여를 높여야 한다. 이를 위해 학생들의 교육과정 이해도를 높일 필요가 있다. 영산고는 학생은 물론 학부모 대상의 교육과정 이해도를 높이기 위한 다양한 프로그램을 마련하고 있다. 학업계획서 작성, 수강 신청, 학점제 교육과정, 전공 및 선택과목 등에 대한 학생 이해도 향상 프로그램, 신입생 오리엔테이션, 가정통신문 배부, 각종 자료 활용 교육, 교육과정 설명회를 지속적으로 실시하고 있다. 이를 통해 직업계고 학점제를 제대로 이해할 수 있는 기회를 제공하는 것이다. 특히 이러한 프로그램에서는 미래사회의 특징과 학습 방향의 변화에 대한 이해, 학생 선택형 교육과정, 학생의 과목 선택권의 의미와 중요성에 대해 강조하였다.

또한 학생참여형 수업 및 과정중심 평가로의 수업 및 평가의 변화에 대한 안내와 변화된 교육환경에 대한 적응을 돕고, 학점제 운영에 따른 학과 선택 방향 및 생활 태도에 대한 교육도 지속적으로 실시하였다. 학기말에는 1학년 학생들 대상으로 직업계고 학점제 및 진로 선택에 대한 특강을 집중적으로 실시함으로써, 학생들은 본인의 직업 진로 및 학과 선택에 대해 진지하게 고민해 볼 수 있는 시간을 갖기도 했다. 코로나19로 인해 학부모와의 대면이 어려워진 상황에서는 QR 코드, 온라인 설문 프로그램 등을 활용하였고, 그 밖에 학생과 학부모에게 고교학점제와 교육과정을 이해시키기 위한 노력을 꾸준히 이어가고 있다.

학생들의 선택권 확대를 위해 다양한 학교 밖 교육과정을 시도하다

영산고는 같은 교문을 사용하는 영산대학교의 인프라를 적극 활용하여 **학교 밖 교육과정**을 다양하게 시도하고 있다. 또한 2020학년도 2학기부터는 학교 밖 지역사회 학습장을 활용할 수 있는 교육과정을 연계하여 학과 심화과정을 운영하였다(표 9-1 참조).

| 표 9-1 | 학교 밖 지역사회 학습장 심화과정 운영

구분	내용	
운영 대상	2학년 전체	
운영 내용	2학년 웰빙조리과 2학년 보건간호과 2학년 사무경영과	영산대학교 중식, 일식, 아시아 조리학과 전공 심화과정 춘해보건대학 보건간호과 전공 심화과정 영산대학교 항공관광학과, 호텔관광학과 타학과 심화과정
운영 방법	2학년 웰빙조리과 2학년 사무경영과	영산대학교 이동 조리 실습형 영산대학교 이동 강의형/실습형
	2학년 보건간호과	본교 소강당 초청 강의형

현장 상황을 생생하게 체험할 수 있는 기회 확대

지역사회 학습장을 활용함으로써 웰빙조리과의 경우 교과 심화과정을 운영할 수 있었고, 보건간호과는 실제 현장 상황이 학생들에게 한층 생생하게 전달되는 교육과정으로 구성되었다. 사무경영과의 경우는 타 학과의 전문과정 체험 기회를 확대하여 적성과 흥미를 찾는 데 도움이 되었다는 의견이었다. 또한 교과의 범위에서 벗어나 항공관광학과, 호텔관광학과 실습형 체험은 학생들의 학업에 대한 흥미를 높이는 데 많은 도움이 되었다.

취업과 연계한 통합교육과정 및 전공 관련 심화과정 운영

학생들에게는 지역 대학과의 협업을 통해 취업과 연계하는 통합교육과정 및 전공 관련 심화과정을 선택하여 수강할 수 있는 기회를 제공하였다. 특히 영산대학교는 본교와 자매대학으로서 같은 교문을 쓰는 만큼 지리적으로 인접해 있어서 학교 밖 교육과정을 운영하는 데 용이했다. 다만 학교 밖 교육과정을 적용하기 위해 점심시간을 활용한 이동 계획을 세웠으나 '이동'시간을 좀 더 배려한 사전계획, 학교 안 교육과정과 동일한 수업 시간을 적용하기 위한 방안 등 앞으로 더 많은 연구가 필요할 것으로 보인다. 그러나 고등교육과정에서 적용할 수 없는 인지도 있는 교수님들의 실무와 학생들의 욕구를 만족시키기 위해서라도 학교 밖 교육과정은 꼭 발전시킬 필요가 있다고 본다.

학생들의 궁극적 성장을 도모하는
기초 · 기본학력 보장 교육과정을 운영하다

고교학점제가 가장 강조하고 있는 것 중의 하나가 바로 모든 학생에 대한 **책임교육**의 실현이다. 영산고는 2020학년도부터 '직업계고 학점제 NCS 실무과목 방과후 보충학습'을 운영하여 학습이 부진한 학생에 대해 기본적인 학습 능력 향상 및 정서적 지원 등을 중심으로 지도하고 있다. 최소 성취수준에 도달하지 못한 학생들을 대상으로 이러한 방과후 보충수업을 통해 학습에 대한 흥미를 갖게 함으로써, 궁극적으로 학생이 가진 잠재력과 역량을 최대한 발휘할 수 있는 기회를 제공하려는 취지였다.

징벌적 성격이 아닌 잠재력을 발휘하도록 돕는 기초학력 책임지도

특히 영산고의 기초학력 책임지도는 학생이 학습과정에서 겪는 어려움을 극복하는 데 도움을 줄 뿐만 아니라, 나아가 학생이 자신의 잠재력을 최대한 발휘할 수 있도록 학교 공동체적 차원에서 협력하여 지원하는 방향으로 전개되어야 한다는 목표를 가지고 있다. 또한 기초학력 보장을 위한 지도는 낮은 학습 결과를 얻은 데 대한 학생의 책임을 묻고 질책하는 징벌적 성격이 아니다. 그보다는 해당 교과학습을 성취함으로써 학생의 궁극적 성장을 지원하는 방향으로 이루어지고 있다.

온라인의 환경적 장점을 활용한 학생 맞춤형 책임지도

영산고는 2020학년도부터 NCS 실무과목을 중심으로 최소 성취 수준을 설정하고, 미도달자에 대한 방과후 수업을 진행하였다. 그 결과, 시작할 때 우려했던 것과는 달리 학생들의 참여율과 성취도 가 매우 높게 나타났다. 특히 코로나19로 인한 강력한 거리두기 실천 등 사회적 상황에 따른 대면 수업의 어려움을 극복하기 위해 구글 클래스룸[1] 학습방 개설하여 다양한 온라인 컨텐츠를 활용하 였다. 오프라인과 차별화된 온라인 수업이 가진 장점을 최대한 활 용해 교실 수업만으로 확인할 수 없었던 1:1 학생 개별 및 그룹 활

| 표 9-2 | 최소 성취수준 미도달 학생을 위한 보충학습과정 운영

구분		내용
운영 대상		2학년 NCS 전문교과 II 인사, 제과, 바리스타, 회계실무 3학년 NCS 전문교과 II 바리스타, 사무행정, 한국조리, 여행서비스 교과목의 최소 성취수준 미달자
운영 내용		교과 중심 프로그램 운영 - 교과별 특성에 따라 강의형, 과제형, 혼합형으로 운영
운영 방법	온라인 연계형	구글 클래스룸(https://meet.google.com/) 학습방 개설을 통한 수업과 연계한 학습 과제 제시 후 확인 전문교과 자격증 취득에 필요한 학습 기회 제시
	방과후학교	학습계획서 및 학습 이력을 토대로 학생 맞춤형 실기 지도
이수 기준		출석 + 온라인과제형 평가(체크리스트) 및 환류

---

1. https://meet.google.com/

동, 과제 부여 등 다양한 학습 방법을 보충학습에 적용하여 활동함에 따라 학생 개별 상담 및 피드백이 자연스럽게 이루어질 수 있었다. 이것이 주효하여 학생의 최소 성취수준 도달 및 수업 시간에는 미처 이루어질 수 없었던 학업성취가 이루어졌다고 본다. 무엇보다 사제관계가 한층 더 돈독해진 상태로 2학기 수업에 연결된 것이 큰 장점이라고 볼 수 있었다. 영산고가 최소 성취수준 미도달 학생을 위해 마련한 보충학습의 운영 대상과 내용, 방법 등은 앞선 표 9-2에(351쪽 참조) 정리한 바와 같다.

효율적인 실습중심 수업을 위한 시간표 편성과 공강 운영 방안은?

영산고도 처음 학점제를 운영하기 시작했을 때는 시간표 편성에 다소의 혼란을 겪기도 했다. 하지만 2020학년도부터는 차질 없이 시간표 편성이 이루어지고 있다. 또한 직업계고등학교 특성상 실습을 중심으로 이루어진 교과들이 많은 편이다. 기존에는 먼저 수작업으로 나이스 시스템에 실습교과를 입력한 후에 일반교과를 편성 진행하는 방법으로 진행되어왔다. 하지만 2021학년도 입학생부터 선도학교 부전공 전면 시행에 따라 학점 일치 단위가 많아졌고, 자연히 업무 담당자의 어려움도 커졌다. 이를 대비하기 위

자유공간 꿈틀의 개막식 모습
자유공간 꿈틀은 학생들이 춤, 노래나 공연 등을 자유롭게 할 수 있는 무대이며, 학생회에서
주관하여 점심시간에 다채로운 행사를 진행하기도 한다.

하여 외부 업체에서 개발한 수강 신청 시스템 활용도 고려해보고,
담당자의 업무 과중을 줄이기 위해 학교에서 바로 사용할 수 있는
효율적인 시스템의 개발이 시급해 보인다.

  또한 영산고는 기존에 운영 중인 시간표상에서는 공강 시간을
만들지 않았다. 하지만 향후 공강 시간이 발생할 가능성을 완전히
배제하기는 어렵다. 이에 대비하기 위해 먼저 학생들이 학업 스트
레스를 극복할 수 있는 공간을 구축하였다. 즉 꿈틀(위 사진 참조),
토의토론, 놀이 마루, 공연(전시), 헬스장, 카페 와이즈 하이 공간
등을 구축하여 일정한 구역 내에서 학생들이 자유롭게 다양한 학
습 활동이 가능할 수 있도록 연계성 있는 무한상상실, 미술실, 음악
실 등의 공간을 안전하게 구축한 것이다. 그리고 2021학년도부터
도서관 환경 구축을 통해 학습 환경 공간을 마련하여 향후 발생할
수 있는 공강 시간에 대비하고 있다.

PART 01

박수원 · 심성호 · 이동철 · 이원님 · 임성은 · 임재일 · 정원희 · 최진희, 《교사 교육과정을 디자인하다》. 테크빌교육(즐거운학교). 2020.

이태권 · 박수정 · 정미라 · 서지연, 2021, 〈고교학점제 실행을 위한 고등학교 교사 배치 개선 방안 연구〉, 경기교육연구원.

교육부, 2009, 〈초 · 중등학교 교육과정 총론〉.
교육부, 2022, 〈초 · 중등교육과정 총론〉, 교육부 고시 제2022-2호 일부개정 포함.
교육부, 2021a, 〈2025 고교학점제 종합 추진계획〉.
교육부, 2021b, 〈2025년 고교학점제 전면 적용을 위한 단계적 이행 계획〉.
교육부, 2021c, 〈2015 초중등학교 교육과정 일부 개정 고시문〉, 교육부 고시 2022-2호.

초 · 중등교육법 제48조(학과 및 학점제 등). [제목개정 2021. 9. 24.]
초 · 중등교육법 제48조의2(고교학점제 지원 등). [본조신설 2021. 9. 24.]
초 · 중등교육법 시행령 제92조의3(학점제의 운영 등). [본조신설 2022. 3. 22.]
초 · 중등교육법 시행령 제92조의4(고교학점제 지원센터의 설치 및 운영 등). [본조신설 2022. 3. 22.]

교육부 고교학점제 온라인 사이트 https://www.hscredit.kr/(검색일 2021.01.24.)

PART 02

김성천 · 민일홍 · 정미라, 《고교학점제란 무엇인가?》, 맘에드림, 2019.

한주 외, 2019, 〈2019 고교학점제 연구학교 사례연구: 강원 중소도시 공립 및 읍면지역 고등학교〉, 한국교육과정평가원.

한국교육과정평가원, 2019, 〈2019 고교학점제 연구학교 사례연구: 서울 대도시 국·공·사립 고등학교〉, 한국교육과정평가원.

김지혁, 〈울산도 2024년까지 고교학점제 준비 완료〉, 《울산신문》, 2019.8.19.

갈매고등학교, 2020, 〈2020학년도 갈매고등학교 고교학점제 연구학교 운영보고서〉.

갈매고등학교, 2021, 〈2021학년도 전문적학습공동체 운영 계획서〉.

갈매고등학교, 2020, 〈2020학년도 최소 학업성취수준 보장 운영계획서(사회과)〉.

갈매고등학교, 2020, 〈2020-1학기 수업 사례나눔(교과별) 자료집〉.

갈매고등학교, 2020, 〈2021학년도 입학생 편제표〉.

경기기계고등학교 〈2020 직업계고 학점제 연구학교 운영보고서〉.

김화고등학교, 〈학교운영계획서(2020-2021)〉.

김화고등학교, 〈고교학점제 연구학교 운영 보고서(2020-2021)〉.

남목고등학교, 〈고교학점제 연구학교 운영 보고서(2020-2021)〉

도봉고등학교, 〈2018 개방형 교육과정 데이터 처리 방법〉, 2018. 11.

부산영산고등학교, 〈2020 직업계고 학점제 선도학교 운영 보고서〉.

불암고등학교, 〈2019 학교 교육계획〉.

불암고등학교, 〈2020 학교 교육계획〉.

불암고등학교, 〈2021 학교 교육계획〉.

불암고등학교, 〈2019 고교학점제 연구학교 운영계획서〉.

불암고등학교 〈2020 고교학점제 연구학교 운영계획서〉.

불암고등학교, 〈2021학년도 고교학점제 연구학교 보고서〉.

울산광역시교육청, 2020, 〈울산형 고교학점제 L.T.E 공동교육과정〉, 울산광역시교육청.

울산광역시교육청, 2020, 〈고교학점제 학교환경조성지원사업〉, 울산광역시교육청.

울산광역시교육청, 2022, 〈울산 고교학점제 사업 학교 지도〉.

화암고등학교, 〈2020학년도 선진형 교과교실제 운영 계획서〉.

화암고등학교, 〈고교학점제 연구학교 운영 보고서(2019-2021)〉.

강원도교육청 꿈더하기 공동교육과정 온라인 신청 시스템(http://kwe-gongdong.com/ sugang/home_main/home_index.php)

고교학점제 홈페이지(https://www.hscredit.kr/)

고교학점제 수강 신청 시스템 '일반고 학교 담당자 매뉴얼'(www.hscredit.net)(검색일 2020.7.30.)

갈매고등학교 홈페이지 (https://galmae.hs.kr/)

불암고등학교 홈페이지(https://buram.sen.hs.kr/)

화암고등학교 홈페이지(https://school.use.go.kr/hwaam-h/M01)

김화고등학교 홈페이지(https://gimhwa.gwe.hs.kr/main.do)

경기기계공업고등학교 홈페이지(https://ggmt.sen.hs.kr/)

부산영산고등학교 홈페이지(https://school.busanedu.net/ysh-h/main.do)

학교알리미(https://www.schoolinfo.go.kr/Main.do)